浙江省普通本科高校"十四五"重点立项建设教材

U0560302

积极 心理学

POSITIVE
PSYCHOLOGY

黄芳　李红玉　主编

ZHEJIANG UNIVERSITY PRESS
浙江大学出版社
·杭州·

图书在版编目（ＣＩＰ）数据

积极心理学 / 黄芳，李红玉主编. -- 杭州 ： 浙江
大学出版社，2024.6（2025.2重印）
ISBN 978-7-308-24658-3

Ⅰ．①积… Ⅱ．①黄… ②李… Ⅲ．①普通心理学—
教材 Ⅳ．①B84

中国国家版本馆 CIP 数据核字(2024)第 037247 号

积极心理学

JIJI XINLIXUE

黄　芳　李红玉　主　编

责任编辑	汪荣丽	
责任校对	沈巧华	
营销编辑	蔡　镜	
封面设计	林智广告	
出版发行	浙江大学出版社	
	（杭州市天目山路148号　　邮政编码310007）	
	（网址：http://www.zjupress.com）	
排　　版	杭州林智广告有限公司	
印　　刷	杭州宏雅印刷有限公司	
开　　本	787mm×1092mm　1/16	
印　　张	13.75	
字　　数	318千	
版印次	2024年6月第1版　2025年2月第2次印刷	
书　　号	ISBN 978-7-308-24658-3	
定　　价	49.80元	

《积极心理学》编委会

序

　　时代的演进呼唤着人们开始关注一个问题——如何使生活更充实并赋予生命更多的意义。在这个背景下，积极心理学应运而生。它研究的是人们如何正确把握人生。这是一门揭示人类优势和促进其积极功能的应用型学科。

　　我很欣喜地看到在永宁幸福科学馆（积极心理学指导下的城市大型公共服务设施）所在地——浙江台州——活跃着一批孜孜研究和实践积极心理学的学者们。这本《积极心理学》的编写者之一的黄芳教授就是其中一位。黄芳教授于2014年在美国加州大学访学期间接触到了积极心理学，按照她的话说，自此与积极心理学结了缘。后来，她又受到我编写的《吾心可鉴：澎湃的福流》一书的影响，开始了积极心理学的研究和课程建设等一系列有效的探索。

　　以清华大学、锦州医科大学、台州学院、绍兴文理学院等四所高校的学者为主，历时4年联合编写的《积极心理学》一书终于可以付梓了，我相信，这将给积极心理学的学习者提供一本有益的指导书。翻阅该书，不难发现，该书编写得既严谨又不乏活泼。该书还入选了浙江省普通本科高校"十四五"重点立项建设教材。该书立足新形态，结合短视频和配套开发的实践小程序进行编写，既符合现代人的学习习惯，又体现了心理学"理论结合实践，拓展引领深度"的分层递进的学习特点。

　　我认为该书可以成为积极心理学入门学习者的导引书、积极心理学系统知识学习者的索引书，更期望其能成为积极心理学理论结合实践者的枕边书。

　　尽管该书有些论述未必完备，但我相信，只要编写团队一如既往地投入积极心理学的研究和实践，持续为积极心理学的发展付出努力，我们终将迎来一个更美好的未来。

彭凯平

中国积极心理学的发起者
清华大学心理学系教授

1

前　言

问题总是伴随着思考与行动而产生的。人的一生中或多或少都会有一些成长性和发展性的心理问题存在，解决这些问题的关键在于提升创造幸福的能力。因此，本教材从积极心理学的核心内容——"幸福"出发，围绕人们如何获得持续幸福力、探索积极人格健康成长、积极实践的主题，塑造美好人生。本教材的编写宗旨与党的二十大精神相吻合，即以努力达成人民美好生活的愿景为目标。

2023 年，教育部等十七部门联合印发的《全面加强和改进新时代学生心理健康工作专项行动计划（2023—2025 年）》，涵盖了大中小学各学段，贯穿学校、家庭、社会各方面，旨在培育学生热爱生活、珍视生命、自尊自信、理性平和、乐观向上的心理品质和不懈奋斗、宠辱不惊、百折不挠的意志品质。鉴于此，我们编写了《积极心理学》一书，期望帮助读者树立正确的世界观、人生观、价值观。本教材入选了浙江省普通本科高校"十四五"重点立项建设教材项目。

自 2017 年 9 月起，台州学院便开设了通识课"积极心理学"，课程先后获得浙江省本科院校"互联网＋教学"优秀案例二等奖和"浙江省线上一流课程"。课程由清华大学、台州学院、锦州医科大学和绍兴文理学院的同行专家学者们共同建设。在建设过程中，课程内容不断得到完善，并录制了微课，编写了教材。本教材的编写历经 4 年时光，每修改完一稿，在投入教学使用后，编者团队又会产生新的想法，同时也在不断补充来自新近研究文献的知识，旨在完善成稿。

与同类教材相比，本教材的主要特点是：

第一，知识的覆盖面广，汲取了世界积极心理学领域主要研究者的专著和论文中的重要思想观点。

第二，理论与实践紧密结合，每一章都设计了精彩分享、积极实践、拓展阅读等项目。

第三，立足新形态，重视知识的多样化呈现形式，符合现代人的学习习惯，结合微课和配套开发的实践小程序进行编写。

第四，适用范围广，既适合心理学专业人士学习，也适合非专业人士将其作为科普类图书阅读。

全书由黄芳、李红玉撰写大纲和编写要求。具体写作分工是：黄芳编写第一章、第三章和第六章，耿秀超编写第二章，张鹏编写第四章、第七章和第十一章，李黎编写第五章和第十二章，缪鸣安编写第八章，肖菲编写第九章，夏梦洁编写第十章，张丽娟编写第十三章。视频的总体设计和部分录制由缪鸣安和桑伟共同完成。最后由黄芳、李红玉和桑伟对全书进行统稿。

在本教材的编写过程中，陈冰心、林子钧、钟盼、王康、汪立帆、郑康蕾、钱乐瑶、夏韵、方锦萱、雷鑫扬、刘斌、吴啸凤、王晶、章佳莹、章琼文、黄雨桐、朱雨馨、任馨怡、凌小利、武慧玲、胡煜、汪弈竹、肖陈敏、张芯语、董旭阳、田伟民、周振华、俞丹萍、温雅文、林珈亦等学生始终以高涨的热情和强烈的责任心协助完善书稿内容，并参与视频的制作环节。

在本教材的编写过程中，各位编者真诚合作，学生们积极参与、无私奉献，出版社编辑们认真负责，在此表示最衷心的感谢！

由于收集的资料有限，加之编者知识水平的限制，本教材难免会有疏漏之处，敬请广大读者不吝指正，以使本教材能够日臻完善。

实践传播积极心理，共筑幸福美好人生！现在就让我们一起开始学习积极心理学，遇见更美好的自己吧！

编者

课程开篇引言

CONTENTS

目录

CONTENTS

CONTENTS

第一章 积极心理 幸福人生

> 开创积极心理学的关键是让人们生活得更有意义，让人生更加丰盈蓬勃。
>
> ——马丁·塞利格曼

通过本章学习，你能够：

1. 认识积极心理学产生的背景和意义。

2. 理解积极心理学的内涵和外延。

3. 描述积极心理学的意义。

4. 探索积极心理学与生命最终追寻目标之间的关系。

积极心理 幸福人生

积极心理学的背景

积极心理学产生的背景
- 人本主义心理学孕育了积极心理学
- 积极心理学的诞生和发展
  - 实证研究推动积极心理学的产生
  - 积极心理学的兴起和发展
  - 积极心理学在中国的发展情况

学习积极心理学的意义
- 提高主观幸福感和生活质量
- 增进人际关系
- 提高自我认知
- 培养积极心态

积极心理学的概念

积极心理学的定义

积极心理学研究的内容
- 一个中心：以研究人的幸福为中心
- 三个基本点
- 五个要素：积极情绪、投入或关注、人生意义、人际关系及成就感
  - 积极的情感体验
  - 积极的人格特质
  - 积极的社会组织系统

积极心理学的学习方法

1879 年，德国心理学家威廉·冯特（Wilhelm Wundt）在莱比锡大学创建了世界上第一个心理学实验室，标志着现代心理学的创立。自此，心理学便被赋予了三大使命：第一，帮助人类解除痛苦；第二，帮助人类追求幸福；第三，识别与培养人的天赋。然而，20 世纪先后爆发了两次世界大战，改变了心理学的发展轨迹。心理学的研究重心转向了心理疾病的评估与矫治，并取得了里程碑式的成果。比如，美国精神医学学会编著的《精神障碍诊断与统计手册》（*The Diagnostic and Statistical Manual of Mental Disorders*，简称为DSM），系统地描述心理疾病及其对应的治疗方法；咨询心理学得到了蓬勃发展，形成了多种疗法，包括认知行为疗法、叙事疗法、焦点疗法、合作对话疗法等。但时代的演进呼唤着心理学重新关注其第二和第三个使命。因为如今多数人已经解决了温饱问题，基本生理需求得到了满足，所以他们开始关注如何使生活过得更充实，并赋予生命更多的意义。心理学家思考的问题也从"人类有哪些问题"逐渐转向"人类有哪些优势"。在这种背景下，积极心理学（positive psychology）应运而生，它是揭示人类优势和促进其积极功能的应用型学科。以下是美国心理学家马丁·塞利格曼（Martin Seligman）的解释。

精彩分享

构建人类优势：心理学遗忘的使命

我们已经偏离了主题。心理学不仅要研究人的弱点和损伤，还应研究人的优势和美德。治疗不仅要修复受损的部分，还要滋养我们内心最好的部分。

我们已经发现，人类拥有的某些优势最有可能抵御心理疾病，如勇气、乐观、人际技能、职业道德、希望、诚实和毅力。预防的主要任务是创建一门研究人类优势的学科，旨在培育人们的这些美德。

心理学的主要理论已经发生了变化，转变为强调优势和韧性的新学科。现在，任何个体甚至是儿童都被视为决策者，都拥有选择权和偏好，在恶劣的环境中，他们既有可能变成具有优势和效能的人，也有可能变成无助和绝望的人。这样的学科研究和实践将有助于预防许多严重的情绪障碍。它还会产生两种积极的结果：由于积极行为和心理健康对身体有影响，它会让来访者的身体变得更健康；它会改变心理学的导向，重新关注两个被遗忘的使命，即让正常人更强大和更富有创造力，让人类的巨大潜能得以发挥。

资料来源：Seligman M. Building human strength：Psychology's forgotten mission[J]. APA Monitor，1998，29（1）：12.

从减轻痛苦到创造幸福、从关注个体到关注社会，从分析过去到未来导向，这代表了人类心理需求的三大演变。本章将追溯积极心理学产生的背景和发展的历程，介绍其内涵和外延，同时也将深入探讨积极心理学的意义。

第一节　积极心理学的前世今生

一、积极心理学产生的背景

德国心理学家赫尔曼·艾宾浩斯（Hermann Ebbinghaus）曾说过："心理学有着长久的过去，但是却只有很短的一段历史。"心理学成为有规范的学科虽然只有100多年的时间，但它的影响却始于人类的出现。关于积极心理学的描述，如希望、乐观等积极品格伴随着人类的进化而出现。有关积极心理学的学术研究渊源最早约在20世纪30年代，具有代表性的案例是美国心理学家刘易斯·特曼（Lewis Terman）进行的关于天才和婚姻幸福感的研究。同时，瑞士心理学家卡尔·荣格（Carl Jung）也开展了对生活意义的研究。此外，人本主义思潮也激发了人类潜能运动，对积极心理学产生了深远的影响。

（一）人本主义心理学孕育了积极心理学

积极心理学的祖父级人物之一：亚伯拉罕·马斯洛（Abraham Maslow）。

马斯洛是人本主义心理学的创始人之一、美国著名社会心理学家，他倡导人们进行积极心理学的研究。他曾经这样描述积极心理学：如果对心理学真的感兴趣，我们就应该将那些自我实现的人、心理健康的人、成熟的人和基本需求已经得到满足的人作为研究对象，因为他们比那些符合现在心理学研究标准的人更能够真实地代表人类。与研究消极心理学——研究亚健康人的心理学相比，研究健康人的心理学完全可以被称为积极心理学。

积极心理学的祖母级人物之一：卡伦·霍妮（Karen Horney）。

霍妮最初是德裔美国精神病学家，被誉为"新弗洛伊德主义"的主要代表人物之一，她同意奥地利精神病学家西格蒙德·弗洛伊德（Sigmund Freud）关于无意识冲动决定人的行为的论点，但是反对"幼年经验决定一生"的理念。在研究中，她逐渐意识到过于注重消极面（如焦虑、抑郁、恐惧等）是不行的，还必须关注和研究如何培养那些好的品质，如乐观、韧性、喜悦等对人们产生的作用。因此，霍妮的研究拓展了人本主义心理学，并由此催生了积极心理学的思想。

20世纪五六十年代，其他人本主义心理学家如卡尔·罗杰斯（Carl Rogers）、维克多·弗兰克尔（Viktor Frankl）、罗洛·梅（Rollo May）等人也开始关注人性的积极层面，并开展了一系列研究，包括健康人格、心理需要的满足、高峰体验、接纳与信任、安全感、积极互动、生命的意义、自由、爱、意志等。正是这些心理学家们的不断探索，孕育了积极心理学。

（二）积极心理学的诞生和发展

人本主义心理学家们的探索虽然孕育了积极心理学，但是他们鲜有将自己的思想置于科学的标准上进行检验的。多数人本主义心理学家更在乎提出深刻的思想观点，却未能用科学严谨的实证研究来支撑他们的观点。然而，20世纪是科学至上的时代，人本主义心理学由于自身的局限性，并没有促使心理学新学科的产生。

在第二次世界大战后，修复和解决人类各种精神问题一度成为心理学最紧迫的任务。在此背景下，关注心灵消极面的病理心理学和心理治疗学成为研究重点。但是，随着时代的发展和心理学自身发展变革的需求，和平时期的人们呼唤着心理学履行帮助人类实现追求幸福和培育天赋的使命。人们期盼心理学不仅要关注人类的生存，更应该研究人类的积极品质，使人类的生活更有意义。

1.实证研究推动积极心理学的产生

1946 年，在美国实验心理学家协会的会议上，哈佛大学、普林斯顿大学、宾夕法尼亚大学三所学校心理学系的系主任，分别是埃德温·博林（Edwin Boring）、赫伯特·朗菲尔德（Herbert Langfeld）、萨缪尔·费恩伯格（Samuel Fernberger），他们三人一致认为，心理学应该只做基础研究，如同物理和化学等学科，因此，整个心理学学术界不再聘请应用心理学家。这种导向使得著名大学的教授们都只研究所谓的心理学的基本过程，而不关注现实世界。但塞利格曼认为，应该加强心理学的实证研究，因为良好的学科必然有应用与基础研究之间的活跃互动。

在 20 世纪六七十年代，塞利格曼因致力于研究"习得性无助"而闻名。他发现，一旦认识到所有的努力都无法改变不可避免的消极结果时，个体便会产生放弃努力的消极认知和行为。但在实验中他也发现了一个事实，即有 1/3 的被试者并没有变得无助。即便在之前总是失败的环境中，他们也仍然保持着乐观、积极的心态去尝试改变。因此，20 世纪 80 年代末，塞利格曼开始转向对"习得性乐观"的实证研究，期望通过研究更好地促进人类的天赋和品格优势的发展。

精彩分享

塞利格曼与女儿

塞利格曼与女儿妮可

有一天，塞利格曼与女儿妮可在园子里播撒种子。妮可手舞足蹈，将种子抛向天空，一边跳一边叫："播种了，播种了！"塞利格曼认为她是在捣乱，就大声呵斥她别乱叫。女儿便一声不吭地走开了，不久后，又跑过来跟小大人似的对他说："爸爸，我能与你谈谈吗？""当然可以"，他回答。"爸爸，你还记得我五岁生日吗？我从三岁到五岁一直都在抱怨，每天都会说这个不好那个不好，当我五岁时，我决定不再抱怨了，这是我从来没做过的、最困难的决定。如果我不抱怨了，你也可以不经常郁闷吗？"这番话让塞利格曼深受触动，他意识到，妮可已经调整了自己的状态。培养孩子不是盯着他们的缺点，而是认识和发展他们的优点，培养这些优秀品质，将这些优秀品质转化为推动他们过上幸福生活的能力。继而，塞利格曼将这种关于人的优秀品质和美好心灵的心理学，定为积极心理学。

资料来源：塞利格曼.真实的幸福[M].洪兰，译.沈阳：万卷出版公司，2010：32-33.

1998 年，塞利格曼担任了美国心理学会（American Psychological Association，APA）

主席，他竭力主张将心理学的研究重点从对病态心理的研究和治疗延伸到对人类幸福和美德的研究上，还明确提出了建立并推动积极心理学运动的重要性。这是心理学史上第一次在正式场合使用"积极心理学"一说，标志着积极心理学作为一个独立的研究领域开始受到研究者的关注。自此，积极心理学的实证研究迅速铺开。因此，塞利格曼又被尊称为"积极心理学之父"。

2. 积极心理学的兴起和发展

1998 年，塞利格曼与匈牙利籍心理学家米哈里·契克森米哈赖（Mihaly Csikszentmihalyi）等人在墨西哥召开的会议上，商讨积极心理学的内容体系等问题，确定了积极心理学研究的三大支柱：积极的情感体验、积极的人格和积极的社会组织系统。他还和肯农·M. 谢尔登（Kennon M. Sheldon）、劳拉·金（Laura King）一起指出了积极心理学是致力于研究普通人的活力与美德的学科。

2000 年 1 月，塞利格曼和契克森米哈赖在《美国心理学家》杂志上发表了《积极心理学导论》一文，较全面地阐述了积极心理学的理念。该文章采用科学的原则和方法来研究幸福，倡导心理学的积极取向。积极心理学研究的是人类的积极心理品质，关注的是人类的健康幸福与和谐发展，这也标志着积极心理学成为一门心理学的新兴学科。

2010 年，塞利格曼的著作《真实的幸福》的出版，成为积极心理学发展过程中的一个重要里程碑。该书系统阐述了积极心理学的理念和实践，强调了关注人的积极品质和潜能的重要性，为积极心理学的发展奠定了理论基础。

近十几年来，积极心理学开始在教育、职场等领域得到广泛应用。在教育领域，积极心理学强调培养学生的积极品质和潜能，提升他们的学习动力和幸福感。例如，美国心理学家泰勒·本－沙哈尔（Tal Ben-Shahar）于 2006 年在哈佛大学开设了"哈佛幸福课"，听课人数超过了该校王牌课程"经济学导论"。学习者称"这门课改变了他们的人生"。他们离开教室的时候，都是"踏着春天的脚步出发"的。在职场领域，积极心理学关注员工的积极情绪和工作满意度，促进了组织的健康发展。这些应用不仅验证了积极心理学的理论价值，也为其进一步发展提供了实践支持。

此外，国际积极心理学协会（International Positive Psychology Association，IPPA）通过定期举办积极心理学国际会议，为研究者提供了一个交流和分享研究成果的平台，进一步推动了积极心理学的发展。例如，第八届世界积极心理学大会于 2023 年 7 月 20 日至 7 月 23 日在加拿大温哥华举行，来自全球各地的积极心理学专家、学者和实践应用人士参加了此次会议，进行了卓有成效的交流。

3. 积极心理学在中国的发展情况

在中国博大精深的传统文化中，性善论一直占据主导地位。《孟子·告子上》提出："人性之善也，犹水之就下也；人无有不善，水无有不下。"这与积极心理学强调人具有固有的、潜在的美德和善行有异曲同工之妙。《论语·雍也》中也有多处体现了积极心理学的精髓，如"知之者不如好之者，好之者不如乐之者"。着重指出品格优势在学习和成长中的重要性。

21世纪初，国内心理学界有学者开始关注积极心理学这一发展动向。2003年，南昌大学苗元江教授以积极心理学为主题在《南京师大学报》杂志上发表了一篇学术论文《积极心理学：理念与行动》。2007年9月，清华大学开设了"积极心理学"课程，自此，以清华大学彭凯平教授团队为引领，国内心理学界通过开设积极心理学认证指导师培训班、召开积极心理学国际大会、建设幸福科学馆等形式，广泛传播和实践积极心理学。例如，第六届中国国际积极心理学大会以"新时代的积极心理学：健康、合作、幸福"为主题，于2023年7月7日至7月9日在浙江省台州市召开，会议受到了与会者的一致好评，尤其是会上展示的"永宁幸福科学馆"（全国首家科普体验及综合服务场馆）的功能和实践应用情况，给海内外与会者留下了深刻的印象。

随着研究的深入和实践的积累，积极心理学在各个领域均发挥了重要的作用。

学术研究和应用：研究人员开始探索积极心理学在中国文化背景下的应用和发展。他们开展了一系列实证研究，探讨了积极心理学在教育、企业管理、心理咨询等领域的应用。

教育和培训：许多高校和培训机构开设了"积极心理学"课程，旨在帮助更多的人培养积极的心态和情绪管理能力。

社会影响：积极心理学的研究和应用逐渐影响到中国社会的各个方面。它鼓励人们关注自身的优点，提升幸福感和生活质量。同时，积极心理学也为企业和组织提供了新的管理思路和方法，促进了社会向积极的方向发展。

二、学习积极心理学的意义

塞利格曼曾经说过："当一个国家或民族被饥饿和战争所困扰的时候，社会科学和心理学的主要任务是抵御和治疗创伤；但在没有社会混乱的和平时期，致力于使人们生活得更美好则成为它们的主要使命。"

学习积极心理学具有多重意义，主要体现在以下几方面。

一是提高主观幸福感和生活质量：主观幸福感（subjective well-being，SWB）主要是指人们对其生活质量所做的情感性和认知性的整体评价，可以通过相关量表进行测量。积极心理学关注的是如何增加人们的主观幸福感和满足感，通过培养积极心理特质和优势来实现这一目标。它的目的是帮助个体认识到自己的优势和潜力，以便更好地应对生活中的困难和挑战，从而提高生活质量。

二是增进人际关系：积极心理学可以帮助我们更好地理解和欣赏他人的积极心理特质和优势，增强同理心，减少人际冲突，建立和谐的人际关系。

三是提高自我认知：积极心理学可以帮助我们认识到自己的优势和潜力，增强自我认知。通过了解自己的积极心理特质和优势，我们可以发掘自身的潜力，从而实现自我价值和目标。

四是培养积极心态：积极心理学倡导以积极的态度面对生活中的困难和挑战。学习积极心理学可以帮助我们培养乐观、自信、感恩等积极心态，以积极的方式应对生活中

的各种困境。

综上所述，学习积极心理学对于提高个人的幸福感、增进人际关系、提高自我认知以及培养积极心态等方面都具有重要意义。同时，积极心理学也有助于推动社会朝着积极的方向发展，从而提高人们的幸福感和生活质量。

第二节　积极心理学的内容体系

积极一词源于拉丁语 positum，它原指"潜在的"或"实际的"。在积极心理学领域，它不是人们普遍认为的"拍手喝彩"或"思想进步"，而是有"正向""正面""建设性"之意。

什么是积极
心理学

一、积极心理学的定义

积极心理学的定义可以概括为：它是心理学领域的一个新兴分支，是一门关于人类心理繁荣和获得最佳体验的条件和实现过程的学科。其本质特点是致力于研究普通人的活力与美德。它采用科学的原则和方法来研究幸福，倡导心理学的积极取向，强调人的潜力和优势，帮助人们更好地应对生活中的困难和挑战。

二、积极心理学研究的内容

积极心理学研究的内容可以概括为一个中心、三个基本点和五个要素。

（一）一个中心

一个中心指的是以研究人的幸福为中心。积极心理学系统阐述了人类追求幸福的终极目标和达成目标需具备的理论知识、循序渐进的实践方法。

（二）三个基本点

三个基本点即积极的情感体验、积极的人格特质和积极的社会组织系统，被认为是积极心理学研究的三大支柱。

1.积极的情感体验

积极心理学关注的是个体的幸福、满足、希望、乐观等体验。积极的情感体验是积极心理学的重要研究领域，以个体对待过去、现在和未来的三个维度来进行研究。对待过去，侧重于研究满足和满意等积极体验；对待现在，主要研究幸福、愉悦、平静等积极体验；对待未来，主要关注乐观和希望等积极体验。

2.积极的人格特质

积极的人格特质是积极心理学研究的基础。积极心理学是以人的自我管理、自我导向和自适应性的整体为理论前提。积极的人格特质主要是通过个人的各种现实能力和潜在能力来激励和强化的。在个体成长过程中，积极的人格特质研究的是个体积极的心理特征，如爱的能力、创造的勇气、审美的体验等。

3.积极的社会组织系统

积极心理学非常重视在社会背景下的人及其体验的再认知，意识到积极的社会组织系统对个人健康成长的重要意义。在群体水平上，积极的社会组织系统研究的是积极的公众品质，例如责任、利他、关爱、容忍度以及职业道德等。

（三）五个要素

五个要素，即积极情绪、投入或关注、人生意义、人际关系及成就感。塞利格曼在《持续的幸福》一书中指出："积极心理学研究的不仅仅是幸福（happiness），而是全面的蓬勃人生（well-being 或 flourishing），它有五个支柱——积极情绪（positive emotion）、投入（engagement）、人际关系（relationship）、人生意义（meaning）和成就（accomplishment），而这些支柱的基石就是品格优势和美德。在蓬勃人生理论中，有二十四项品格优势和六种美德支撑着这五个要素。该理论旨在帮助我们充分利用自身的优势，获得更多的积极情感、生活意义、成就感，以及建立更健康的社交关系。"塞利格曼将这五个要素简称为PERMA，它们被视为持续幸福的五个支柱（见图1-1）。

图1-1　持续幸福的五个支柱

三、积极心理学的学习方法

我国明代思想家、军事家、心学集大成者王阳明曾说过："知而不行，只是未知。"美国心理学家克里斯多弗·彼得森（Christopher Peterson）也说过："积极心理学不是一种观赏性的运动。"所以有效学习和传播积极心理学的最佳方法是理论与实践相结合的模式。

拓展阅读

1.斯奈德，洛佩斯.积极心理学：探索人类优势的科学与实践[M].王彦，席居哲，王艳梅，译.北京：人民邮电出版社，2013.

本书是积极心理学领域第一部综合性的教科书，也是目前最具权威性的积极心理学著作之一。作者不仅全面总结了文献资料，而且精心设计了练习和专栏，鼓励读者将积极心理学原理应用于实践，由此将积极心理学带入人们的生活。

2.Alan Carr.积极心理学——有关幸福和人类优势的科学（第二版）[M].丁丹，等译.北京：中国轻工业出版社，2013.

积极心理学是心理学领域的一场革命，也是人类社会发展史上一个新的里程碑。它倡导心理学的积极取向，以研究人类的积极心理品质、健康幸福与和谐发展为主。这本划时代的著作试图以全新的理念、开放的姿态诠释与实践积极心理学。

每章一测

1.为什么说人本主义心理学孕育了积极心理学？

2.试述积极心理学在中国的发展情况。

3.积极心理学的内容体系包括哪些？

4.PERMA分别代表什么？

5.试述积极心理学的学习方法。

第二章

积极自我

自尊和自我效能感

2

人必须拥有一种自我效能感，才能应对人生中不可避免的阻碍和不公，走向成功。

——阿尔伯特·班杜拉

通过本章学习，你能够：

1. 理解塑造积极自我的重要性，并掌握塑造积极自我的方法。

2. 掌握提升自尊水平及自我效能感的有效方法。

3. 描述自我效能感对自我成就的积极影响。

自尊和自我效能感 积极自我 ②

自我效能感提升途径
- 自我效能感与学业成就
- 自我效能感与幸福感

自我效能感培养方法
- 积累成功经验
  - 注重过程
  - 分解目标
  - 积累优势
- 见贤思齐
  - 替代性经验
  - 榜样的力量
- 正面反馈
  - 外界评价
  - 自我肯定
- 身心愉悦
  - 情绪状态
  - 生理状态

健康自我意识培养方法 概述
- 自尊
  - 提高自我认知水平
  - 做到"自我觉察"
  - 学会宠爱自己和肯定自己
  - 加固自己的长板
- 自我效能感
- 自尊、自我效能感的联系
- 自尊、自我效能感与幸福感

自我品质培养方法
- 如何理解积极自我
- 如何塑造积极自我

自我效能感（self-efficacy）是由美国心理学家阿尔伯特·班杜拉（Albert Bandura）在其著作《思想和行为的社会基础》（*Social Foundations of Thought and Action*）中提出的。他认为，自我效能感是指个体对自身能否利用所拥有的技能去完成某项工作的自信程度。目前，已有众多心理学、社会学和组织行为学领域的专家开展了相关研究。与之相关的概念还涉及"自信"和"自我效能"。美国心理学家凯利·麦格尼格尔（Kelly McGonigal）在《自控力》（*Will Power*）一书中提到，"自我效能"是获得"自信"的原动力。所谓"自我效能"，就是指能运用自己所拥有的一切条件，包括自身的努力以及周围人的帮助等，去应对所面临的考验的一种信念。"自己所拥有的一切条件"包括物质条件、人脉关系、忍耐力、专注力、幽默感和创造力等。虽然运用了这些条件也未必保证我们一定能获得成功，但是"自我效能"可以让我们不断成长，提高下一次的成功率。

"自我效能"和"自我效能感"都与个体在特定情景下的能力和表现有关。"自我效能"的形成过程主要涉及个体的先天能力、个人经验和环境因素。而"自我效能感"的形成则不仅包括上述这些，还包括个体对于自己的感知和评价。两者在某种程度上是相互关联的，但并不完全相同。

精彩分享

让自己拥有自信的法则

法则 1　回顾自己的成长历程

获得自信的最佳方法就是，回顾自己的成长历程：你是否了解，即使遇到挫折，你也会继续努力，让自己的事业和技能有所提升；你是否能认识到，要花时间去深化工作或个人生活中的人际关系，并且为了构筑起真正可靠的人际关系，某些冲突是在所难免的。

法则 2　没有自信也可以被视作"值得信赖"的一种信号

研究证明，当你接受了"没有自信的情况是很普遍的，而且是对成功有帮助的"这一想法以后，周围的人反而会觉得你是自信满满、很有能力的。

法则 3　聚焦重点，传递热情

别去想"如何给他人留下好印象，如何才能说服他们"这件事。我们越想与他人建立起联系或沟通，就越会将关注点放在如何让自己的言行举止看起来更完美上，而这将会导致我们忽视了事情的主体部分。无论你做什么事情，都要认真思考"这为什么很重要"，只有这样才能将自己的热情真正传递给它。

法则 4　敞开心扉，关注周围人所说的话

我们越去关注周围的人，就越能知道他们相信什么、想要什么。在了解了这些信息以后，我们才能更有效地与他们打交道，并在自我能力与可信度方面给人留下深刻的印象。

资料来源：麦格尼格尔．自控力·实操篇：斯坦福高效实用的 25 堂心理学课[M]．金磊，译.北京：北京联合出版公司，2018：127-129.

自我效能感理论从 20 世纪 80 年代中期开始就得到了许多实证研究的支持，并迅速得到发展。经过众多心理学家的不懈努力，目前越来越多的人已意识到运用积极心理学知识提升自我的意义和必要性。如果一个人拥有稳定的高自尊和自我效能感，将会对他的日常生活、学习、工作、人际交往等产生积极的作用，获得意想不到的收获，一切也会变得越来越美好。

本章内容主要包括如何塑造积极自我，自尊、自我效能感的基本概念，以及提升自尊水平和自我效能感的有效方法。

第一节　解读积极自我

一、如何理解积极自我

积极自我来自积极心理学，支持人们将目光从传统的"消极角度"（如关注病态机制或问题导向）转向"积极角度"（如关注健康），探索人类的美好品质。积极自我可简单地理解为个体对自我积极的认知或评价。一个有着积极自我评价的人，总是能看到人、事、物好的一面，可以及时发现自己相较于他人的优势以及与众不同的地方，并通过适合自己的方式方法将优势发挥到极致。由于他们总能从积极的角度看待事物，因此，他们对每一个当下所从事的工作体验满意度都很高，生活的幸福指数也很高。这样一来，美好的体验就强化了他们对未来的期待和信心，让他们对未来的工作和生活充满希望。同时，他们积极阳光的形象也会在无形中影响他人，并吸引更多的人向他们靠近；他们能及时发现他人的优势，及时给予他人赞美和肯定，时刻向他人传递一种友好互信的善意，人际关系也更加和谐与融洽。

从本质上来说，积极自我是在人类进化的过程中慢慢演化而来的一种独特的天性，这种天性可以使我们更好地适应环境，在"物竞天择"的大自然竞争中更具优势，也正是这些特点使我们人类有别于其他生物。因此，从这个角度来看，积极自我有着极为深刻的内涵，甚至远远超过了心理学的边界。

二、如何塑造积极自我

对于如何塑造积极自我，每个人都有不同的见解和做法。塑造积极自我的关键在于，首先要认识到塑造积极自我的重要性，其次要掌握塑造积极自我的方法，最后付诸实践，只有这样才能获得良好的自我体验。

塑造积极自我需要认识自我。老子的《道德经》说，"知人者智，自知者明。胜人者有力，自胜者强"。希腊德尔菲神庙阿波罗神殿上刻着的三句箴言之一是"认识你自己"，其被奉为"德尔斐神谕"。古希腊哲学家苏格拉底曾把这句话作为他的座右铭。可见，真正的智者是认知自己，真正的强者是战胜自己。人的一生中总会面临种种问题，归根结底都与"自我"有关。如果一个人对自己没有清晰的认知，即使有再多的策略与方法摆在面前，你也容易视而不见，或者是一直延续自己固有的认知去行动，无法取得进步。

认识自我是进行自我相关事务的基础，只有开始认识自我，才能悦纳自我、控制自我、完善自我，最终超越自我。没有清晰的自我认知，谈悦纳自我、超越自我只会导向偏差。德国著名思想家歌德曾说过，"世界上最难的事，莫过于知道怎样将自己给自己"。这句话的意思是，人最难的是认识自己。一个人如果想活出自己喜欢的样子，最通透的活法就是取悦自己，将别人还给别人，将自己还给自己。自我认识的高度也标志着一个人的心理成熟度，是人逐渐走向自主乃至自由的过程。那么，到底怎样才能认识自我呢？从哪个角度去分析自我呢？挖掘与发现内在的自我，我们不仅要寻找一种自我身份，比如我们可以尝试问自己"我是一个什么样的人？""我对他人、对社会有什么意义？""我要怎么做才能得到我想要的？""如何成为自己理想中的样子？""我自己的先天条件和优势有哪些？""如果变成一朵花或一种动物，我想做一朵怎样的花？想变成什么动物？"这些问题都反映了我们内心中的自己。我们还要注重与周围环境的互动，从与周围环境的互动中更深刻地认识自己。比如，在结识了不同行业的朋友，尝试了各种类型的人际交往，并有过各种生活经历之后，我们内心会更清楚自己在结交好友、规划未来、寻找梦想和人生意义之时，背后一直秉持的信念和价值观是什么，那些在我们看来可以定义我们，或者那些对我们来说至关重要的到底是什么。

塑造积极自我还需要探索自我。要认识自己，就要花点时间从各个角度认真探索自我，比如，自己的世界观、人生观、价值观，梦想和追求、行为倾向、先天条件和自己所处的环境。认识自我是我们一生的功课，是一个漫长的自我探索过程。加拿大心理学家詹姆斯·玛西亚（James Marcia）曾把探索自我的过程，根据"探索"与"承诺"两个维度划分为四种不同的状态，其中，第四种状态"达成"是积极自我的体现。詹姆斯·玛西亚认为，形成自我认同的人都经历过探索给自己带来的危机（高探索）。在跨越危机后，他们最终获得了对自己更清晰的认知，对某些特定的人生目标、信仰、价值观做出了"承诺"（高承诺）——认定了自己的努力方向，并且是基于对自己的了解。于是，他们在接下来面对人生的机遇与挑战时，也更能依据本心做出抉择，在面对坎坷与阻碍时，他们也不至于心灰意冷，甚至全盘否定自己的努力方向。

以下是一些可以帮助我们更好地塑造积极自我的有效策略。

一是积极把握现在，对自己的未来和人生负责。认识自我的目的是让我们清楚自己为什么是现在的自己，通过自己的努力能够得到什么，以及应该做些什么来改变自己，同时也应该知道自己再挣扎也于事无补的是什么。比如，自己的学识、见识、心智、情绪，这些是我们可以掌控的，就努力变得更好；父母的认知、周围的环境，这些是我们不能掌控的，就不要耿耿于怀。我们应该积极把握现在，对自己未来的人生负责，至少应对未来的自己抱有期待，相信通过自己的努力，明天会更好。

二是积极感知世界，加强内心积极自我与外部世界的连接。我们可以通过阅读、听音乐、唱歌、正念冥想、运动等方式，充分唤醒自己的感官功能，因为这些感官是内在积极自我向外部呈现的重要表达。

三是积极沟通交流。人类作为群居性动物，合作是一种天性，但我们往往容易在交流中不自觉地传递出负面情绪，这些负面情绪会阻碍内在积极自我的向外表达。因此，学会积极正面地表达与沟通有利于自我呈现。另外，有研究证实，在社交网络中的积极自我呈现也有利于个体更加关注自己的积极心理品质，获得更多的积极评价和社会支持，减少孤独感、抑郁感和焦虑感，提升自尊水平、生活满意度和主观幸福感，进而促进个体心理健康。

四是不断提升自我价值。内在价值感的提升会让我们体验到深层次的愉悦感与满足感，这种感受的建立其实是有利于整个群体的发展与壮大的，因此，价值感也是积极自我的一种体现。然而，个人价值感的提升是循序渐进的，人总是会不断提升自己，这种价值感的获得也会变得越来越困难。

五是避免自我妨碍。自我妨碍又称自我设阻、自我设限，美国临床心理学家史蒂文·贝格拉斯（Steven Berglas）和美国实验社会心理学家爱德华·E. 琼斯（Edward E. Jones）将自我妨碍定义为："在表现情境中，个体为了回避或降低因不佳表现所带来的负面影响而采取的任何能够将失败原因外化的行动和选择。"简单来说，自我妨碍是指一个人为了避免将失败归咎于自身能力问题，故意给自己制造障碍，为失败找借口，减轻失败给自己带来的伤害，这属于一种自我保护机制。常见的自我妨碍行为有刻意不尽全力、厌学、暴饮暴食、酗酒、拖延、攻击他人等。比如期末考试即将来临，同学们都在认真复习，唯独小明气定神闲，书本都不翻开看一眼。如果期末考试成绩出来，小明轻松拿下了全班第一，同学们必定投来羡慕的眼光，然而事实往往是他考得糟糕透顶，难逃挂科的命运。面对这样的结果，小明却理直气壮地说："我就是懒得努力而已，要是多看几眼书，肯下功夫，成绩肯定名列前茅。"这就是小明的自我妨碍行为。因此，认清自我妨碍，尽量避免自我妨碍，更多地以积极的自我暗示来应对困难，更有利于塑造积极自我。

当然，塑造积极自我并不是简单地让消极的人来个180°大转弯，直接转变成积极的人，而是首先要让消极的人看到，如果换一个角度来看问题就会豁然开朗，意识到用积极的心态面对人生，自己会变得更好、更开心、更幸福。费斯汀格法则认为，生活中的10%是由发生在你身上的事情组成，而另外90%则是由你对所发生的事情如何反应所决定的。换言之，生活中只有10%的事情是我们无法掌控的。当我们用积极乐观的态度和行为处理问题时，惊喜就会随之而来。其次要鼓励消极的人积极探索新的生活体验，当有了积极导向的体验作为支撑后，人们就更容易维持积极自我，从而导向积极的行动，进入良性循环的状态。比如阅读，一开始叮嘱参与者先定一个容易实现的小目标，只要每天阅读3页，每周做到3次就算达标，而当有了有趣的阅读体验后，参与者就愿意增加阅读时长和次数，直到养成每天阅读的习惯。这样一来，一个原本"不愿看书"的人慢慢地就转变为拥有"阅读可以丰富心灵"的积极感受的人了。其实，转变过程中运用的策略和方法并不难，难的是需要有坚定的信念和持之以恒的行动，需要不断地去自我感受与体验，由体验再来加深认知。因此，要实现积极自我绝不是只喊个"要保持积极的心态面对人生"的口号，而是要真正行动起来，并坚持下去。

总之，我们只有认识、理解全面的"自我"，寻觅、对待真实的"自我"，才能升华、成就积极健康的"自我"。

第二节　解读自尊和自我效能感

一、概述

（一）自尊

自尊（self-esteem），亦称"自尊心""自尊感"，是个人基于自我评价产生和形成的一种自重、自爱、自我尊重，并要求受到他人、集体和社会尊重的情感体验。心理学上的自尊是指个体对自我能力和自我价值的评价以及对情感体验的积极认同，简言之，就是相信自己的价值以及对自我的尊重。在日常生活中，我们说起自尊常会联想到一个人的自尊心，也经常会听到别人评价一个人说："这个人自尊心太强了！"又或者当别人做了伤害你的事情时，你会和他说："你刚才那样说，太伤我的自尊心了！"这么看来，自尊似乎是一个需要通过他人评价才能获得的东西。其实，自尊是自己对自己的看法，而非别人对自己的看法。

俄国哲学家维萨里昂·格里戈里耶维奇·别林斯基（Vissarion Grigoryevich Belinsky）说："自尊心是一个人灵魂中的伟大杠杆。"自尊水平的高低会影响一个人对生活的热爱程度。每个人都有自尊，自尊不仅是个体内在的潜能和固有力量，更是个体成长过程与社会环境相互作用的结果。正性的相互作用促成高自尊水平，负性的相互作用促成低自尊水平，唯有恰如其分的自尊，才能拥有一个健康、积极的人生。

那么，高自尊的人和低自尊的人有什么区别呢？高自尊的人更愿意采取行动，更容易做出决策，更少在意别人的看法，更容易坚持自己的想法。他们在行动获得成功后，又同步提升了自尊水平；如果行动失败了，他们也不会自我归因，依然能够保持稳定的自尊水平。低自尊的人只关注自己的缺点和错误，而忽视或轻视自己的优势，比如"我不够好""我做不到"。低自尊的人不愿意采取行动，哪怕获得成功也会陷入自我怀疑，认为自己不配获得成功，或者认为自己的成功仅是因为运气好，因此，自尊水平只是回到了原来的状态；如果行动失败了，就会自我贬损，让自尊水平进一步降低。

一般来说，高自尊常有以下表现：

（1）有良好的自我认同，内心自信，充满安全感。

（2）知晓自己的长处，敢于直视自己的弱点。

（3）自主性好，对环境适应能力强，能够对自己的行为负责。

（4）敢于尝试和冒险，允许自己失败，即便失败也不会因此而感到内疚；同时，能够从失败中吸取经验教训，取得进步。

（5）遇到困难的时候，会寻找各种解决办法，也会坦然接受别人的帮助，对自己和他人都抱有积极的态度。

（6）真实、坦然，不过分看重面子，勇于接受批评，敢于表达真实的自我。

总的来说，拥有高自尊的人相信自己值得拥有生活赐予的美好，对自己感到满意和欣慰。

与此相反，低自尊的人常有以下表现：

（1）总想获得他人的认可，过多地听取别人的意见，把自己的价值等同于别人的认同，以讨好型人格居多。

（2）用消极的眼光看待事物，在生活中看到过多的负面现象，总觉得自己不行，或总感觉自己是受害者。

（3）虽然想做事，但总说这不可能，那不可能，在事情还没开始做之前就已经放弃了。

（4）依赖性强，很少有自己的想法，口头禅是"某某说"，即使有自己的想法，也不敢坚持。

（5）在人际交往中，常常不能表达自己的积极情感，更不敢表达自己的负面情绪或态度。心里预测着自己如果发表意见后，就会出现的一系列不好的结果，因此，常常选择默默忍受。

（6）没有安全感，行事为人会有过度的防御，用追求完美来满足自己潜意识里的安全需求。

（7）注重面子，善于伪装，不敢表达真实的自我，也不能正确看待别人对自己的批评。

（8）缺乏动力，表现平庸，实现目标的概率小，即便取得成功也很难享受到成功带来的成就感。

这两类人表现出天壤之别的一个重要的原因就是他们的成长经历不同。低自尊的形成大多是因为早年的一些经历，曾经遭受过对自我信念有负面影响的事，比如，经常遭到拒绝、忽视、批评和惩罚，缺少关注、称赞、温暖以及被边缘化。这些经历会造成较低的自我价值感，从而形成核心论断：我不够好，我一无是处。在这样的核心论断基础上还会形成一种生活指南：把他人放在首位，不可以说出自己的意愿和想法，除非可以用高标准完成任何事，否则自己就是一事无成的。

那是不是意味着拥有高自尊就是好的，低自尊就是坏的呢？并非如此。英国生物学家查尔斯·罗伯特·达尔文（Charles Robert Darwin）就是一个典型的低自尊的人，他为人十分低调，害怕与别人产生冲突，看到别人发表了类似的研究成果后，才把自己之前早就研究好的成果拿去发布，有争议的时候，也是让别人替他去争论。然而，就是这样一个谦虚、低自尊的人所著的《物种起源》一书却震惊了学术界，推动了科学史上的伟大革新。

自尊并不是与生俱来的，更多的是后天塑造的结果。因此，自尊也可以像它的形成过程一样，被改变和塑造。那么，如何提高一个人的自尊水平，获取稳定的高自尊呢？具体有以下几种方式。

1. 提高自我认知水平

自我认知是个体对自己存在的察觉，包括对自己行为和心理状态的认知。认识自我是一个人建立稳定高自尊的前提。一个人如果缺乏自我认知，就很难做出正确的选择，也很难相信自己所做的决定，继而很难建立稳定的高自尊。

心理学家约瑟夫·卢夫特（Joseph Luft）与哈里·英厄姆（Harry Ingham）提出的"乔哈里视窗（Johari window）"模式，展示了在自我认知、行为举止和他人对自己的认知之间，在有意识或无意识的前提下形成的差异。该模式具体分为四个范畴：一是面对公众的自我塑造范畴，即别人和自己都看得到的"公开区"；二是被公众获知但自我无意识范畴，即别人看得见，而自己毫无察觉的"盲点区"；三是自我有意识地在公众面前保留的范畴，即因本性害羞或害怕暴露隐私而故意隐藏的"隐藏区"；四是公众及自我两者无意识范畴，即神秘莫测，为浅认知或无认知的"未知区"。若想有效地提升自尊水平，就要想办法放大"公开区"。那么，怎样才能放大公开区呢？一要善于倾听，多让周围人对自己提出建议；二要多与人交流，表达自己的想法和感受；三要多尝试自己不熟悉的领域，接纳真实的自己，并改变自己。

在现实生活中，很多人在人际交往中经历过多次挫败后，仍然不愿做出改变，不断重复旧的错误和人际关系模式，导致每次新的关系开始之后没多久，便再次以失败或悲剧收场，形成痛苦的恶性循环。因此，低自尊有时候是我们主动选择的结果。我们完全可以有意识地提升自己、拥抱改变、接受自己的缺点并予以改正，提醒自己要从挫败的漩涡中挣脱出来，对自己要诚实，能意识到自己的一些消极情绪，并承认自己是想要改变这个现状的，因为现在的自己不再是从前那个缺乏自保能力的弱者，而是一个有实力和自主性的强者。只有接纳了真实的自己，才有动力从过去的无力感中挣脱出来。越是了解自己、接受自己，就越能维持高自尊水平。

2. 做到"自我觉察"

要做到"自我觉察"，就是自己做出的选择应该是经过深思熟虑的，即做任何事情的时候，你的意识是清醒的。这样"有意识"地觉察自己，就会有一种"我能掌控自己"的感觉。尝试掌控自己的行为以及感受，即便是琐碎的日常事务，经过反复练习，你对自我价值的评价和对情感的体验也会自然而然地提高。比如，有些人常常一刷手机几个小时就过去了，或者一觉睡到大中午，这些都属于无意识行为，仿佛在无形之中被一只大手推着走，自己却毫无察觉。而清楚地觉察自己当前行为的目的和意义，就会对正在做的事情有很好的掌控感，能有效推进自己的工作，进而变得更自信，潜意识里也更认可自身的能力和价值，自尊水平也会得到提高。

3.学会宠爱自己和肯定自己

宠爱自己和肯定自己是提高自尊水平简单且有效的方法。自尊，首先要自我尊重、自我肯定，尊重自己的需求，不为迎合别人而委屈自我。其次，要学会拒绝自己不愿意、不合理的需求，帮助自己确定边界，维护好私人空间，不让别人轻易越界而破坏自己的尊严。自爱是自尊的一个强有力的支撑，一个人越是好好爱自己，自尊水平就越高。当然，自尊不是傲慢和自恋，要认识到自己的价值，明白自己是值得被尊重的。即使犯了错误，也不要对自己太苛刻，要做的只是从错误中吸取教训，下次不再犯相同的错误。

4.加固自己的长板

相信很多人都听过短板理论：一个水桶无论有多高，它盛水的高度永远取决于桶上最短的那块木板。很多人受到这个理论的影响，会一直刻意寻找自己的缺点，着力去填补自己的短板，然而却忽略了一个事实：过度追求完美是对自己最大的苛责和伤害。其实，一个人的精力是有限的，我们不可能成为"全才"，"术业有专攻"才是分工精细的现代社会的要求。只有在一个细分领域做到极致，你才能得到高价值感和高回报率，否则就像猴子掰玉米，什么都想要，最后事事都做不好，于是后悔、自责，变得越来越自卑。只有挖掘出自身的优势，找到擅长的领域，才能不断得到正面反馈，你才会在这条路上跑得越来越快，让自己变得充满自信和正能量。

（二）自我效能感

自我效能感是指个体对于自己完成某项任务的信心和感受。简单来说，就是在遇到问题时，我们脑海中浮现的是"我能做到"还是"我不行"。班杜拉认为，如果一个人拥有自我效能感，那么，他在面对人生中不可避免的阻碍时，就能应对自如，逐渐走向成功。可见，自我效能感对一个人的发展非常重要。

认定自己是成功的人，会将自己的心思和精力投入产生丰硕成果的建设性活动中，其背后的逻辑是：你认为自己是什么样的人，就会怎样去做事。塞利格曼认为，有积极的自我暗示，就会有越来越多的好事发生，其中所涉及的心理学理论包括归因解释风格以及自我效能感。乐观积极的归因解释风格（详见本书第九章），会使更主动的行为发生；强烈的自我效能感能够激发个体的内在潜能。其中所揭示的命运玄学就是，你越是觉得有好事发生，那么好事也就真的发生在你身上了。换言之，自我效能感强的人，越能积极主动地迎接挑战，也就越幸运。

二、自尊、自我效能感与主观幸福感的联系

主观幸福感是个人基于自身满足感和安全感而在主观意义上产生的一种愉悦的情绪，可以作为衡量心理健康状况的指标。美国加利福尼亚大学心理学教授索尼娅·柳博米尔斯基（Sonja Lyubomirsky）在她所著的《如何获得幸福》（*The How of Happiness: A New Approach to Getting the Life You Want*）一书中把幸福定义为：快乐、满足或积极幸福的体验，加上对生活是美好的、有意义的、有价值的认识。

自我效能感可以直接影响人们的思维动机与行为，从而影响幸福度。自我效能的推

测即是当事人对某一行为的预期，班杜拉将预期分为结果预期和效能预期两种。结果预期可以让当事人选择行为方式，从而激活行为。例如，当孩子发现如果自己能独立完成作业，妈妈就会开心，孩子就更愿意独立完成作业。效能预期是指一个人对自己能否进行某种行为的实施能力的推断和判断。当一个人确信自己有能力做好某件事时，他就会产生"自我效能感"，并会进行相应的活动。例如，孩子知道如果自己能独立完成作业妈妈就会开心，同时，孩子还知道，自己不需要妈妈的协助也能独立完成作业，因此，孩子就会主动去写作业。一般来说，自我效能感高的人在日常生活中更倾向于挑战自我，以坚强的意志力作为必要的保证，激发他们战胜困难的欲望和勇气，从而达成目标，提高幸福度。而自我效能感低的人更倾向于避开挑战，而且一碰到困难就选择放弃、退缩不前。国内外针对自尊、主观幸福感和自我效能感之间的联系的研究表明：自尊与主观幸福感呈显著正相关关系；自我效能与主观幸福感存在显著正相关关系，自我效能高的人，更容易感受到幸福。三者互相影响，密不可分。其中，自我效能感作为直接的内驱动因，对人们生活行为有着重要的导向作用。

第三节　培养自我效能感

一、积累成功经验

积累成功经验是影响自我效能感的重要因素之一。自我效能感的形成在某种程度上受制于个体对自我形成行为表现成败的各个因素（如任务的难度、个人的努力程度、外界援助的多寡等）的权衡。成功的经验可以使个体对自己的能力充满信心，增强自我效能感。反之，多次失败会降低个体对自己能力的评估值，使人丧失信心，降低自我效能感。因此，要培养自我效能感，就要创造体验成功的机会，而非失败的痛苦。比如，在制定学习或工作目标时，着重选择一些具体的、容易达成的小目标，这样比较容易实现并能观察到自己的进步，在此过程中注重积累成功经验，可以帮助一个人形成良好的自我效能感。关于积累成功经验的方法有以下几种。

（一）注重过程

积累成功经验的第一种方法是注重过程。心理学上有一个著名的"瓦伦达效应"，说的是太注重成功，结果往往会失败。进步总是在行动过程中获得的，结果只是最后的证明。学会注重过程就不会被结果所左右，才能持续地成长。例如，单位为员工创造"能够胜任工作"的经历，让新员工有获得感、进步感，让老员工有成就感、归属感，有意地把他们放在成功可能性更大的情景中，通过不断积累成功来提高他们的自我效能感。另外，还可以鼓励员工书写"积极事件数据日志"，把工作过程中感到骄傲、快乐、满足的事情记录下来，如表2-1所示。这也是增加员工自我效能感的有效方式。

表 2-1　积极事件数据日志

日期	积极事件	感觉

（二）分解目标

积累成功经验的第二种方法是分解目标。例如，培训师可以把一个复杂的任务分解成若干个部分，并且每次教给学员一些简单的子技能，使学员能频繁地体验"小成功"。当达成一个小目标时，培训师会给予学员正面反馈，让学员更积极主动地完成任务。这些简单的任务和技能会被逐步合成更大、更复杂的整体，直到学员可以独立完成一个复杂任务，体验到终极"大成功"为止。其间的每一步，学员都有练习和掌握的机会。这样的目标分解可以帮助他们积累成功经验，不断增强自我效能感。

（三）积累优势

积累成功经验的第三种方法是积累优势。当一个人已经取得成功后，就会产生一种积累优势，进而有更大的成功和进步。如果一个人只会逃避现实、不断抱怨、拒绝努力，又或者是沉迷于短期的成就感之中，就会陷入恶性循环。

精彩分享

《圣经·新约·马太福音》中有一则寓言：从前，一个国王要远行，临行前，交给 3 个仆人每人一锭银子，吩咐道："这锭银子赐予你们，等我回来时，再来见我。"国王回来时，第一个仆人说："主人，利用你给我的一锭银子，我已赚了 10 锭。"于是，国王奖励他 10 座城邑。第二个仆人说："主人，利用你给我的一锭银子，我已赚了 5 锭。"于是，国王奖励他 5 座城邑。第三个仆人说："主人，你给我的 1 锭银子，我怕丢失，一直包在手帕里没有拿出来。"于是，国王命令将第三个仆人的 1 锭银子赏给了第一个仆人。

这就是所谓的马太效应，指的是一种强者愈强、弱者愈弱的现象，即任何个体、群体，如果在某一个方面（如金钱、名誉、地位等）获得成功和进步，就会产生一种积累优势。目前，马太效应已经延伸到经济、科学、教育和生活的各个领域，比如，学校里那些优秀的学生更容易获得老师的关注，得到更多的锻炼机会，让其变得更自信。

二、见贤思齐

列宁曾说："榜样的力量是无穷的。"榜样会对人们的成长产生促进作用。见贤思齐，可以使自己获得积极的向上的力量，增强自我效能感。

（一）替代性经验

替代性经验是指个体通过观察能力水平相当者的活动，获得对自己能力的一种间接评估。它让观察者相信，当自己处于类似情境时，也能获得同样的成就。当然，榜样不能是那种遥不可及的人物，最好是与自己有类似经历、性格、背景的人。

在生活中，我们可以写"成功经验数据日志"，把自豪、快乐、满足的事情记录下来，如表 2-2 所示，这种方式可以有效提升自我效能感。

表 2-2　成功经验数据日志

他人的成功经验	突破性事件	自己的感受和体会	带来的变化

（二）榜样的力量

美国职业篮球运动员凯文·杜兰特（Kevin Durant）曾受到自己偶像特雷西·麦克格雷迪（Tracy McGrady）的影响而不断奋进，他凭借着对偶像的喜爱，学习他的动作，不断研究，最终获得了两届 NBA 总冠军，实现了对偶像的超越。因此，榜样的力量是无穷的。如果要追求更高的自我，就应该找到一个能够激励自己的偶像，不断努力追求与偶像相近的成就和行为，跟随偶像的脚步让自己变得更优秀，在这个过程中也能不断提高自我效能感。

三、正面反馈

有研究对中国人自我效能感与心理健康关系进行了定量分析，发现自我效能感与心理健康积极因素存在显著的正相关性。积极环境可以有效改善心理因素，对自我效能感的提升带来正面反馈。

（一）外界的评价

外界评价包括建议、劝诫、评论以及行为或言语的暗示等由外界传递的论断信息。对个体而言，来自他人的肯定性评价会让人获得一种被外界认可的满足感，从而提高个体对于行为结果的预期。否定性或贬低性的评价，通常情况下会导致个体产生对自身行为正确与否的顾虑，进而降低自我效能感。此外，外界评价对自我效能感的影响，还与评价者的身份、地位和阅历等有关。

（二）自我肯定

自我效能感与主观幸福感、生活满意度之间存在显著正相关关系；与焦虑水平之间存在负相关关系；与抑郁水平之间存在负相关关系。而自我肯定可以有效调节自我，从而提高自我效应感。因此，在日常生活中，我们可以通过做事敢为人先、会议积极发言等一系列自我肯定的方式来培养自我效能感。同时，我们也应该重视学习策略的培养。

一些教育心理学研究者认为，有效的学习应该是由学习者对自己的学习过程进行管理（制订计划、组织信息、设定目标、安排时间等）和自我监控。学生掌握一定的学习策略有助于提高自我效能感。因为学习策略是工具性的知识，它会使学习行为更有效。此外，作为教育者还应注意让学生进行交互式学习，加强学生之间的互动，注意用典型事例教学，促进知识迁移等。只有通过各种方式使学生掌握科学的学习方法，意识到自身的学习潜力，才能激发其自我效能感。

四、身心愉悦

身心愉悦包括情绪状态和生理状态，身心愉悦也是影响自我效能感的重要因素。

（一）情绪状态

班杜拉发现，心理状态是影响自我效能的重要因素之一。成功的喜悦、失败的悲伤都会导致个体自我效能感发生变化。哈佛大学幸福课的主要设计者之一肖恩·埃科尔（Shawn Achor）的研究认为："先有快乐，然后才有成功。快乐是最强的生产力和竞争力。"他将研究成果写入《快乐竞争力》（*The Happiness Advantage: How a Positive Brain Fuels Success in Work and Life*）一书中。英国华威大学的经济学家发现，人们在快乐的时候工作效率会提高，工作也会更努力。相反，焦虑、紧张等不良情绪会影响人们对事情的判断。因此，我们可通过一些手段消除不良情绪，激发积极的情感，从而提高自信心，增强自我效能感。

（二）生理状态

生理状态包括人的体温、内分泌和睡眠等复杂的人体数据。当生理状态良好时，自我效能感会比较高涨；当生理状态不佳时，即使再多的优质资源放在面前，你也会觉得信心不足。因此，积极的精神状态有利于良好的自我效能感的产生。要想提升自我效能感，我们可以有意识地制订一个稳定且长期的锻炼计划，让身体保持稳态。另外，要保持良好的作息规律，如果没有充足的睡眠和充沛的精力，对自我的判断就会产生偏差，对未来的期望值就会下降。谷爱凌在2022年北京冬奥会自由式滑雪女子大跳台的最后一跳中，挑战了自己从未完成过的高难度动作——1620度空中转体，最终挑战成功，夺得冠军。她在赛后对记者说："我使用了一个从来没有完成过的高难度动作，但是我相信我能！无论如何我都想做到最好。"她表现出了一个拥有超高自我效能感的人，在向公众分享成功秘诀时，她说每日都会保证自己拥有充足的睡眠。可见，充足的睡眠对维持良好自我效能感的重要性。

当然，生理状态也可以通过影响一个人的情绪状态来影响自我效能感。生理状态和心理状态往往是同步的，但两者也会产生矛盾，比如吃甜品可以让人产生一种愉悦的心情，但长此以往却不利于身体健康，相应的自我效能感也是昙花一现。只有长远考虑，两者兼顾，才能保证自我效能的持久。

总之，无论是生理状态还是心理状态，都会影响自我效能感。良好的生理状态，可以提高自我认知，增强自信心，一些超出自身能力范围的事也可以完成。

第四节　自我效能感与自我成就

一、自我效能感与学业成就

学业成就是指经过学习和训练后，获得学业方面的知识和技能，是学生学习情况的集中体现。一个人学业成就的高低是相对的，但每个人都可以在自己能力范围内做出不同程度的贡献。学业成就是评判一名学生学习情况的重要标准之一，研究学业成就对我国教育事业的发展具有重要意义。

班杜拉发现，一名学生如果设定了具体的、最近的目标，就会更容易取得学业的进步，提高自我效能感。当自我效能感提高时，又可以促进他们设立更具有挑战性的学习目标。这与我国曹文飞等人关于自我效能感与学业成就关系的研究结论一致。他们发现，大学生的自我效能感与学业成就呈显著正相关性，即学生的自我效能感对于学业成就具有正向的预测作用。一个自我效能感低的学生，在学习过程中遇到挫败时，会怀疑自己的能力，且更容易半途而废。另外，自我效能感高的学生会把成功归因于自我努力，把失败归因于自我努力程度不够；而自我效能感低的学生会把失败归因于外部因素，和自己没有关系，认为即便自己努力仍不能获取成功，这种归因方式会阻挡个人的进步，从而影响自己的学业成就。因此，自我效能感是一个预测学业成就水平的良好指标。

二、自我效能感与幸福感

党的二十大报告指出："必须坚持在发展中保障和改善民生，鼓励共同奋斗创造美好生活，不断实现人民对美好生活的向往。"[1]2023 年 9 月，习近平总书记在庆祝中华人民共和国成立 74 周年招待会上发表重要讲话，提出要"不断增强人民群众获得感、幸福感、安全感"[2]。本－沙哈尔曾提到：幸福感是衡量人生的唯一标准，是所有目标的最终目标。一项有关幸福的研究表明，人的幸福感主要取决于三个因素：基因、与幸福有关的环境因素以及能够帮助我们获得幸福的行动。自我效能感即在帮助我们获得幸福的行动中扮演着重要角色。

本－沙哈尔曾经自述过这样一段经历，在刚开始教书时，他因不擅长做演讲而自信不足，在课堂上面对众多学生时，他很难放开，很多学生会在课堂上睡觉。然而，当他不在意自己的拘束和不佳的授课表现，而是有意识地在课前做好积极准备和演讲时，他对掌控课堂变得越来越游刃有余，而且非常享受这种变好的状态。本－沙哈尔在面对问题的时候，去想象成功和幸福，此时某些心理潜能就会被激活，就如同真的拥有或即将拥有成功和幸福一样。这种潜能可以增强我们的自我效能感，相信自己可以完成某件事，告诉自己"我能行，我可以做到"。本－沙哈尔的自我效能感在每一次的想象中都得到了

---

①　习近平：高举中国特色社会主义伟大旗帜 为全面建设社会主义现代化国家而团结奋斗——在中国共产党第二十次全国代表大会上的报告[EB/OL].（2022-10-25）[2024-04-05].https://www.12371.cn/2022/10/25/ARTI1666705047474465.shtml.

②　习近平.在庆祝中华人民共和国成立 74 周年招待会上的讲话[EB/OL].（2023-09-28）[2024-04-05].https://www.gov.cn/gongbao/2023/issue_10766/202310/content_6909545.html.

提升，在演讲时变得越发自信，也越发游刃有余，最终让他获得了成功和幸福。

在日常生活中，我们都会给自己定目标，若是达成目标，我们就会心情愉快，自我效能感提高，幸福感提升；若是没有达成目标，我们就会怀疑自己，情绪低落，自我效能感降低，幸福感也很低。实际上，我们应该在没有达成目标时就及时调整任务难度，达成目标的时候积极表扬自己，这样就可以有效提高自我效能感。自我效能感高，动机水平就会更高，能够更好地帮助我们获得幸福感，也能让我们在面对困难时，更有信心去克服它。

拓展阅读

1.迈尔斯.社会心理学（第八版）[M].张智勇，乐国安，侯玉波，译.北京：人民邮电出版社，2006.

作者戴维·迈尔斯（David Myers）是美国密歇根州霍普学院心理学教授，被学生评为"最杰出的教授"。他编写的这本《社会心理学》被美国700多所大学或学院的心理系所采用。本书将基础研究与实践应用完美地结合在一起，以富有逻辑性的组织架构引领学生了解人们是如何思索、影响他人并与他人建立联系的，是人们了解自身、了解社会、了解自己与社会之间关系的一本指导书。

2.格里格，津巴多.心理学与生活[M].王垒，等译.北京：人民邮电出版社，2014.

正如本书作者所言："心理学是一门与人类幸福密切相关的科学。"每个人都应该记住这个效应，因为它意味着热切的期望、赞美、鼓励正是让你梦想成真的基石。《心理学与生活》是一部心理学的经典教科书，也是心理学导论类教材的典范之作。本书具有贴近生活、深入实践的独特写作风格，是引导大众了解心理学、更好地理解人性和全面提升自身素质的推荐读物。阅读本书就如同一次"智慧的旅行"，选择它，相信你一定不虚"此行"。

 每章一测

1.什么是自尊？什么是自我效能感？两者有什么区别？

2.如何提升自我效能感？

3.简述高自尊和低自尊的人格特点？

4.简述自尊、自我效能感与幸福感的关系？

5.简述自我效能感对人生的积极意义。

第
三
章

积极情绪
让你成为情绪的主人

我们就像玉簪花，积极情绪就像阳光。积极情绪
让我们像花儿一样"绽放"，能看到更多、想到更多、
创造更多，和周围的人更和谐、更亲密。

——芭芭拉·弗雷德里克森

通过本章学习，你能够：

1. 描述情绪的概念和分类。

2. 复述 10 种积极情绪及其意义。

3. 理解和实践管理情绪的四步法。

4. 增强乐观、希望的积极情绪，引导美好生活。

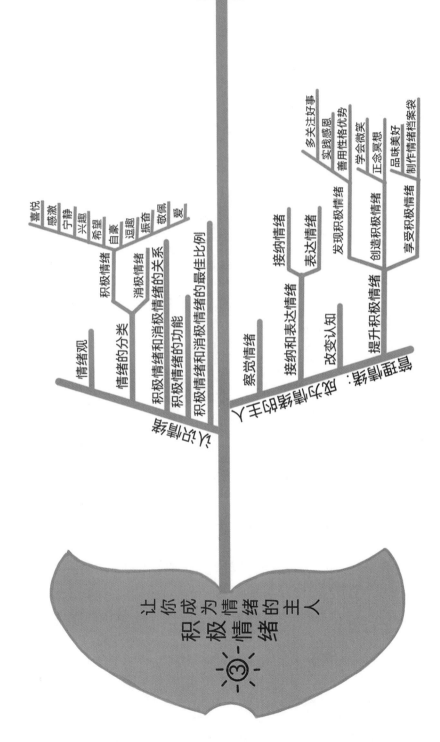

让你成为情绪的主人

积极情绪

喜悦
感激
宁静
兴趣
希望
自豪
逗趣
振奋
敬佩
爱

积极情绪

消极情绪

情绪观

情绪的分类

积极情绪和消极情绪的关系

积极情绪的功能

积极情绪和消极情绪的最佳比例

观点：

察觉情绪

接纳情绪

表达情绪

接纳和表达情绪

改变认知

发现积极情绪

创造积极情绪

享受积极情绪

提升积极情绪

方法：从改变认知和提升积极情绪入手

多关注好事
实践感恩
善用性格优势
学会微笑
正念冥想
品味美好
制作情绪档案袋

在日常生活中，我们经常会使用"情绪"一词，比如"室友在闹情绪""比赛选手情绪高涨"等。那么，什么是情绪呢？情绪和情感是人对客观事物的态度体验和相应的行为反应，情绪和情感被统称为感情。情绪是指感情过程，具有较大的情景性、激动性和暂时性。而情感是指具有稳定的、深刻的社会意义的感情。它具有较大的稳定性、深刻性和持久性。以下是积极情绪专家芭芭拉·弗雷德里克森（Barbara Fredrickson）描述的两个场景。

精彩分享

🎬 场景一

阳光透过窗帘照进卧室，将你从一夜断断续续的睡眠中唤醒。在连续多日的阴雨天后，你很开心又看到了湛蓝的天空。然而，你很快意识到闹钟没响。你很失望，因为你本打算早起，以便在孩子们睡醒之前给自己一些时间。时候不早了，你决定放弃原定的晨练计划而在床上写会儿日记。你写道：真不敢相信，我因为忘记设闹钟而又让自己失望了。如果连这么简单的事儿都做不好，我又怎么能把握好每一天的生活呢？没有晨练，我今天一整天都会状态不佳。哎，还是先把注意力集中在写日记上吧。但这个方法确实有效吗？它值得我花掉本可以用来睡觉的时间吗？

🎬 场景二

你在穿透卧室窗帘的晨光中醒来，感觉自己睡得很好，精力充沛。这时你意识到闹钟没响。你因没能按计划早起而有些失望，这意味着你不能在两个孩子醒来前给自己一些额外的时间。你看看窗外，心想，算了，至少天气看起来不错，失望的情绪也渐渐消失了。还有一点时间，你决定跳过晨练计划，直接开始写日记。你写道：身体肯定知道我睡过头了，所以让我醒过来以便能处理好自己的事情。我得想办法把今天的锻炼安排进来……有了，我可以在午休的时候去公园里小跑一会。这本新的日记本对我来说确实很重要。它给了我内省的空间，使我了解生活中的哪些方面运作良好。它帮助我将注意力集中在重大目标上。我的目标是，在工作中做出成绩，并且更爱我的家庭。

资料来源：弗雷德里克森.积极情绪的力量[M].王珺，译.北京：中国纺织出版社，2021：3-8.

完全相同的温暖阳光，完全相同的忙碌睡过了头。一个"我"满是疲惫、懊恼、挫败和敌对的，而另一个"我"则是欢欣、体贴、高效并充满活力的。上天究竟施了怎样的魔法？本章我们将介绍积极情绪，主要内容包括情绪的概念和分类，10 种积极情绪及其意义，理解和实践管理情绪的四步法，让我们成为情绪的主人吧！

第一节 认识情绪

一、情绪观

根据传统的情绪观，情绪是进化的产物。情绪在以前可帮助人类生存下去，现在则成了生物特性的固定要素。因此，情绪被认为是人类固有的动物本性的一部分，如果我们无法用理性的思维控制情绪，就容易做错事，甚至产生暴力行为。

那么，现代的情绪观到底是什么呢？研究发现，情绪不是被激发出来的，而是由个体创造出来的。情绪的出现是人类身体各部分协调建构作用的结果，包括人类各种生理特征、灵活的大脑、文化背景和成长环境。情绪是真实存在的，但从客观上来讲，其真实性与分子或神经元的真实性不同，情绪的真实性和金钱的真实性一样，是人类共识的产物。情绪的认知理论主要有：阿诺德的"评定—兴奋"说、沙赫特的两因素情绪理论、拉扎勒斯的认知—评价理论、西米诺夫的情绪认知—信息理论、扬和普里布拉姆的情绪不协调理论。它们均主张情绪产生于对刺激情境或对事物的评价。

二、情绪的分类

情绪分类有多种方式。常见的是把情绪分为积极情绪和消极情绪。

（一）积极情绪

在积极心理学的研究领域，我们常常采用弗雷德里克森的观点，将积极情绪分为10种，分别是喜悦（joy）、感激（gratitude）、宁静（serenity）、兴趣（interesting）、希望（hope）、自豪（pride）、逗趣（amusement）、振奋（elevate）、敬佩（admire）和爱（love）。

1. 喜悦

当我们的回答被提问者高度肯定时、当你感觉周围环境既安全又熟悉时，一切均按照你的预期发展，这些都是获得喜悦体验的条件。这种喜悦的积极体验会让你面带微笑、脚步轻盈、浑身充满活力，让你觉得整个世界是如此的美好。弗雷德里克森描述的喜悦体验是既明亮又轻松的。

2. 感激

当受到他人无私的、高尚的某种恩惠时，你就会产生感激之情。当你感知到他人的牺牲越大，产生的感激之情就越深。同样，当你给予身边的人帮助时，他们也会对你产生感激之情。值得我们感激的可以是身边的亲朋好友，也可以是远方素未谋面的人，还可以是某些事物，比如美丽的天空、浩瀚的大海等。当那些平凡的人和事物被我们看作生命中珍贵的礼物时，感激之情便会油然而生。

3. 宁静

你阅读着自己喜爱的一本书，静静聆听着轻音乐，窗台上的玫瑰花悄悄地开放着，这就是宁静的感觉。宁静和喜悦一样，都会有既明亮又轻松的感觉。弗雷德里克森形象地将宁静比喻为夕阳余晖式的情绪，因为它往往在其他积极情绪出现之后才出现。宁静往往源于对当下的关注，对当前感觉的品味。尤其是在生活节奏越来越快的当下，人们往往步履匆匆地走向自以为幸福的地方，此时，停下脚步，细细品味生活显得更为重要。

4.兴趣

兴趣是在安全的环境下，人们对周围的一些新奇的事物产生了探索欲，这就是兴趣驱动。它们会吸引你的大部分注意力，形成一种神秘的动力，牵引着你投入当下的探索。例如，当你发现一本引人入胜的科幻小说时，你会按捺不住好奇心想一口气读完它。

5.希望

希望是在困顿与逆境中孕育而生的。它不同于其他的积极情绪，大多数积极情绪都是在你觉得安全和满足时出现的，而希望往往就在你快要绝望的时候才产生。正如宋代陆游的诗句："山重水复疑无路，柳暗花明又一村。"深入希望的核心，你会发现，它是相信事情总会有转机的。弗雷德里克森认为，希望是一种具有未来导向的积极情绪，激发你的潜能去改变现状，争取美好的未来。

6.自豪

自豪是一种自我意识情绪。它是在我们做了一些有成就感的事情时才出现的。它的出现需要你具备一定的自我反省与自我评估的能力。当我们做了一些赢得他人认可、尊重的事情时，我们就能清晰地感受到自豪之情油然而生。这类事情可以是惊天动地的大事，比如宇航员成功地进行了太空漫步；也可以是微不足道的小事，比如一位家庭主妇做出了自己觉得全新的、能得到全家人称赞的菜品。自豪带给个体的感受是其他很多情绪都无法比拟的，它不仅会让你为取得的成就而感到欣喜，更能激发你去完成更为艰巨的任务。

7.逗趣

逗趣通俗的表达可以被认为是搞笑。比如，你早上刷牙时错把洁面乳挤在了牙刷上，室友看到了，在一旁笑个不停。当我们身处安全轻松的环境中，一些意想不到的事情也会引你发笑，这个时候你体验到的积极情绪就是逗趣。引发逗趣需要具备以下两点：一是引发的逗趣是社会性的，比如错把洁面乳挤在牙刷上，只有你一个人在场，可能你会独自发笑，但这种笑不是社会性的。二是在这个情景中没有任何人受到伤害或是感受到伤害，比如你的孩子在逗小猫玩，但一不小心被小猫的一个搞怪动作抓破了手，那么你就体会不到逗趣了。因此，逗趣是带有娱乐性质的，让你想与他人分享你的快乐，从而产生与他人的社会性联结。

8.振奋

振奋是一种极为重要的自我超越情绪，源于它见证了人性的卓越。引发振奋是因为我们感受到了他人身上的卓越表现，为此感动并受到鼓舞的积极体验。它让我们能和那些比自身更宏大的事物产生联结，能够引发见贤思齐的行为动机，激励个体去追求更高的道德境界。这些他人可能是较大影响事件中的重要人物，但也可能是日常生活中的平凡人的不平凡之举。振奋的情绪体验会让人的喉咙有哽咽感、胸口有温暖感，有时还会让人抑制不住地想流泪。在振奋情绪中，由于受到他人卓越表现的鼓舞与启发，会吸引

你投入将事情做到最好的状态中，人的内心会有提升之感。

9.敬佩

敬佩与振奋一样，也是一种自我超越的积极情绪。弗雷德里克森认为，他人任何自我突破的卓越壮举，彻底征服了你的内心，超越了你凭借以往经验所能想象的最高境界，敬佩的积极情绪便会油然而生。当你面对万里长城的宏伟，当你的某位亲人创造了商业奇迹……你都会产生敬佩之情。那种体验是伴随着欣赏与敬意，仿佛奇迹降临在眼前，你会有种被征服的感觉，会真切感受到、意识到自己与高于自己的某些所在产生了心理联系，这正是敬佩情绪的体现。

10.爱

爱是人一生中体验最多的积极情绪。因为爱不是一种单一的积极情绪，而是喜悦、感激、宁静、兴趣、希望、振奋、敬佩、自豪和逗趣这 9 种积极情绪的复合体。

（二）消极情绪

消极情绪，是行为抑制系统的一个方面，包括悲伤、愤怒、抑郁、焦虑等。消极情绪具有回避导向，从而让有机体远离可能出现的危险、痛苦等，在人类进化过程中具有重要的作用。比如，我们的祖先在打猎时遇到了猛兽，他会立刻体验到恐惧，身体肌肉变得紧张，血流速度加快，个体注意力全部集中在猛兽上，会动用全身的能量逃跑，不然就没命了。所以，消极情绪对人类适应环境、生存繁衍具有不可忽视的意义。

三、积极情绪和消极情绪的关系

积极情绪通常会给人带来愉悦的体验，而消极情绪则会给人带来不愉快的感受。当外界客观事物或情景符合个体的愿望和需求时，个体就会产生积极肯定的情绪，比如考试中取得了如愿的成绩。当外界客观事物或情景无法满足个体的愿望或需求时，个体就会产生消极否定的情绪，比如被朋友误会的委屈。情绪没有好坏之分，不管是积极情绪还是消极情绪，都有它们各自的功能和进化适应的意义。

四、积极情绪的功能

20 世纪末，心理学家在对预防心理疾病进行研究时发现，能够有效抵御心理疾病的是人类身上那些积极的力量，如希望、韧性、乐观、勇气等。塞利格曼等积极心理学家指出，积极心理学的研究主要包含三个部分：第一部分是积极的情感体验（包括幸福、愉悦、感激等），第二部分是积极的人格（包括个性力量、天分、兴趣等），第三部分是积极的组织系统（包括家庭、社会、社区等）。其实，积极的情感体验主要是指积极情绪，所以积极情绪是积极心理学三大研究领域之一，其重要性不言而喻。

人们都是追求快乐的，但是在纷繁复杂的现实世界里总会受到很多干扰，特别是负面干扰总会夺去人的太多关注，从而使人忽视了生活中那些美好的事物。研究积极情绪，可以让人们知道如何关注正面事物、如何排除消极事件的干扰、如何利用科学的方法提升积极情绪，从而为幸福的生活打下坚实的基础。

积极情绪是行为趋近系统的一个方面，是驱动有机体趋近可能出现快乐和奖励的情景，帮助有机体获得生存所必需的资源，如食物、空气等。临床心理学家研究发现，积极情绪可以有效缓解抑郁症患者的抑郁症状。积极情绪的表达不仅可以促进心理健康，还可以通过提高人体的免疫系统功能，进而促进人们的生理健康。

扩展—建构理论是由弗雷德里克森提出的，其解释了积极情绪具有两大核心功能：瞬时的拓展功能，可以拓展个体的即时思维——行动范畴；长期的建构功能，可建构个体长久的身体、认知、社会等资源。扩展—建构理论的实践可促使个体增进幸福。

精彩分享

积极情绪扩展你的思维

你需要一张纸和一支笔，先将它们放在旁边。接下来，请你研究一下你的手背。手背是我们最熟悉的身体部位，但是，我们对它的了解可能并不多。现在，看你的手背，对自己描述你所看到的一切：皮肤的纹理和颜色，骨骼和血管的状态，每个指节上的纹路。花一分钟左右的时间来研究你的手背，仔细了解它。现在，拿起笔，在纸上列出你现在想要做的事情。假设你有半个小时的空闲时间，没有任何紧迫的需求。想想你在审视手背时所拥有的感觉，写下这种感觉让你想要做什么。列出清单后，再把它放到一边。让我们继续做一些与以往不同的事情。请想象并重温某个快乐的片段，一个一切都按照你的心意发展且很难收回笑容的片段。带着这种愉快的感觉稍坐一会儿，想想周围环境和你感觉到的所有方面，前所未有地欣赏它们，让你的良好感觉继续延长。现在，再次拿起笔，在纸上列一个新的清单。这个新的、愉快的感觉让你想要做什么？同样，假设你有半个小时的空闲时间，没有紧迫的需求。想想你在重温喜悦时所拥有的感觉，写下这种感觉让你想做的一切事情。列出第二张清单后，现在数一数在研究你的手背之后进入脑海中的想法，把它与你感到愉快时进入脑海中的想法的数量比较一下，哪张清单更长？

对于绝大多数的人来说，那张含有积极情绪的清单更长。这就是积极情绪扩展我们思维的一种方式。它从内心召唤出比我们通常所见的更多的可能性，而且比我们受到消极情绪影响时所看到的更多。

资料来源：弗雷德里克森.积极情绪的力量[M].王珺，译.北京：中国纺织出版社，2021：61-62.

五、积极情绪与消极情绪的最佳比例

积极情绪与消极情绪有它们各自的功能，那么最佳比例是多少呢？我们可以通过量表来了解你的情绪状态和积极率。美国艾奥瓦大学的戴维·沃森（David Watson）研究了快乐情感趋向的动机，包括对消极情感和积极情感两方面的研究。为了促进情绪的两个维度的研究，沃森和他的同事李·安娜·克拉克（Lee Anna Clark）发展并验证了扩展版的积极与消极情感量表。目前，这个量表已成为该领域研究普遍使用的测量工具。当然也可以结合"昨日重现法"（day reconstruction method）一起使用。

积极实践

昨日重现法

"昨日重现法"是由以色列裔美国认知心理学家、诺贝尔经济学奖获得者丹尼尔·卡尼曼（Daniel Kahneman）开发的，这个方法已经在权威杂志《科学》（Science）上刊载。后来经过弗雷德里克森的实践和总结后更趋完善。实施该方法的步骤如下：

昨日重现法

第一步：请准备好笔，昨日重现法最好是突然测试。

第二步：请按照昨天发生事件的先后顺序填写表 3-1。

表 3-1　积极率测试（昨日重现法）

时间	事件	情绪体验的描述	评分	
			积极情绪	消极情绪
7：00-7：15（示例）	起床穿衣服	听到唧唧啾啾的鸟鸣声，悦耳，找不到合适的衣服出席会议，有点懊恼	3	2

第三步：测算积极率。

积极率＝积极情绪项目中评分高于 2 的项目数／消极情绪项目中评分高于 1 的项目数

根据巴西心理学家马塞尔·洛萨达（Marcel Losada）对 60 家公司开会时的谈话记录分析和弗雷德里克森的实践，提出积极情绪与消极情绪的最佳比例是 17：6。也就是说，积极率是 2.9013：1。为便于普及，一般认为是 3：1。这个比例源于公司，因此，常常有职场洛萨达比例之称。如果你的得分低于 3：1，也不必沮丧。在弗雷德里克森的研究中，超过 80% 的人得分低于 3：1。研究也发现，绝大部分人的积极率在 2：1 左右。抑郁者得分往往低于 1：1。当然，积极情绪也不是越多越好，欣欣向荣的上限在 11：1。适当的消极情绪传递着重要的承诺，让我们脚踏实地，相比之下，由衷的积极情绪给了我们欣欣向荣的旋梯。大多数人达不到 3：1 的情绪临界点，这恰好提醒了我们还有多远的路要走，以及在所有人的体内还有尚未开发的欣欣向荣的潜力。我们可以通过努力来改变它，因此，管理情绪就显得非常有必要。美国著名心理学家约翰·戈特曼（John Gottman）研究发现，在欣欣向荣的婚姻中，积极率大约是 5：1；而枯萎和失败的婚姻所具有的积极率则低于 1：1。

第二节　管理情绪：成为情绪的主人

积极情绪体验的影响因素有三大来源：先天遗传、外部环境、意志活动。其中，不可控因素分别是先天遗传和外部环境，各占 50% 和 10%；意志活动是可以通过主观努力操控情绪的，占 40%。也就是说，只要拥有能创造好心情的有益活动，近一半的快乐是我们自身完全可以做主的。尤其是在人生的非常时期，每个人都要减少消极情绪，增加积极情绪，努力成为情绪的主人。

下面先来做一个小测试。小测试共有 3 道题，主要涉及你最近一个月的状态。每道题可以选择三个答案：完全不符合状态（1 分）、中间状态（3 分）、完全符合状态（5 分）。

（1）你很容易着急上火，发脾气，想控制却控制不了。

（2）你有很多的担忧和恐惧，总在担心会有不好的事情发生。

（3）你很容易感到委屈或常常情绪低落。

好，大家拿起笔，计算出你的得分。3~5 分很好；6~10 分有一点情绪化，需要通过学习，学会管理情绪；11~15 分非常情绪化，现在是改变的最佳时机。

一、觉察情绪

管理情绪是能觉察到情绪的产生，觉察就是意识到内心有了情绪，可以感知到情绪起来、下去的整个过程。为便于大家理解，可设置以下情景：

你的同学／朋友／家人未按约定行事（事先未告知你理由，你多次打电话未通），你的反应如何？大家可以想象一下，在这种情况下，你会有什么反应？对照以下四种反应，你属于哪一种？

（1）不知不觉（正在生气，却不自知，情绪不可控）。

（2）后知后觉（生气过后才发现自己生气了）。

（3）现知现觉（感觉到自己现在很生气）。

（4）先知先觉（觉察到自己有头脑故事了，情绪可控）。

觉察情绪：我怎么了？我出现了什么情绪（如愤怒）？然后冷静下来觉察事件，是什么事情引起的？我是怎么想的？这时可以采用应急法来转移注意力，例如：①当你很生气时，试试观察房间里有多少种颜色？当你数颜色时，你的注意力就被转移了。②做深呼吸，从 1 数到 10，单数吸入、双数呼出，告诉自己沉浸在该事件中对你无任何益处。③当你很生气时，你可以快速离开现场，至少不会因为愤怒而挑起事端，激化矛盾。当然方法有很多，每个人可能因经历不同而形成了自己独特的管理负性情绪的应急法。

二、接纳和表达情绪

（一）接纳情绪

"我可以生气吗？当然可以！因为我是人。""哈佛幸福课"的授课者本－沙哈尔曾经在一次讲座中提到 "permission to humanbeing"（允许为人）的主题时，举了这样一个例子，他为一群社会公认为优秀的心理咨询师授课，当学习到管理情绪时，有一位学员这样表达：对于寄予厚望的来访者，我常常因行走在黑暗中而倍感内疚！言之所至，竟然黯然落泪。当时，本－沙哈尔没有选择去安慰她，而是转头问近 200 位的学员：有和她一样的感受者请举手，当时竟然有近一半的学员举起了手！即使是优秀的心理咨询师也会

面临管理情绪的困境，更何况我们普通个体！如何接纳具有消极情绪的自己，打破思维反刍的桎梏非常重要。

我们的大脑是非常活跃的。当坏事情发生时，我们就很容易在脑海中反复地想起它。科学家把这种思维风格称为思维反刍。当消极想法和感受发生时，你会从各个角度审视和质疑它们。思维停留在对一个问题无休止的僵局中时，情绪很快就变得低落了。这是因为当思维反刍的时候，你是通过消极情绪扭曲的镜头来看待一切的。由于有真实的消极情绪做引子，思维反刍会创造出无休止和无端的消极情绪。

那么，如何才能打破思维反刍的桎梏呢？我们可以尝试以下两步：一是停止思维反刍，前提是你必须认识到无休止的苦思只会给你带来坏处。二是开展有益健康的分心活动，找一个能让你完全投入的活动，如练瑜伽、游泳、冥想等。

（二）表达情绪

众所周知，很多疾病的发病原因是情绪得不到及时地排解转而伤害人体健康。因此，找一个合理的情绪表达方式显得尤为重要。早在 2000 多年前，我国古代医学就肯定了情绪与健康的关系，把喜、怒、忧、思、悲、恐、惊这七情看成重要的致病因素，例如，《黄帝内经》说，"怒则气上，喜则气缓，思则气结，悲则气消，恐则气下，惊则气乱""怒伤肝，喜伤心，思伤脾，悲伤肺，恐伤肾"。如何才能有效地表达和处理消极情绪呢？每个人都有自己的方法，下面简单介绍几种表达情绪的方法（见表 3-2）。

表 3-2　表达情绪的方法

表达方式	题目	具体方法
画	自由涂鸦	1. 找一处安静的空间，放松下来，觉察一下自己的情绪 2. 找到最能表达心情的颜色，可以选择一种或几种，在纸上把情绪画出来，绘画时，可以天马行空，毫无顾忌，只要能表达内心最真实的情感即可 3. 作画完毕，看图说话，反思自己在绘画过程中存在的矛盾和冲突，借此释放不良情绪
写	写日记	1. 找一处安静的空间，放松下来，觉察一下自己的情绪 2. 找一本你喜欢的笔记本或者打开一个网络空间将自己的情绪描写出来，不在乎语法、句子结构等，只要能表达内心最真实的情感即可 3. 完成后，再次阅读并反思
做	放纸飞机	1. 在纸上画一幅画或者用写的方式来表达自己的情绪 2. 将纸折成飞机，举行赋予仪式，即用双手象征性地把自己的负面情绪，包括躯体反应特征，从自己身体中抽离出来 3. 赋予仪式结束后，放飞到自己认为最合适的场所，如河边、野外的空旷地
说	情绪故事讲述	找一个合适的对象，以讲述为主，尤其是经历创伤性事件后的情绪故事讲述，效果更好

放纸飞机

三、改变认知

美国心理学家阿尔伯特·埃利斯（Albert Ellis）提出了著名的理性情绪行为疗法，说明了不是事件本身而是你对事件的看法决定了结果（见图3-1）。

导致我们情绪和行为的结果不是事件本身
而是我们对于事件的想法和解释

图 3-1　情绪 ABC 理论

人们往往以为是激发事件 A（activating event）导致了一个人的情绪和行为结果 C（consequence），恰恰相反，引起 C 的直接原因是个体对激发事件 A 的认知和评价而产生的想法 B（belief）。例如：男朋友几次未按时赴约，甲女生就会觉得他如此不重视我，一定是移情别恋了，算了，不等了，关系也随之结束。乙女生一开始也有与甲女生相同的想法，冷静下来思考后，觉得也许他这次真碰上了麻烦事，刚好趁这工夫欣赏一下约会地点的风景，听听平时未挤出时间学习的微课。同时，想想等他来了如何表达自己的感受并提出合理的要求，就这样经过几次磨合，他们的关系更加稳定了。由此可知，不同的认知产生了两种截然不同的结果。

塞利格曼在情绪 ABC 理论的基础上发展出了习得性乐观 ABCDE 理论，是获得积极情绪的长久支柱。具体内容见本书第九章。

四、提升积极情绪

由于进化和生存的需要，人类选择把恐惧、愤怒等消极情绪作为遇上负性事件时的自动化反应。而弗雷德里克森曾说过，"在当今时代能意识到消除生活中无端的消极情绪是管理情绪的伟大的进步。生活单方面给了我们消极情绪，创造积极情绪则是我们自己的事"。我们太过关注生活中的坏事，为了克服大脑中天生的负面偏好，我们需要练习提升积极情绪的技能。因为积极情绪会让我们活得更好，能使我们的眼界开阔、思维开放，为我们建构起持续的社会资源。那么，我们该如何主动提升积极率中的分子数值，向引领我们步入充盈而丰盛的人生的 3：1 靠近呢？接下来我们从三个方面进行阐述。

（一）发现积极情绪

1.多关注好事

有些时候，我们需要分析坏事，以便从中吸取教训。然而对坏事的过度关注常常会加剧我们的焦虑和抑郁。避免这种情况发生的一个办法就是，更多地去关注和品味那些生活中的好事。

精彩分享

三件好事

2005 年 1 月，三件好事的练习产生了惊人的效果。当时《时代》周刊刊登了关于积极心理学的封面故事，我们预期随后会有洪水般涌来的请求，于是建设了一个网站，提供一项免费的练习：寻找好事。成千上万的人在网站上注册，让人最感兴趣的是抑郁程度最严重的那 50 个人。他们登录网站，做了抑郁和幸福程度的测试，然后做了寻找好事的练习。这 50 个人的抑郁测试平均得分为 34 分，显示他们已经属于"重度"抑郁了。他们可能勉强才起了床，上网做这个测试，然后又回到床上。他们每个人都做了寻找好事的练习，一周内每天记录三件好事，然后发到网上。

结果，他们的平均抑郁程度从 34 降到 17，抑郁程度从重度降到轻中度，他们的幸福程度得分从最低的 15% 跳到了 50%。这 50 个人中，有 47 个人现在变得更少抑郁且更加幸福了。

资料来源：塞利格曼.持续的幸福[M].赵昱鲲，译.杭州：浙江人民出版社，2012：40-41.

积极实践

三件好事练习

每晚睡前花 10 分钟写下：①今天的三件好事；②它们发生的原因；③对你的启发。你可以用笔记本或电脑记录下来。一开始或许有些别扭，你可以只记下第一步，然后逐渐增加至第二、第三步。请你坚持一周，当然如果能坚持更长时间，那么你会更少忧郁、更多幸福，并会逐渐喜欢上这个练习。

三件好事

2.实践感恩

感恩可以让你的生活更幸福、更满足。同时，表达感激之情也会加深彼此之间的联系。不过，我们有时说"谢谢"说得很随意，使得感谢几乎变得毫无意义。在下面介绍的"感恩拜访"练习中，你可以用一种周到、明确的方式，体验如何表达你的感激之情。

积极实践

感恩拜访练习

闭上眼睛，想出一个依然健在的人，他多年前的言行对你的影响很大，让你收获了美好的人生。但你从来没有去感谢过他，接下来你就会被安排去见他，那么你能想到谁？

感恩拜访

你的任务是给这个人写一封感恩的信，并亲自递送给他。这封信的内容要具体，有 300~400 字。在信中，你要明确地回顾：①他为你做过的事；②这件事对你的人生有什么影响；③让他知道你的现状，并提到你会经常想到他的言行的。

写完这封信后，打电话给这个人，告诉他你想要去拜访他，但是不要告诉他这次见面的目的。当一切都在意料之外时，这个练习会格外奏效。见到他后，慢慢地对他念你写的信，并注意他的反应。如果在你念信的过程中，他打断了你，那就告诉他，你真的希望他能先听你念完。在你念完每一个字后，你们可以讨论信的内容，并交流彼此的感受。

3.善用性格优势

塞利格曼等人提出，每个人都有与生俱来的性格优势，如果我们善于在日常生活中运用这些优势，那么将会最大限度地增进积极体验。如何探索自身的突出优势并合理运用呢，详见本书第八章。

（二）创造积极情绪

1.学会微笑

1860 年，法国医生迪香（Duchenne）在研究人类的微表情时发现，他给人脸上贴上电极片，看看刺激哪一块肌肉的活动，可以产生什么样的表情，结果他发现一个特别美好的表情。这个表情的主要特点是：笑容饱满，牙齿露出，嘴角肌上扬，眼角肌收缩，使眼周皱纹出现。为了表达对这位科学家的敬意，将所有带有眼角皱纹的真心微笑称为"迪香式微笑（Duchenne smile）"，这就是"迪香式微笑"的来历。而与之相区别的一种笑容叫官夫人剪彩的微笑（Pan American smile），也就是我们经常讲的"皮笑肉不笑"，指的是礼节性的微笑。

后来，积极心理学家们深入研究了迪香式微笑。比如，美国加州大学伯克利分校的丽安·哈克（Rian Harker）和达彻尔·凯尔特纳（Dacher Keltner）跟踪研究了密尔斯女子大学（Mills College）1960 年的毕业照上的 141 个女生的笑容、颜值与幸福的相关性。他们对 1960 年毕业学生的毕业照片进行分析，发现有 3 个人没有笑，有 50 多个女生始终保持迪香式微笑，有 60 多个女生属于礼节性的笑容。研究人员分别在这些女生 27 岁、43 岁和 52 岁时回访她们，了解其婚姻状况和对生活的满意程度等。结果令人惊讶，微笑中的鱼尾纹与一生的幸福高度相关，即拥有迪香式微笑的女生一般来说更可能结婚，并能长期维持婚姻，在以后的 30 年也过得比较如意。同时，发现美貌跟婚姻是否美满、人生是否幸福无关。总的结论是一个真诚微笑的女人就会拥有美满的婚姻、幸福的生活！

生理学家也发现这种微笑能促进内啡肽、自然镇痛杀伤物质和 5-羟色胺的释放，引发积极乐观的心理状态。它让我们感觉良好，让我们的血压适当降低，增强免疫力，使我们的抗压能力增强。它如同一剂良药，让我们更健康、长寿。迪香式微笑的关键在于，发自内心的微笑，是快乐、积极向上的。而礼节性的笑容往往只有面颊提升、嘴角的笑，

却没有眼角的微笑。已有研究表明，假装的微笑和愤怒的冷笑一样，都会预示心肌缺血，带来更高的冠心病发生概率。

可喜的是，人们一旦意识到迪香式微笑带来的好处，就可以积极习得。比如，通过在镜子前体验迪香式微笑时表情肌的变化，然后慢慢感受其带来的愉悦心情。

2. 正念冥想

正念这个概念最初源于东方的佛教禅修，是由坐禅、冥想、参悟等发展而来的，因此，正念有时也被称为"观禅"或"内观禅"。这一技术的关键要素包括关注、觉察当下的一切，而对当下的一切又都不做任何判断、任何分析、任何反应，只是单纯地觉察它、注意它。正念冥想在增加了日常积极情绪的同时也减少了消极情绪，随着冥想练习时间的加长，这一效果愈发凸显。

仁爱冥想是一种用来增加对于温暖的感受以及对自己和他人的关照的技术。我们可以采取坐姿或站姿进行静思，要求人们闭上眼睛并带着对呼吸的初始关注。在仁爱冥想中，你的目标是训练情绪以一种毫不吝啬的方式，走向温暖、柔和以及同情的感受。你把这些温暖柔和的感觉所产生的积极情绪先导向自己，再导向他人。

（三）享受积极情绪

1. 品味美好

"采菊东篱下，悠然见南山"，"相看两不厌，只有敬亭山"。这两句诗描述了恬淡品味生活的美好体验。人们是否会自然而然地品味美好，与个体是否具有"幸福跑步机"心理效应有较大的影响。有一项对彩票中奖者的研究发现，他们在中奖后的几个月里会感觉很幸福，但很快就又回到他们平常的快乐或抑郁水平。这项研究打破了改善外部环境以增进持久幸福的希望。塞利格曼曾介绍说，这就是幸福跑步机心理效应在起作用，如果幸福等于财富和名望的话，我们必须拥有更多，否则就感觉不到幸福。或者说，我们只有持续得到更多的好事，才能维持在"幸福跑步机"上，但总是需要下一件好事。这显然是无法符合客观现实的。尽管如此，通过研究，积极心理学家们认为，品味练习是一种可以开发的心智习惯，是一种可以构建积累的心理资本。

品味需要你放慢脚步并有意识地去关注。除了简单地接受美好外，你还要学会去品尝它、欣赏它。这就好像在庭院里欣赏自己种植的花，从感受花苞的含蓄之美到花朵盛开的丰盈蓬勃之美。

积极实践

品味美好

当美好的事情发生前，我满心期待它的来临。

当美好的事情发生时，我会陶醉在其中。

当美好的事情发生后，我会在想象中重温它带给我的一切美好感觉。

诸如此类的品味实践，我们就会从生活中汲取更多的积极情绪。值得注意的是，品味不是分析，而是提高自己的积极情绪。

2.制作情绪档案袋

情绪是高度个人化的，对于触发情绪的确切事件和情况，每个人都是不同的。比如，令你敬畏的情境，对于他人来说可能会产生恐惧。因为遗传、外部环境和个体意志活动的不同，所以每个人通向欣欣向荣的道路都是独一无二的。我们需要不断地发现什么事物能唤起你的积极情绪，如每天都坚持做积极情绪自我测试或探索、关注那些出现频率高的积极情绪、制作自己专属的积极情绪档案袋。

制作情绪
档案袋

制作积极情绪档案袋是弗雷德里克森提出的，他的灵感来自和詹姆斯·帕维尔斯基（James Pawelski）的交流。詹姆斯当时是一位年轻的积极心理学研究者，后来成了宾夕法尼亚大学积极心理学中心的教育系主任。当时，詹姆斯为了能顺利通过范德比尔特大学助理教授一职的面试，他创建了自豪档案袋，其中就包含他与积极心理学学者们之间的联系——一封来自契克森米哈赖的电子邮件和一张他和塞利格曼的合影。他准备好求职演说后，面试前还重温了档案袋，并在情绪上与它建立起了联系，面试时他表现得平静而自信。

积极实践

建立希望档案袋

试着建立你的希望档案袋，想一想并记下以下事件。

1.当你受到一个可能实现的美好结果的鼓舞，是在何时？

_____

2.当你面对某事的不确定性，最坏的结果是让你感受到恐惧，但你在某种程度上仍然相信事情会往好的方向发展，是在何时？

_____

3.当你真真切切地渴望某些更好的事情发生，是在何时？

_____

4.当你想发挥创造力去为一个更好的未来努力，是在何时？

_____

你也可以找一些合适的照片或者其他你觉得合适的物品（如一首歌曲或者一段视频）。档案袋中可以包含每个人自己觉得有深刻意义的物品，比如照片、信件、玩具等。你也可以采取更具体的措施，将前文提到的10种积极情绪按出现频率的高低，将每种情绪做成一个档案袋，比如一周关于喜悦、一周关于感激，以此类推。

总之，因为个体的差异，所以每个人都有独特的提升积极情绪的方法。人们发现、创造、品味积极情绪也有很多的方法，只要对自己有效，都可以发展成积极情绪，向着欣欣向荣的生活迈进。

拓展阅读

1.弗雷德里克森.积极情绪的力量[M].王珺，译.北京：中国纺织出版社，2021.

积极情绪会扩展我们的思维和开阔我们的视野，对我们的健康有利，能抑制无端的消极情绪。要想获得圆满的人生，我们需要借助积极情绪的力量。那么，怎样才能提升并利用自己的积极情绪呢？作为积极心理学的领军人，弗雷德里克森在书中呈现了积极心理学领域具有开创性和颠覆性的研究成果，并将积极心理学的研究提升到了一个新高度，比如"扩展—建构理论"指出积极情绪对提升人们创造力的巨大意义；"最佳情绪配比"指出积极情绪与消极情绪的平衡状态。

2.塞利格曼.持续的幸福[M].赵昱鲲，译.杭州：浙江人民出版社，2012.

塞利格曼在书中描述了他不再关注传统心理学所注重的"如何减轻人们的痛苦"，而是专注于研究"如何建立人们的幸福感"，并让幸福感持续下去。同时，具体阐释了构建幸福的具体方法。他提出，持续幸福的5个要素（PERMA），即积极情绪（positive emotion）、投入（engagement）、人际关系（relationship）、人生意义（meaning）、成就（accomplishment）。PERMA不仅能帮助人们笑得更多，感到更满足，还能带来更大的生产力、更多的健康。

每章一测

1.如何理解积极情绪的扩展—建构理论？

2.简述管理情绪的四步法？

3.如何提升自己的积极情绪？

4.如何建立你的希望档案袋？

福流

纯粹的幸福体验

其为人也，发愤忘食，乐以忘忧，不知老之将至云尔。

——《论语·述而》

通过本章学习，你能够：

1. 认识福流的含义、特性、成因及理论模型。

2. 描述福流在不同领域的科学研究及其进展。

3. 了解在生活中增加福流的方法并加以实践。

纯粹的幸福体验 福流 -④-

- 福流的定义
  - 微观福流体验
  - 宏观福流体验
- 福流的产生条件与特征
  - 产生福流的三个客观条件
    - 清晰的目标
    - 及时的反馈
    - 技能和挑战的完美匹配
  - 产生福流的六种心理特征
    - 全神贯注
    - 知行合一
    - 物我两忘
    - 时间飞逝
    - 轻车熟驾
    - 陶醉其中
- 福流的成因
- 福流理论模型
  - 三区间模型
  - 四区间模型
  - 用户-工具-任务模型
    - 用户
    - 工具
    - 任务
- 福流的精神科学基础
  - 额叶底功能理论
  - 神经网络同步理论
- 福流的测量
  - 访谈法
  - 问卷调查法
  - 心理体验抽样法
- 福流研究应用领域
  - 体育运动中的福流体验研究
  - 教学过程中的福流体验研究
  - 网络市场的福流体验研究
  - 跨文化的福流体验研究
  - 福流研究的局限性及发展展望
- 生活中的福流
  - 肢体运动中的福流
  - 感官体验中的福流
  - 工作和休闲中的福流
  - 人际交往中的福流
  - 福流的利与弊

追求幸福是人类社会永恒的主题，对于幸福，每个人都有自己的看法。许多人将自己的幸福寄托于外在的物质上，可仅拥有物质却是远远不够的。心理学研究表明，物质生活的发展并没有显著提高人们的幸福感，且过度追求物质生活反而会降低幸福感。在哲学领域，有许多学者对幸福这一命题进行了探讨。苏格拉底认为，追求真理的过程是快乐而富足的。亚里士多德则将幸福与人生意义归结于"virtue"，即美德。尼采（Nietzsche）认为，生命的意义在于追求"超人境界"，这是一种潜能的解放。马斯洛则强调，有机体有不断自我实现的趋向：人在不断攀登人生高峰的过程中，会越来越多地感受到"高峰体验"带来的喜悦。以上观点，我们可以总结为"追求式的幸福"。

同样，人们也会产生疑问：有没有一种不存在目标指向的幸福、快乐的境界呢？为何古希腊哲学家第欧根尼（Diogenes）仅仅拥有一个木桶，内心却比亚历山大国王还要富有而幸福呢？庄子笔下"物我两忘""泠然善也"的自在境界是否存在呢？追求的快乐与自在的快乐两者存在什么关系呢？

卡尼曼曾将幸福划分为两类，即记忆的幸福与体验的幸福。记忆的幸福是指个体在回忆时认为自己是幸福或不幸的；而体验的幸福则是指个体在每一个时刻对幸福感的切身体会。卡尼曼认为，记忆有误导性，而每一时刻都能真实体验到的幸福才是真正的幸福感。契克森米哈赖则进一步对体验的幸福进行了深入研究，他对众多卓越的运动员、舞蹈家和音乐家进行了访谈和调查，发现这些专注于自己领域且表现出色的个体常常在生活中拥有一种极度愉悦、幸福而专注的状态。

精彩分享

一种极度愉悦、幸福而专注的状态

一位攀岩选手曾这样描述过自己的体验："完美的自我控制，能让我产生一种痛快的感觉。你不断逼自己的身体挑战极限，直到全身隐隐作痛，然后你会满怀敬畏地回顾自我，回顾你所做的一切，那种佩服的感觉简直无法形容。它带给你一种狂喜，一种自我满足。只要在这种战役中战胜过自己，人生其他战场的挑战也就变得容易多了。"

一位舞者这样表达自己在舞蹈时的喜悦境界："一种非常强烈的轻松感淹没了我，我一点儿也不担心失败，多么有力而亲切的感觉啊！我好想伸出手，拥抱这个世界。我觉得有股无与伦比的力量，能创造美与优雅。"

资料来源：契克森米哈赖. 心流：最优体验心理学[M]. 张定绮，译. 北京：中信出版社，2017：7.

上述状态就是契克森米哈赖所定义的"福流"，它既是一种追求的幸福，又是一种"自我消融而自在"的境界。本章我们将对福流的含义、特征、成因及理论模型，福流的最新研究和应用进行介绍，也将探讨如何将福流融入生活，为自身创造更多的幸福与美好的体验。

第一节　福流的概述

一、福流的定义

作为积极心理学的奠基人之一，契克森米哈赖一直致力于人类创造力与幸福感的研究。他是第一位提出福流（flow）概念的心理学家。福流是个体完全沉浸于某个活动当中，而感受到的一种如同洪流般的、强烈的喜悦状态。契克森米哈赖认为，福流体验是人类幸福感与意义感的重要组成部分，是我们全情投入一件事情时，物我两忘、喜不自禁、酣畅淋漓的境界。

福流是一种微妙、复杂而多变的心理体验，根据发生的强度和情境的不同，福流可分为微观福流体验和宏观福流体验两类。

（一）微观福流体验

微观福流体验是一种强度较低的福流体验，常常出现在个体的日常活动中，如听音乐、看电影和嚼口香糖等。契克森米哈赖指出，尽管微观福流体验时间较短、强度较低，甚至时常处于被忽略的状态，但能促使机体保持放松和喜悦的状态，同时加深意识的唤醒程度。

（二）宏观福流体验

宏观福流体验是一种强烈而深刻的福流体验，常出现在高参与性和结构化的活动中，如艺术活动、科学研究和体育活动等。在以上活动情境中，个体需要全身心投入来应对挑战，从而产生宏大而激烈的福流体验。

"flow"一词意为"流、连贯、滔滔不绝"。契克森米哈赖的flow概念最早被国内学者翻译为"心流"，体现出其连续而涌动的特性。清华大学彭凯平教授将其翻译为"福流"，故本书也使用"福流"这一表述。

精彩分享

"flow"的翻译讨论

儒教、道教、佛教等的东方传统文化，频繁提到这种源于心理活动奇妙的快乐体验。禅宗也经常谈到这样一种全神贯注、时光流逝、心旷神怡的生活和工作状态。在心理学领域，有很多学者把这样的体验翻译成"爽""福流""极致""涅槃"等。我个人认为，把这种体验翻译成"福流"体验可能更贴切，因为它是一种幸福的终极状态，音近，意近，神更近。

资料来源：彭凯平. 吾心可鉴：澎湃的福流[M]. 北京：清华大学出版社，2016：5.

二、福流的产生条件与特征

契克森米哈赖对来自不同领域、不同种族和性别的大量被试者进行了研究，发现了个体在产生福流体验时应具备三个客观条件以及六种心理特征。

（一）产生福流的三个客观条件

1.清晰的目标

研究发现，当个体有着清晰的目标，知晓自己需要得到什么结果时，内心往往更容易产生福流。福流体验并不是目的指向性的，它"自己便是自身的目的"。在获得福流时，我们的幸福体验也往往不依赖于外在奖励，行动本身就是快乐。值得一提的是，福流的有目标和无目标并不冲突，因为在任务刚开始阶段，会让我们拥有更高的动机水平和专注性，从而更容易达到福流状态。

2.及时的反馈

及时的正向反馈有助于福流体验的发生。行为主义认为，当某一行为获得了外在奖励强化时，其发生率随之提高；不过与外显的行为不同，福流体验并不着重关注外在结果强化，内在的积极情绪反馈则更为重要，它能促进个体的内在动机水平。

3.技能和挑战的完美匹配

从事难度与能力相匹配的活动是产生福流体验的重要条件之一。当个体能力与任务难度完全匹配时，内在才会有得心应手、继续挑战的欲望，进而促使福流的发生。也就是说，只有当个体的主观意识与客观实在相统一时，福流才更容易发生。

（二）产生福流的六种心理特征

1.全神贯注

个体在全神贯注时常常会忽略外界的所有影响，这种心理状态为福流体验奠定了基础。例如，我们在阅读自己喜欢的书时，往往会被精彩的内容所吸引而忽略了外界变化，如果有人突然打断，我们可能会被吓一大跳，这就是一种全神贯注的状态。

2.知行合一

知行合一不同于哲学概念，它是指个体并不需要费力地去控制行为或者意识，两者可以完美融合，达到自动而流畅的境界。这种"得心应手"是建立在对技能的掌握程度之上的。当我们对某项技能掌握得越好，就越容易产生知行合一的体验。《庄子·养生主》中的庖丁解牛便是很好的例子。

> ### 精彩分享
>
> #### 庖丁解牛与福流
>
> 庖丁解牛的故事，生动展现了一种福流的境界。这位名叫庖丁的屠夫，在展现其熟练技艺时，体验到了一种物我相忘、畅快淋漓的快乐。故事描述如下。
>
> "庖丁为文惠君解牛，手之所触，肩之所倚，足之所履，膝之所踦，砉然向然，

奏刀騞然，莫不中音。合于《桑林》之舞，乃中《经首》之会。"面对文惠王的震撼
与不解，庖丁深刻阐述了他的福流体验："三年前解牛，我眼中能看到完整的牛；三
年后解牛，再未见过完整的牛。"因为此时此刻，他是凭精神和牛接触，而不是用眼
睛去看，感官停止了而精神在活动，即所谓的福流状态。

资料来源：彭凯平.吾心可鉴：澎湃的福流[M].北京：清华大学出版社，2016：5-6.

3. 物我两忘

一种自我意识暂时消失的状态。在福流体验中，个体不仅不会注意到外界的变化，
甚至不会意识到自我的存在，只是完全沉浸于事情本身。例如，书圣王羲之在练字时太
过投入，错把墨汁当作蘸料食用却不自知。

4. 时间飞逝

时间飞逝又称为时间的失真感，是指个体沉浸于一件事情很长时间，但自己却认为
"时间没有过去多久"。神经科学的相关研究揭示了这一现象的生理成因：当个体处于福
流状态时，负责理智、逻辑思考与自我控制的前额叶区与负责时间感知的岛叶皮层处于
低活跃状态，因而会对时间产生错误的感知。

5. 轻车熟驾

轻车熟驾又称潜在控制感，是指个体对自己行为掌控的认知。轻车熟驾往往发生于
潜意识中，与知行合一类似，它是需要对某项技能有着较好的掌握程度才能够达到的。
例如，我们对某一科目的知识掌握得炉火纯青时，在拿到试卷时会不自觉地拥有一种自
己可以很好完成测试的自信，这就是潜在控制感。

6. 陶醉其中

陶醉其中又称自成性目标，是指目的就是行为本身，快乐来源于活动过程，而不是
结果达成的产物。例如，画家在绘画时，得到快乐，这并不是因为欲求其画作的金钱价
值，而是享受从无到有的创作过程。如果只是为了达到目的而行动，将一切希望都寄托
在结果之上，那么在得到后，你往往会发现"其实也不过如此"；而只有当我们开始享受
过程时，福流体验才更容易发生。

精彩分享

作家的悲与乐

契克森米哈赖提到："诗人与剧作家往往是一群严重沮丧或情绪失调的人，或许
他们投身写作这一行，就是因为他们的意识受精神熵干扰的程度远超一般人。写作
是在情绪紊乱中塑造秩序的一种治疗方法。作家体验福流的唯一方法很可能就是创
造一个可以全身心投入的文字世界，把现实的烦恼从心灵中抹去。"

资料来源：契克森米哈赖.心流：最优体验心理学[M].张定绮，译.北京：中信出版社，2017：235.

三、福流的成因：精神熵与精神负熵

在发现福流体验后，契克森米哈赖提出了精神熵的假说，试图解释个体的幸福感差异与福流的成因。

熵（entropy）原是物理学中的概念，在热力学中被广泛应用。它指代一个系统的内在混乱程度，即系统的熵越高，代表内部结构越混乱；熵越低，代表系统越有序。契克森米哈赖用精神熵（psyche entropy）的概念来定义人类的混乱、失序的心理状态。当信息对个体意识构成干扰时，就会发生内在失序的现象，即精神熵。它会导致个体的互动效率大打折扣，幸福感降低，严重时甚至会导致自我解体。

精神熵与个体的注意力呈显著负相关性，如果精神熵状态持续很久，我们将不能集中注意力来达成现实中的任何目标。极端的精神熵案例当属精神分裂症患者，他们会不由自主地注意所有不相关的刺激，接收所有的信息，也没有自主控制事物进出意识的能力。

精神熵的反面就是精神负熵，是个体内在整合度良好、有序而和谐的心理状态。精神负熵就是福流体验的本质。处于精神负熵时，个体的注意力往往会高度集中，且能自然屏蔽外界负面信息的干扰；而整合良好、正向且有序的信息会带给个体积极的反馈，进而强化其行为，使注意力更集中，进入良性循环。佛家的禅定境界是精神负熵的最佳实例，在这种宁静而清明的状态下，个体的心灵处于高度有序、专注而整合的状态，故能以"禅悦为食"，体会到灵魂深处的快乐。

现代人生活在充满各种信息的社会中，精神熵状态似乎已成为一种常态。大量碎片化的信息使我们沉迷，可回过神来却发现自己一无所获，内心只剩空虚感与无意义感。想要抵抗这种现状，我们就需要过滤掉无用的外界信息，向精神负熵状态靠近，保持心灵的整洁、有序与自在。

> **积极实践**

冥想：向精神负熵靠近

寻找一个安静的角落，可以坐在椅子上，也可以盘坐于地，确保自己处于一个舒适且自然的姿态，背部和颈部保持直立。至于闭眼或是睁眼，可根据个人喜好自行决定。

正念呼吸

深吸一口气，努力保持内心的平静状态，并缓缓通过嘴巴或鼻子呼气。用意念对全身进行扫描，如果发现身体任何一个部位紧绷，就通过呼吸引导那个部位放松。此过程至少持续 5 分钟（最长不超过 20 分钟），并专注于缓和的呼吸节奏。若注意力有所分散，就将其自然地引回到呼吸上。

继续做深呼吸，让自己被积极的情绪环绕。试着想象自己正处于非常愉悦的状态，例如与所爱之人相伴或工作得心应手的时候。用 30 秒至 5 分钟的时间，让这些积极的情绪在身体内部蔓延流动。久而久之，仅通过想着"幸福""宁静"或"喜

悦"等词，就足以激发内心积极的能量。

将冥想融入日常生活。不论是早晨醒来、午休时间还是午后，每天抽出 10 分钟至 1 小时进行冥想。冥想一旦成为一种习惯，或许短短一两分钟就能达到一定的效果。每当你感到压力重重、愤怒或者情绪低落的时候，只要深呼吸几次便能唤醒内心的积极情绪。虽然安静的环境更为理想，但实际上无论是在火车上、出租车内，还是在办公室里，都可以进行冥想。

资料来源：本 – 沙哈尔. 幸福的方法 [M]. 汪冰，刘骏杰，倪子君，译. 北京：中信出版社，2022：83–84.

四、福流的理论模型

最早的福流模型是从技能和挑战的关系角度构建的，包括三区间模型、四区间模型和八区间模型。不过，只从这一个角度来定义福流的产生过于局限，克里斯蒂娜·芬纳兰（Christina Finneran）等人将活动中的工具和任务区分开来，并针对福流产生的前因，构建用户 – 工具 – 任务模型（person-aritifact-task，PAT），以此来探讨哪些维度影响了福流的产生。下面将对上述几种福流的理论模型进行具体阐述。

（一）三区间模型

契克森米哈赖认为，技能和挑战的平衡是福流体验产生的重要条件之一，他以此为基础，建立了最早福流的理论模型，即福流的三区间模型。

该模型认为，个体在面对挑战的过程中，会体验到三种不同的心理状态：一是福流体验。在感知自身技能与外界挑战匹配的情况下，不论两者水平如何，只要力量相当，便能触发福流体验。二是无趣感。当自身技能水平超出任务难度时，便会随之产生无聊乏味感。三是焦虑感。当自身技能水平低于任务难度时，则会引发焦虑感和紧张感。

但这种模糊、粗略而静态的划分并不能解释所有的心理状态与行为表现。当感知到自身技能和挑战匹配时，福流体验未必会产生；当感知到技能和挑战不平衡时，福流体验未必无法产生。因此，契克森米哈赖对原有模型进行了优化，描述了个体进入三种心理状态的动态过程（见图 4-1）：最初，个体可能因为技能和挑战相匹配，从而进入福流体验。此时，个体有两种行为选择：一是增加挑战难度，进而产生焦虑情绪；二是保持不动，而技能水平随着时间的推移而提高，最终产生无聊情绪。个体可能会努力提升自己的技能或是降低挑战的难度：若感到无聊，则可能会主动提高任务的难度；当个体的技能和任务难度再次达到平衡时，福流的感受便会再次出现。

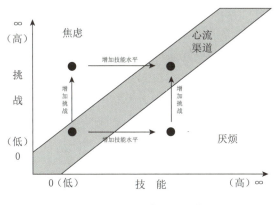

图 4-1　福流三区间模型

资料来源：契克森米哈赖.心流：最优体验心理学[M].张定绮，译.北京：中信出版社，2017：161.

（二）四区间模型和八区间模型

意大利米兰大学的研究者对三区间模型有所质疑，并提出了自己的观点。他们认为，当个体从高挑战情境中回到较低挑战层次时，福流体验并不一定会产生。他们将挑战与技能的水平分为四类，探讨了个体不同的情绪状态，即福流的四区间模型：①淡漠感，低挑战性而低技能水平的结果。②厌倦感，低挑战性而高技能水平的结果。③焦虑感，高挑战性而低技能水平的结果。④福流体验，高挑战性而高技能水平的结果。

1988 年，意大利米兰大学的马塞洛·马西米尼（Marcello Massimini）及其同事对原始的四区间模型进行了改进，扩展至八区间模型。他们将技能和挑战划分为"低、中、高"三个层次，并基于这一分类，进一步细化了个体对技能和挑战的感知（见图 4-2）。在这个模型中，福流状态仅在高技能和高挑战的交汇点出现。

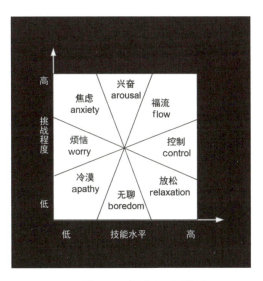

图 4-2　福流八区间模型

以上理论模型都存在一定的局限性。首先，福流是一种复杂的心理体验，"挑战与技能"并不能完全解释福流体验的发生；其次，区间模型认为，福流主要存在于高挑战活动中，这难以涵盖人们在参与轻松娱乐等低挑战性活动时感受到的微观福流体验。研究者通过对 344 名全职工作者的研究发现，即便是低挑战的休闲活动亦能激发个体的福流感受。研究还指出，任务的难度与个体能力的高度匹配，并不是体验福流的唯一的充分必要条件。个体对某项活动或任务的兴趣，也是触发福流体验的一个关键因素。即便个体未能在挑战与技能上同时达到高水平的匹配，只要对活动保持兴趣，同样能享受到福流体验。

（三）用户—工具—任务模型

芬纳兰等人不再将视角局限于区间模型中的"任务难度与技能水平"，而是提出了基于用户（person）、工具（artifact）和任务（task）三个维度的PAT模型，三者之间相互作用，共同促成福流体验的产生。

1.用户

用户即指个体，是在活动中使用工具的人。用户的个人特征可以细分为两类，一类是保持稳定的特质属性（如人格），另一类则是动态变化的状态属性（如情绪），这两类特征均会对福流体验的发生产生影响。研究表明，外向型人格的个体更容易体验到福流，具有神经质倾向的人因为担忧失去而难以达到福流状态。情绪状态对于福流体验同样关键，个体在情绪高涨时或许更容易感受到福流，而在情绪低落时，即使从事相同有趣的活动，也可能变得乏味。

2.工具

工具是在进行活动中需要使用到的道具，如电脑、多媒体等。工具将会在一定程度上影响人们的福流体验，主要体现在个体对工具的掌握程度上。如果我们不能熟练使用某种工具，比如电脑、手机或者一些乐器，将很难从这些活动里体验到福流。

3.任务

任务即活动本身，某些任务本身就容易引起福流体验。结构化的任务（如闯关游戏和工作）可以为用户提供明确的目标和挑战，从而促进福流体验的发生。个人对于任务的喜好程度也是一个重要的影响因素，若个体对活动的兴趣度越高，则福流体验越容易发生。

五、福流的神经科学基础

随着认知科学和测量工具的发展，对福流体验的研究视角逐渐从经验性实验转向神经科学领域。但直至今日，心理学家对福流的神经科学研究仍处于起步阶段，尚无确切定论。目前，对福流的神经科学研究主要有额叶底功能理论和神经网络同步理论两大神经科学理论。

（一）额叶底功能理论

阿恩·迪特里希（Arne Dietrich）以神经认知系统的两大理论为依据，提出了额叶底功能理论。该理论认为，个体的认知可分为外显认知系统（特点是意识加工与理性化）与内隐认知系统（特点是自动化而毫不费力），两者分别对应着不同的神经结构。当福流体验发生时，脑部基底核活跃度增加，而前额叶皮质和中颞叶皮质活跃度降低，促进内隐认知过程，进而产生"毫不费力且十分流畅"的心理体验。

（二）神经网络同步理论

雷内·韦伯（René Weber）等人认为，当福流体验发生时，个体大脑内部的两个神经网络系统，即奖励网络系统和注意网络系统被激活。奖励网络系统包括多巴胺能系统、丘脑、前额叶皮层腹正中区与背外侧区。该系统能引起福流的积极情绪体验；注意网络系统包括额顶叶皮层、上下顶叶、上丘脑等，负责注意力的高度集中。

六、福流的测量

作为一种主观的心理状态，福流很难用客观的观察方法进行量化。因此，对福流的测量主要使用自我报告法（传统的访谈法与问卷调查法是主要组成部分）。为了精准测量个体在不同时间的心理状态，揭示人们产生福流的时机和条件，契克森米哈赖发展了一套新的主观性福流评估工具——心理体验抽样法（experience sampling method，ESM）。接下来对福流测量方法的优缺点分别进行描述。

（一）访谈法

访谈法依托于研究者设计的一系列问题，并根据受访者的反馈进行必要的调整，以深入掌握受访者的福流体验。这一方法的优势在于，能真实并详细地获取受访者的个人体验，但其缺点是容易受到实验者效应的干扰，影响研究结果的客观性。

（二）问卷调查法

问卷调查法是福流测定中常见的方法，目前广为使用的福流量表主要有福流状态量表（flow state scale，FSS）和倾向性福流量表（dispositional flow scale，DFS）。FSS最初用于评估体育活动中的福流体验，随后经过不断发展被应用到更多领域。而DFS主要用于评估福流的倾向程度，即个体参与某项活动时，福流体验产生的可能性及强度。国内学者刘微娜对上述量表进行了翻译和验证，形成了中文版的《简化特质流畅量表》和《简化状态流畅量表》。

福流量表的测量思路大致可分为两类：一是将福流作为一个整体概念进行测量，多采用托马斯·诺瓦克（Thomas Novak）等人开发的量表，通过三个描述性的问题让参与者回忆自身经历与福流体验的匹配度；另一种是将福流体验视为多个构念的集合，通过测量这些构念来间接反映福流体验。不同研究者对福流的理解存在差异，选取的构成要素也不尽相同，导致福流的测量具有一定的模糊性。此外，由于不同研究采用不同的量表来测量相同的构成要素，这使得各项研究结果之间难以进行比较。

（三）心理体验抽样法

心理体验抽样法（ESM）是契克森米哈赖开创的一种评估主观体验的手段，要求研究人员基于研究目的预设呼叫参与者的具体时间和准备相关问卷。当参与者接收到来自研究主导者的声音提示后，他们须立刻填写一份特定的问卷，称为心理体验抽样表（experience-sampling form，ESF）。这要求参与者记录自己当前的具体状态，包括时间、地点、正在进行的活动、思维内容以及当前的情绪和认知状态，随后将完成的问卷返还给研究主试者。这种方式的自我报告通常要求在2分钟内完成，对参与者日常活动的影响最小。研究人员每日随机时刻发送信号，一般每天发送7至9次，持续一周或更长时间。在记录期结束时，参与者提交的流水账式的记录被用于实验数据分析。

ESM的思想核心在于，研究者能够多次评估与测量个体在日常生活中对自己和环境的感受与体验，这样就能保证测量结果相对准确和客观。该测量方法的独特之处在于，它能提供有关一个人的情感体验的大量信息。

ESM的核心理念是通过频繁地评估和测量，让研究人员能够准确且客观地掌握个体在其日常生活中对自我及环境的感知和体验，为研究提供丰富的情感体验数据。

为克服问卷调查法的主观性局限，弥补不同研究者对福流的理解偏差，有实证研究使用了生理测量工具，结果发现，福流体验与皮肤导电水平、心动周期、血压、肌肉活动及呼吸深度有显著的相关性。不过，研究仍停留在探索福流体验与生理指标的关联性上，用生理性指标来系统地测量福流还需心理学家的不懈努力方能达成。未来研究可确定统一的生理测量指标，通过客观数据来直接测量福流，并进一步探索生理测量指标这种客观指标与福流体验的关系。

第二节　福流在各领域的运用及未来展望

本节归纳了常见的福流研究领域及其研究成果，并指出现有福流研究的局限性，同时对福流的未来研究、福流研究的本土化与中国化作出展望。

一、福流体验研究应用领域

（一）体育运动中的福流体验研究

体育运动之所以是福流研究的重点领域，原因在于，福流体验常与运动员的积极情绪、自我认知、最佳表现有关。对于体育的福流研究始于1992年，此后，运动心理学家进行了大量的探索，试图探明这一"在体育领域中最不容易被理解的现象"。运动心理学的福流研究方向主要集中在以下方面：运动员福流体验的影响因素；如何激发和控制运动员的福流体验；理解福流与其他积极心理学概念的关系。

影响运动中福流产生的因素众多。国外研究者通过研究总结了10个影响运动员福流体验的因素，即自信、专注、动机、环境、成绩、反馈、思想和情绪、唤醒水平、准备工作、团队协作。国内学者也概括出了运动员产生福流体验的一些因素，包括参赛的积极动机、赛前的身心状态、准备计划、自信程度和乐观态度、赛前唤醒水平、高峰体验、教练的指导作用、自身战略举措、裁判的现场影响等。

心理学家试图运用各种干预方式来提升运动员的福流体验，已经取得了一定成效的方式有催眠、想象训练、音乐干预和正念冥想等。但这些方法的效度和适用性仍需进一步检验。正如一些心理学家所言："运动员是不可能在赛场上接受催眠的。"

（二）教学过程中的福流体验研究

教育心理学与学习心理学着重讨论的是如何在学习过程中促进学生的福流体验，进而使其达到最佳的学习状态。目前，已有大量研究表明，福流体验能够显著促进个体的学习兴趣、参与感和成绩表现。有研究表明，学生在基础发展时期（通常为小学阶段）的福流体验可能会显著影响他们的学习能力。此外，在学习中体会到更多福流的个体，在自我效能感和投入感上的得分更高，他们对挑战刺激的反应更多地表现为良性应激。这些优秀品质使得他们能在长远的实践中取得更大的学术成就。

（三）网络市场中的福流体验研究

随着互联网技术的不断发展，"线上福流体验"已然成为热门的研究领域。心理学家发现，福流体验能够影响个体在互联网营销中的行为表现。有研究表明，体验过线上福流的个体对所感知的信息记忆更深。大量研究指出，福流体验也会改变个体对于网站、产品和品牌的态度，影响个体的在线购买意图和行为。心理学家将福流体验和探索性行为等作为自变量纳入回归方程，发现该模型能够解释60%的人有在线购物意愿。有研究者指出，福流体验能够影响用户的满意度和创造力，在活动中创造出更多的积极情绪体验。

（四）跨文化的福流体验研究

契克森米哈赖最早提出了福流体验的跨文化统一性，即不同文化下的人们都能有福流体验，且对福流的体验都是一致的。马西米尼对不同文化下的人进行了研究，并得出了同样的结论，他认为不分年龄、文化特征或健康状况，福流是人类都可以体验到的经验特质。

虽然福流体验相同，但是不同文化下福流体验特征却各有差异。众多对原始部落的心理学研究都证明了这个结论。

在一个盛行阴谋和巫术的尼日利亚部落中，几乎没人知道欢笑和幸福是什么。这些压迫、暴力和恐惧是社会文化所带来的，大部分普通群众甚至认为，悲伤、残忍和痛苦是理所应当的。在这种环境下，个体很难做出自由而幸福的选择。

当然也有些社会文化创造出了更多的福流体验。在伊图里森林的矮人族里，人们不是忙于打猎或修整部落，而是将生活的重心放在唱歌、跳舞和讲故事等娱乐活动上。虽然物质条件落后，但是这种轻松、愉快而和谐的生活方式却能让族人更容易获得幸福感和福流体验。

国外研究者采用经验抽样研究法对中国和美国高中生的福流体验特征展开对比研究，发现在低任务难度和高自身技能的匹配下，中国高中生更可能得到福流体验，而美国高中生则更可能在高任务难度和高自身技能的匹配下收获福流。这一实验的结论同样说明，生搬硬套国外的福流研究理论是行不通的，我们应该建立本土文化的福流理论模型。

二、福流研究的局限性及发展展望

福流是一种主观体验，且与其他活动的联系具有复杂性；测量福流大多还在用问卷调查法，且没有一个统一的标准。未来对于福流的研究会更多地走向神经科学实验室，通过客观生理指标来测量福流，并进一步探明福流的神经科学成因。

国内对福流的研究仍处于对西方福流理论的沿用阶段，真正属于中国本土的福流理论仍未提出。跨文化的差异性说明，构建中国化的福流模型是十分重要的，它可以指导人们更好地在生活中达到福流状态，提高人民的幸福指数。

第三节　福流与生活

在物资匮乏时，人们同样会幸福吗？休闲时光真的就比工作时更幸福吗？我们在困境中如何体验到福流……本节将从实际出发来解答这些疑问，探讨生活中的福流体验。

一、生活中的福流

（一）肢体运动中的福流

规律而积极地进行体育锻炼是产生福流体验的极佳方法。研究指出，肢体运动常常能引发福流体验，如跑步、游泳、瑜伽、舞蹈等。不过，单纯的肢体运动并不能带来福流体验，精神力量的投入同样是必要的。动机、情感投入、目标和期望都是导致个体坚持其行为，引发福流体验的重要精神因素。

针对如何让简单的体能活动产生福流体验，契克森米哈赖提出了五个基本步骤：①确立一个总目标，并尽可能细化为不同的小目标。②寻找评估目标进度的方法。③保持专注，并且将挑战活动进行细分。④培养随机应变所需的技巧。⑤在活动变得厌倦时，随时提高挑战的难度。

（二）感官体验中的福流

感官同样可以给人带来福流体验。"沉醉于美景"便是常见的视觉福流体验。对于善于发现美的人来说，不仅伟大精美的艺术作品可以带来心灵的震撼和顿悟，甚至连在平常之景中也能体会到更多别样的美和愉悦。

> **精彩分享**

视觉带来的福流体验

一位家住芝加哥郊区，每天要搭乘高速列车上班的男士说："像这么一个晴朗的日子，我一定会在车上眺望沿途房舍的屋顶，因为俯瞰这个城市实在太迷人了；我在城里，却又不属于它的一部分，看着那些各式各样的造型，那些出众的老建筑，有些已成了废墟。我的意思是，它激起我的迷恋、好奇。"

资料来源：契克森米哈赖.心流：最优体验心理学[M].张定绮，译.北京：中信出版社，2017：204.

听觉也可以给我们带来福流体验。大部分音乐是一种经过整合的声音信息，可以安抚我们的心灵，使我们投入和沉醉其中。除了音乐以外，和谐的自然之声也能给我们带来愉悦的听觉体验。契克森米哈赖将聆听分为单纯的聆听、联想式聆听（对音乐产生意象，感受更丰富的情感）、分析式聆听（对音乐的鉴赏与评价）三个层次。更高阶段的聆听将会给个体带来更深的福流体验。总而言之，从创造人生乐趣的角度来说，艺术鉴赏能力的培养是十分有意义的。

（三）工作和休闲中的福流

契克森米哈赖研究了人们工作和休闲时的福流体验，他发现了一个有趣的矛盾现象：从实验数据来看，工作和休闲时的福流体验动机水平却完全相反，人们大多数的福流体验都是出现在工作时，而对于工作的动机普遍偏低，休闲时的动机水平却很高。

客观来说，工作比其他日常活动更接近于游戏：它有着明确的目标和挑战，并且存在即时的反馈。人在工作时，注意力会高度集中，同时完成工作可以让我们感受到自身的意义和价值。不管是从福流角度还是从意义感角度而言，工作都为我们提供了很好的获取幸福的条件。工作是我们生活中不可缺少的一部分，如果我们能够正确认识工作对于自己的意义，并且能主动去创造个人价值，那么工作也会充满乐趣。

人们总以为自己如果获得更多空闲时间就会快乐一点，但不幸的是，研究发现，自由时间增多并不代表生活品质会提升，事实上，许多人的休闲时间常常是在无趣甚至煎熬中度过的。因此，我们要有利用闲暇时间的能力。

休闲方式分为被动休闲和主动休闲两种。被动休闲是一种不太需要花费精力的娱乐方式，如看电视、玩游戏等。这些被动休闲可以让人放松，给人带来短暂的快乐，但对人的成长几乎无益，也并不会显著提高生活品质。一项研究表明，书看得越多的人，福流体验感越强；而电视看得越多的人，福流体验感越弱。过度的被动休闲可能会让我们远离真正的高品质和幸福人生。

主动休闲是个体积极寻求有成长性和意义感的娱乐方式，如阅读、培养兴趣爱好、人际交往等。主动休闲有助于个人的成长，提高生活品质，不过这需要个体付出高度的注意力和精力才能实现。

随着当今互联网的发展，生活中出现了更多的娱乐方式，但实际上，这些被动休闲方式不一定能为我们带来快乐和幸福，甚至会让人们沉迷其中，出现上瘾行为。

如果你不喜欢所从事的工作，那不妨让休闲活动里多一些能带来福流体验的主动休闲。我们可以从两个层面来提高休闲时的幸福感与福流体验：一是控制被动休闲时间，防止自己沉迷其中；二是抽出一部分时间来提升我们主动休闲的能力，比如在闲暇时间进行一些新技能的学习，涉足一些自身感兴趣的领域等。

（四）人际交往中的福流

人是社会化的生物，人际交往在个体的生活中是不可或缺的，而人际关系的质量将会影响我们的身心健康。

契克森米哈赖通过ESM研究发现，福流体验通常出现在与朋友相伴时（见图4-3）。

许多活动可以带给人福流，但活动结束时，福流体验通常也会结束，而良师益友却可以带给我们长期的正向反馈和幸福体验。

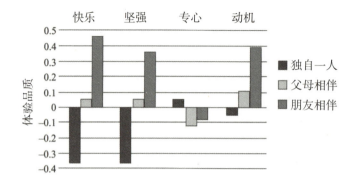

图4-3　青少年在不同社会情境下的体验品质变化

注：0代表一周内体验品质的平均值。"快乐"与"坚强"两项在独处时均显低落，有朋友相伴时较佳；"动机"则是在有朋友相伴时格外明显。

资料来源：Csikszentmihalyi Larson R. Being Adolescent：Conflict and Growth in the Teenage Years [M]. New York：Basic Books，1984：182.

不过人际交往也具有两面性，它既会给人带来快乐，也会给人带来困扰，如人际冲突和争执等都会增加我们的精神负担。如果我们能学会与他人和睦相处，积极寻求社会支持，那么我们的生活质量将会大幅度提高。

二、福流的利与弊

福流能够促进个体的幸福感，提高生活体验的质量。但福流真的是多多益善、有百利而无一害的体验吗？心理学家发现，事实并非如此。

首先，病态的社会文化规范常常引发病态的福流体验。例如，古罗马人以观看斗兽和奴隶角斗残杀为乐，这些都是建立在别人痛苦之上获取的快乐，是应当抵制的福流。

其次，福流体验是一种积极的心理体验，但并不代表就会出现积极的行为结果。上瘾行为就是典型的例子，当我们沉迷于某项福流活动，对自己的行为失去控制感时，我们产生的体验便不再是幸福了。

福流是把双刃剑，我们应在生活中创造积极而利他的福流体验，且要学会适度平衡。正如中国古代的"中庸之道"一样，深知过犹不及的智慧，并运用于实际生活中。

 拓展阅读

1.契克森米哈赖.心流：最优体验心理学[M].张定绮，译.北京：中信出版社，2017.

作为积极心理学的奠基人之一，契克森米哈赖在研究了大量案例的基础上，开创性地提出了"心流"的概念。本书系统阐述了最优体验心理学，内容包括：心流的概念、进入心流状态的条件、精神熵的概念，并从日常生活、工作、休闲娱乐、人际关系等方面阐述如何才能进入心流状态。本书不仅仅是理解积极心理学的理论材料，对读者来说，更是一本提升生活幸福感的行动指南。

2.彭凯平.吾心可鉴：澎湃的福流[M].北京：清华大学出版社，2016.

本书作者用生动而通俗的语言向我们介绍了关于生活的积极心理学知识。本书内容不仅包含了福流体验，还包含了如何看待和对待爱情、如何增进友谊、如何理解道德、如何用积极心理学知识让我们生活得更加快乐、幸福……本书循循善诱，幽默的写作风格令人忍俊不禁，而其中新颖而广博的研究更是令人受益匪浅！

 每章一测

1.什么是福流？契克森米哈赖提出了 3 个客观条件与 6 个福流的特征，它们分别是什么？

2.简述精神熵与精神负熵的概念。

3.简述福流的四大理论模型及其理论体系。

4.简述福流在运动心理学和教育学习方面的成果。

5.谈谈如何才能让自己在生活中获得更多的福流体验？

第
五
章

积极关系
社会支持与幸福感

5

若用一句话、三个词来说明积极心理学是讲什么的，我的回答是"他人很重要（Other People Matter）"。

——克里斯托弗·彼得森

通过本章学习，你能够：

1. 理解人际关系的内涵，掌握人际沟通的方法，学会化解人际冲突。

2. 知道相互作用分析理论（PAC）及其作用。

3. 描述社会支持在提升幸福感方面的作用。

4. 形成尊重他人，友爱互助的品质。

社会支持与幸福感
积极关系 ⑤

人际关系概述
- 人际关系的基本内涵
- 人际关系的演变

社会支持系统
- 人的社会角色
- 社会支持作用

人际交往理论
- 人际吸引的因素
  - 外貌
  - 接近性
  - 相似性
  - 互补性
- 人际排斥现象
- 偏见的本质
- 偏见的来源
- 人际沟通的方法
- 人际冲突的化解

有效沟通的前提
- 相互尊重
- 氛围恰当

有效沟通要注意的方面
- 明确表达和侧耳倾听
- 关注对方的状态

人际伤害
- 分析冲突来源

冲突管理策略
- 克服心理障碍
- 转变思维模式

冲突处理策略
- 回避方式
- 强制方式
- 顺应方式
- 合作方式
- 妥协方式

人类的远古祖先历经数百万年，才发展出具备四肢行走能力和较小的头部骨架，如图 5-1 所示。然而，将这种骨架调整成直立行走是一项巨大的挑战，尤其是对女性而言负担更重。如果母亲分娩的时间能够早一点，则婴儿的头部相对较小且较柔软，这为母亲渡过难关提供了更多的机会，未来也可能生更多的孩子。因此，自然选择促使人类尽可能地早点分娩。

图 5-1　直立行走的演变

所以，与自然界的其他哺乳动物相比，人类婴儿都可被视为早产儿。人类的新生儿刚出生时只会哭泣，需经过 6~8 个月才能坐起来，直到 12 个月才开始慢慢学会走路。相比之下，许多食草动物，如牛、羊、鹿等，出生后仅需 20 分钟即能站立和行走。而河马、河狸是在水中分娩的，因此，出生时必须立刻学会游泳。我们的近亲黑猩猩通常在出生后的 2 个月内就开始自己捕食，而人类胎儿需要 18~21 个月才能达到黑猩猩幼崽出生时的成熟度。实际上，人类胎儿平均只在母体内发育 9 个月便降生了。或许你会问，为何不等胎儿更为成熟时才出生呢？这个问题涉及生物学，已有研究给出了答案。心理学对这一问题的兴趣主要在于探讨人类婴儿的早产现象与人类心理和行为发展之间的关系。

人类出生后的很长一段时间，若是离开母亲的照顾是无法生存的。也就是说，人类从出生开始就决定了"它必须依赖别人"，从别人那里获得照顾。另外，由于母亲独自一人照顾孩子，很难为自己的孩子获取足够的食物，所以就需要他人持续提供帮助。换句话说，要养育一个孩子，需要整个部落共同的努力。这也是人类会发展出多种人际关系的原因。

考察人类发展的历史，可以得出以下三点启示：①人从出生开始就得依赖别人；②人能跃至生物链的顶端，种族群的作用不可忽视；③人的本质属性是社会性。

本章将围绕人际关系展开讨论。在学习人际关系的内涵，分析人际吸引基本法则的基础上，探讨人际沟通的基本规律，掌握人际交互作用理论并将其运用于沟通实践，理解人际交往中形成的友谊和利他行为，学习人际冲突的化解方法，比较不同的冲突解决策略，深刻领会积极人际关系对于幸福的意义。

<h1 style="text-align:center">第一节　人际关系的内涵</h1>

一、人际关系的基本内涵

人类进化史告诉我们，人与人之间的相互依赖性使得人际关系成为生存的必需。亚里士多德将人称为"社会性动物"；马克思主义理论认为，人的本质属性是社会性；马斯洛需要层次理论认为，人的基本需要的满足均与他人密切相关。人是社会性动物，每个个体都有独特的背景、思想、态度、价值观和行为模式，借助人际的互动，一个人对于他人的情绪、观点、行为均会产生影响，还会影响所在组织的气氛、沟通和运行。

人际关系是在交往过程中形成的一种心理关系，主要体现在人与人之间的心理距离上，反映了人们对爱和归属等需求的满足状态。人际关系的概念可从以下三个方面来理解：

第一，人际关系表明人与人之间心理关系的亲密性、融洽性、协调性；

第二，人际关系由认知、情感、行为三种心理成分组成；

第三，人际关系是在彼此交往过程中建立和发展起来的。

知、情、行构成了人际关系的要素。良好的人际关系表现为认知上彼此肯定价值，情感上彼此接纳认同，行为上愿意沟通交往。交往的前期，两情相悦很重要。你喜欢别人，别人也喜欢你，双方的互相喜欢，使得交往进入良性循环。如果只是一厢情愿，最终还是会分道扬镳的。交往越深入，认知上的相似性就越发重要。态度、信念、价值观等方面一致的双方，不仅容易获得情感上的共鸣，而且容易预测彼此的反应倾向，随着交往频率的增加，彼此的关系越能趋向稳定。

人与人之间的相互影响广泛存在于人类生活的各个领域。我们的祖先，只有相互依存才能使族群得以延续。外出狩猎时，人与人之间的协作，使得人类可以抗衡比自己更凶猛的动物。亲代和子代从一开始就有了社会性依恋，亲代满足新生儿的生理需求、安全需求，让它可以正常发育。男性和女性天生存在相互吸引，人一旦坠入情网，产生与另一个人的紧密连接，就会兴奋不已，对生活充满希望和激情，因爱结合而产生下一代，使种族得以繁衍。在成年人的帮助下，儿童仅仅花费十几年甚至更少的时间就可以学会人类认知自然界几千年的经验，并在此基础上继续探究，使得人类可以稳居生物链顶端。个体如果在一个团体中能被别人支持和认可，那么他就会体验到被接纳和赞许，从而提升其幸福感。

二、人际关系的演变

人是在交往中度过的，人的每一个阶段必然与一定的人际关系相联系。人际关系的亲密性、融洽性、协调性是从家庭关系开始发展起来的，家庭关系又是从婴幼儿与父母的依恋关系开始的。英国的精神分析师约翰·鲍尔比（John Bowlby）提出，亲子关系在根本上可以视作依恋系统。二战期间，许多儿童成了无人照料的孤儿。鲍尔比发现，这些进入孤儿院的孤儿虽然在身体上得到了看护，但仍然表现出严重的心理障碍。因此，他

从对孤儿院中因母爱被剥夺等而导致的孤儿的心理障碍的关注开始，在生态学和精神分析的基础上，提出了依恋的概念。

家庭生活周期理论对讨论积极关系的发展非常有用，表 5-1 给出的一个模型，描述了家庭在每个发展阶段需要完成的主要任务。

表 5-1　家庭生活周期的各个阶段

阶段	心理转折	主要发展任务
离开家庭	在心理上和经济上开始为自己负责	1. 从原生家庭中分化出来，与父母发展成人对成人的关系； 2. 发展亲密的同伴关系； 3. 开始职业生涯，争取经济独立； 4. 建立社会自我
结婚	对新家庭做出承诺	1. 选择伴侣，决定发展长久关系； 2. 在现实的基础上，形成共同生活的常规； 3. 重排与原生家庭、同伴群体的关系，将伴侣纳入其中
生育孩子	接受新成员进入家庭	1. 调整夫妻系统，为孩子留出空间； 2. 在夫妻之间分配带孩子、挣钱和家务上的责任； 3. 重排与原生家庭的关系，将父母的教养角色和祖父母的教养角色纳入其中； 4. 重排家庭与社区、社会的关系，以适应新的家庭结构
孩子进入青春期	增强家庭边界的灵活性，以适应孩子日益增强的独立性、父母日益增多的局限性	1. 调整亲子关系，给孩子更多的自主权； 2. 调整家庭关系，承担起照顾父母的责任； 3. 重排家庭与社区、社会的关系，以适应孩子日益增强的自主性、父母日益增加的局限性
孩子独立，自己进入中年期	接受很多成员进入家庭	1. 适应再次过上二人世界的生活； 2. 应对中年时期面临的人生危机，可能发展出新兴趣和新事业； 3. 与成年子女发展成人对成人的关系； 4. 调整家庭系统，将姻亲和孙子辈纳入其中； 5. 应对高龄父母的失能和去世； 6. 重排家庭与社区、社会的关系，以适应新的家庭结构和关系
自己进入中年晚期	接受退居次要地位的角色	1. 维持机能和兴趣，一边应对身体功能上的衰退，一边探索新的家庭、社会角色； 2. 适应日益依靠子女维持家庭这一现状； 3. 创造机会发挥积累下来的智慧和经验； 4. 克服年老的限制，尽可能做到生活自理； 5. 重排家庭与社区、社会的关系，以适应新的家庭结构和关系
自己进入晚年期	接受高龄的限制和死亡的现实，结束一个生命周期	1. 应对伴侣、兄弟姐妹和同伴的去世； 2. 通过回顾和整合人生来为死亡做准备； 3. 适应角色逆转，开始让子女照顾自己； 4. 重排家庭与社区、社会的关系，以适应不断变化的家庭关系

资料来源：Alan Carr.积极心理学：有关幸福和人类优势的科学（第二版)[M].丁丹，等译.北京：中国轻工业出版社，2013：302–303.

离开家庭是家庭生活周期的第一个阶段，个体的任务是通过上学、与人交往、工作等从原生家庭中独立出来，在心理上和经济上逐渐为自己负责。家庭之外的关系主要是与同龄人建立的同伴关系。在同伴关系中，友谊、信任、背叛、原谅、感恩等问题备受关注，也积累了很多研究成果。进入成年期，婚恋关系、工作关系、社会关系渐渐成为人际关系的主要内容。婚恋关系也可视作依恋系统，支持婚恋关系与支撑亲子关系的心理机制是一样的，详见本书第十二章。

刚走进大学的新生，对大学的人际关系都会有美好的期待，如友爱、真诚、互助、融洽、和谐、平等、透明……然而，走进大学后，人际关系的复杂性可能会一时让人无所适从。学习人际吸引的原则，掌握人际关系建立的基本规律，了解人际交往的方法，对于大学生积极开展人际交往，处理好人际关系具有重要的意义。

第二节　积极关系的构建

同伴关系是发展积极的成人关系的基础。大量的研究证实，青少年的同伴关系对于发展积极的成人关系和社会化关系具有重要性。在青少年时期，个体和同龄人相处的时间急剧增加，友谊为青少年提供了一个学习和完善社会情感技能的框架，这些技能有助于成年后发展积极的人际关系。友谊是健康和幸福的一个重要源泉。友谊质量的好坏直接影响到个体的心理和生理健康。

根据马斯洛的需要层次理论，当生理需要、安全需要基本满足后，个体会追求更高层次的需要，如归属和爱的需要。从幼儿期开始，同龄人之间就有了互动，当然基本上是具体的行动。青少年的互动主要表现为社交活动，青少年在与同伴的交往中可以感受到理解、尊重、接纳，给予情感上的支持，他们与家长的交互越来越少，与同伴的交互越来越多。

能否建立稳定的、支持性的、令人满意的友谊，受很多因素的影响。大五人格特质模型中具有随和性、外倾性、情绪稳定性人格特质的个体更容易获得友谊。青少年的同伴信任是指青少年在与同伴交往过程中，双方履行彼此所托付责任时的保障感。研究表明，青少年的同伴信任水平越高，其合作、分享、助人行为就越多；同伴信任低的青少年有更多的退缩和攻击行为。

良好的人际关系始于建立连接。为什么我们会与某些人建立关系，而不是其他人呢？有些关系是我们无法选择的，例如，子女无法选择父母，大多数人不能选择特定的同学、老师、同事和领导。然而，在其他情况下，我们会寻找某些人、接近某些人，同时避开某些人。那么，是什么因素影响了人与人之间的相互吸引呢？

一、人际吸引的因素

（一）外貌

所谓"窈窕淑女，君子好逑"，长得漂亮的人通常具有更强的吸引力。当和对方的交往能使人感受到心情愉快时，当对方能满足自己的内心需要时，都能立即产生吸引。为什么长得漂亮的人具有更强的吸引力？可能的解释有：①长得漂亮的人具有美学价值，和他们在一起赏心悦目、心情愉悦；②与长得漂亮的人在一起，会增加自己的价值感，受到比较好的评价；③长得漂亮的人，其后代也更有可能有魅力，有利于种族繁衍。

人际关系是非常奇妙的，有些人无论如何追求，无论外部如何干预，都难以建立感情；而有些人在瞬间就能产生深厚的情感，即所谓的一见钟情。社会交换理论解释了这种现象，人们通常会选择与他们在一起能感到愉快的人建立关系，而吸引和排斥的因素都可以追溯到某种利益。这种利益可以是物质的、生理的，也可以是精神的、道德的、社会的。当然，社会心理学也验证了外貌对人际吸引的影响，尤其是随着时间的推移和关系的加深，相貌平平但具备良好人格特质的人会变得越来越有吸引力。

（二）接近性

由于时间和空间上的接近而产生的吸引，就像俗话说的"近水楼台先得月"。具有相似文化背景、年龄、地理位置的人更容易相互欣赏，建立友谊。俗语说："远亲不如近邻。"这正是接近性吸引的经典例子。尽管远亲可能有血缘关系，但由于距离遥远，沟通困难，所以很难提供帮助；而近邻虽然没有血缘关系，但距离近，容易互相支持，增加互助的机会。进入大学后，学生的交往对象通常是同学、老师，因为他们之间的空间距离近，沟通机会多，更容易相互吸引。

（三）相似性

由于彼此之间的某些共同特征而产生的吸引，如信仰、态度、价值观、兴趣、爱好和经历等。此外，具有相似特征的人更容易相互吸引，例如，参加同一活动、拥有相同的朋友、拥有相似的学习目标等。

为什么相似性会产生吸引呢？一种解释是相似的人更容易让人感觉到是"镜中的自我"。人们通常倾向于喜欢那些与自己相似的人，因为这样能够加强他们的自我认同。另一种解释是相似的人在行为上更一致，因此，更容易得到相互之间的认可和支持。志同道合的人通常会有更多的共同话题，他们可以畅所欲言，自然更容易相互吸引，这就是相似性吸引的原理。

（四）互补性

这似乎与相似性相矛盾，但实际上这两个因素都有其道理。当交往双方的差异达到一种互补时，会产生强烈的吸引力，增进他们的关系。如外向的人风风火火，难免会急躁，他们更愿意让相对内向的人给出平静、理性的提醒；内向的人也喜欢外向的人带领自己处理一些并不擅长的与其他人、事的关系，形成互补。心理学家研究发现，对于短期伴侣来说，促使他们关系发展的动力是价值观等的一致；对于长期伴侣（18个月以上）来说，则是需要互补。郎才女貌、男刚女柔就是互补性吸引。

美满的婚姻伴侣关系在生理和心理上拥有足够的相似度来满足彼此的需要，各自又有足够的不同来满足自己，并且相互之间保持着有趣的平衡。由此，研究者还提出了

"配偶选择的过滤假说"。即两个陌生人发展关系，须经过几道关卡进行"过滤"。第一道关卡是空间距离，距离越近越能通过过滤；第二道是社会地位、宗教信仰、经济基础等，若在同一阶层越能通过过滤；第三道是态度、观念、兴趣等，越接近越能通过过滤；第四道是互补，需要的互补性越好，越能发展彼此之间的关系。

以上因素并不能穷尽所有影响人际吸引的因素。比如，我们喜欢和聪明的人在一起，希望待在能力强的人周围，也许是为了增强安全感，但有时又不喜欢和特别完美的人在一起，也许那样会越发显得自己无能。在这些普遍的心态下，人们通常会被有点聪明但又有小缺点的人吸引。

二、人际排斥现象

在人际关系中，也存在着难堪和不美好的一面。人与人交往时，可能会产生偏见。我们可能不喜欢某个人或某类人，对特定群体抱有偏见。无论对方怎么努力地想拉近距离，我们都不喜欢他们。例如，继子（女）可能不喜欢继父（母），离婚后的人可能对异性抱有偏见，或者对某个地区的居民有偏见等。偏见会影响人际关系的建立，因此，我们需要警惕。

（一）偏见的本质

偏见是对一个群体及其成员的负面预设。在社会心理学中，通常将偏见视为一种不正确的态度。当一个人对他人或某个群体抱有偏见时，他们往往会以消极的方式来评价对方，这是不公正的态度。在英国长篇小说《傲慢与偏见》中，刚开始女主角伊丽莎白对男主角达西的印象并不好，后来又听信别人对达西的诬陷，更是对他产生了厌恶感。当达西鼓起勇气表白于她时，她义正词严地拒绝了他。后来历经周折，伊丽莎白消除了对达西的偏见，达西也放下傲慢，有情人终成眷属。

负面评价是偏见的典型特征。有偏见的人倾向于不喜欢那些与自己不同或不被认同的人，并采取歧视性的行为。偏见和歧视有所不同，偏见通常是一种态度，而歧视则指的是行为，即有意针对某个特定群体的行为。然而，歧视往往源于偏见，是由对特定群体的认知和态度引发的，比如年龄歧视、种族歧视、疾病歧视、地域歧视等。

敌意是偏见的产物，敌意给他人造成的伤害可能是非接触性的、间接的伤害，敌意还可表现出高度排斥性的态度。敌意没有明确的社会规范限制，所以社会对敌意的宽容远远大于攻击行为。但敌意极有可能发展为攻击，敌意行为还可能激化人际冲突并使之上升为人身攻击。

（二）偏见的来源

那么，在当今社会中，导致偏见产生的因素有哪些？社会制度、文化、宗教等以何种方式滋生和维持偏见？社会心理学提供了多种解释偏见产生的观点，如群体间利益冲突导致的偏见、个体遭受挫折经验导致的偏见、社会化过程中受社会教化影响导致的偏见等。近年来，认知加工机制被广泛用来解释偏见形成的机制。

以刻板印象为例。刻板印象是对一个群体概括性的看法。人类为了简化生存环境中

纷繁复杂的信息，节省自己的认知资源，总是倾向于尽可能简化自己的认知过程。比如，把人按照某种标准进行分类，概括地把对一类人的印象转移到对这个群体中的每一个人的印象。刻板印象既有积极的一面，也有消极的一面。刻板印象可以理解为是偏见的一部分。关于态度的经典理论认为，态度是由认知成分、情感成分、行为成分三部分构成的，而刻板印象可以充当偏见的认知成分。由于刻板印象有时是错误的，所以据此产生的态度也是错误的，偏见由此形成。

还有内群-外群效应。在认知行为中，人们通常将社会分为两部分，即我们和他们。我们通常认为，自己是内群体的一员，而他人是外群体的成员。人们倾向于认为，特定外群体的成员都是相似的。例如，我们可能对不同国家的人有不同的印象，如法国人热衷享乐和浪漫，德国人严谨和守规矩，美国人热衷自由和冒险，中国人聪明勤劳且内敛。社会认同理论认为，个体倾向于寻求特定社会群体的认同以提高自尊。换句话说，只有当个体高度认同他们所属的群体和群体文化时，他们才可能容忍其他群体和文化。否则，他们可能会对外群体产生偏见。

三、人际沟通的方法

沟通是人与人、人与群体之间传递信息、表达思想、联络感情和收获反馈的过程。沟通有语言沟通和非语言的沟通，目的就是互通有无和达成共识。沟通如果高效流畅，那么沟通的双方都会感到愉悦，团队目标的实现也更有可能；沟通如果不畅，轻则达不到信息交换、统一观念的目的，严重的还会造成人际冲突。对于大学生来说，学会沟通、学习有效的沟通方法，是一门必修课。

究竟如何正确沟通才能促进良好人际关系的形成呢？有学者曾经用了一个形象的比喻：人与人之间的关系就像手上捏一把沙子。如果张开手掌，松松地捧着它，它会在你的手掌里满满地存在。但如果想把它握紧，那么沙子就会从指缝中缓缓漏出。握得越紧，漏掉得越多。人际沟通也是如此，只有恰到好处，尊重别人，给对方充分表达观点的时间，人际关系才不会被破坏。反之，如果不懂得如何正确地去沟通，对沟通过程的控制欲太强，那么沟通就达不到实效，人际关系也会受损。

（一）有效沟通的前提

1.相互尊重

人际沟通中首先要把别人看作和自己一样的人。每一个人都有特定的成长环境、受教育经历，都有其独特的思维模式和反应方式。尊重对方的想法，以开放的心态接纳意见是达成有效沟通的前提。

首先，要平等相待。研究发现，情感上的"亲疏"和地位上的"尊卑"是人际沟通中两个最基本的维度。当互动双方在"尊卑"维度上表现出互补性，而在"亲疏"维度上表现出对等性行为时，沟通就会比较顺畅。而当沟通双方在"尊卑"维度上表现出对等性，在"亲疏"维度上表现出对立性时，双方关系就容易变得紧张，无法进行有效沟通。大学生在与同学、老师沟通交流时，要摒弃"尊卑"观念，应理智、平静、有理有据地表达自己的观点，提高沟通成功的概率。

其次，要坦诚交流。大学生的人际沟通不能矫揉造作、迂回虚伪，态度要诚恳。双方直截了当地提出想法，最好有几个备选方案，求同存异、凝聚共识，经充分讨论、分析利弊、预测结果后，使问题能圆满得到解决。

2.氛围恰当

公平、自由的沟通环境是有效沟通的保障。沟通双方需要遵循基本的礼仪。姿势常常表现为一种"情绪语言"，身体的每一个姿势通常都包含着沟通双方丰富的情感，在人际交往中，这类"情绪语言"所产生的效应是一般自然语言无法比拟的。

比如，和对方真诚交流时，眼睛不能直勾勾地盯着别人。上身微微前倾，既能与对方有靠近的倾向，又能保持一定的社交距离。双方都应采用得体的站姿和坐姿，坐着时不要跷起二郎腿，站立时不要老是抖腿，以免让对方误会是不耐烦。每一种表情和肢体动作都有隐含的情绪意义，要注意运用和识别。

面部表情和体态表情暗含的意义，举例如下。

- 微笑：满意、理解、鼓励；
- 咬唇：紧张、恐惧、焦虑；
- 皱眉：痛苦、愤怒、发愁；
- 双手交叉胸前：提防、保护自己、咄咄逼人；
- 脸红、冒汗：焦虑、紧张、心虚；
- 眉毛倒竖：愤怒；
- 眼神向下：拒绝；

……

在现代社会中，沟通平台日益丰富。以往是以面对面沟通为主，现在科技进步已经为自由沟通创造了更为丰富的平台。诸如QQ、微信、短信等，运用这些平台无疑为沟通创造了许多便捷，但在这些平台上的交流也需要一定的礼仪。如不方便及时回复，应给予对方一定的解释，尤其是表情包要用得适宜，以免让对方产生误会。

（二）有效沟通要注意的方面

1.明确表达和侧耳倾听

无论是口头表达，还是书面表达，用词都要恰当，表达也要清晰，让对方能快速了解沟通的内容。讲述的过程要遵循人的一般认知规律，例如，先阐述事件的背景，再到目前的困难、改变的缘由、现有问题的分析、可供选择的解决方案以及本次沟通的要点等。语言表达不准确会影响沟通的效果。沟通所用的语言要得体，切忌用粗俗语言、胡言乱语、怨言秽语和赘言。粗俗用语讲得过多过滥，会让人觉得俗不可耐，对沟通产生消极影响；胡言乱语是指把与本次沟通主题无关的事情牵扯其中，东拉西扯，偏离中心，使沟通达不到点子上；怨言秽语是指不堪入耳的语言；赘言是指一大堆重复的话，无效沟通，让人生厌。

倾听是良好沟通的开始。每个人都有被理解、被认可的需要，倾听是尊重、友好的表现。沟通时的倾听不是机械地"竖起耳朵"听，而是在听的过程中要集中注意力，不但要跟上对方的节奏，还要对上情感。如适当的目光接触，不打断对方的讲述，用平和的语气提问，适时概述对方讲话的内容等。一个好的倾听者还应能共情，理解对方的感受和困惑，能理性提取沟通内容的要义，提出建设性的意见，还要学会听出言外之意。

2.关注对方的状态

沟通双方都要觉察对方的状态，适时调整节奏，提高沟通效果。美国心理学家艾瑞克·伯恩（Eric Berne）于 20 世纪 50 年代提出了每个人身上都存在着三种状态：父母状态（parent state）、成人状态（adult state）和儿童状态（child state）。这三种状态在每个人身上所占的比例不同。同一个人在不同的沟通情境中也会表现出不同的状态，所以会出现不同的沟通模式。父母状态（P状态）是人格中父母训斥、管教经验内化而成，常常表现为统治人、压迫人和教训人的权威方式。当P成分占优势时，这部分人的行为表现为主观臆断、滥用权威。儿童状态（C状态）以感性为标志，是早年生活经历中任由父母摆布的经历内化而成，沟通要么表现为自觉服从，要么任性、不讲道理，遇事无主见、容易退缩且情绪化。成人状态（A状态）常常用商讨的方式沟通，以理性和客观为标志，沟通能预估各种方案的可行性，经过理性思考后做出决策，这种人往往是慎思、果敢和冷静的。三种自我状态的比较见表 5-2。

表 5-2　三种自我状态的比较

状态	自我特点	讲话方式	心理状态	行为表现
P 状态	自以为是	你应该…… 你必须…… 你不许……	有优越感，自以为权威	独断专行、滥用权威、训斥人
A 状态	面对现实	我个人的想法是…… 我的建议是……	客观理智平和	尊重别人、慎思明断、冷静处事
C 状态	感情用事	我猜的…… 我不知道…… 这不关我的事……	注重感觉，情感为上	退缩无主见、易激惹、易愤怒

以下是在军训场地中看到一位同学因体力不支而摔倒的情景，三位同学分别给出了这样的评论，表明三人当时所处的状态是不一样的。

同学 A：真没用！军训还不到三天就受不了了，不知道这样的体质以后还能干啥！

同学 B：这么热的天，有可能会中暑的，还是先扶她去医务室吧。

同学 C：天哪，摔倒啦！会不会很疼？知道自己不行为什么还要来呢？为什么不请假呢？

根据 PAC 理论，人际沟通有两大类型：平行模式和交叉模式。在平行模式中，你需要的正是我给的，我给的正是你需要的，这种互补的沟通就比较顺畅，如 P==P、C==C、A==A、P==C、A==P、C==P 模式。在 A==A 模式中，双方都在理性平和的状态下，沟通是理想的。在 P==C、C==P 模式中，一方采取命令式而另一方顺从，或一方无主见而另一方以权威的状态出现，正好迎合了对方的期待，构成了平行的交往模式。交叉模式是指双方表现出的模式与对方所期待的不同，如PC==PC、CP==CP、PC==AA、CP==AA模式。在PC==PC模式中，双方都盛气凌人，以高压态势控制对方，最后往往以谈崩收场。在CP==CP模式中，双方都感情用事，夸夸其谈，抬杠、要孩子气，一方任性违拗，另一方也采取同样的方式回击，双方虽不至于谈崩，却很难达成共识，同样不能解决问题，或不能以最佳方案解决问题。若一方处于理性状态，另一方持续以训斥、压制口吻反馈，也难以达到理想效果；同理，一方理性，而另一方则感情用事，即使当时沟通是有效的，日后也会出现问题。所以，沟通双方都要敏锐地觉察自己是在跟对方的什么状态进行沟通，准确把握对方的状态。首先自己要在理智、平等、冷静的心态下沟通，并尽力引导对方也进入A状态，使得沟通进入理想的A==A模式，这样才能保持沟通顺利、持续地进行下去，沟通目标也就比较容易达成了。

PAC沟通分析如图5-2所示。

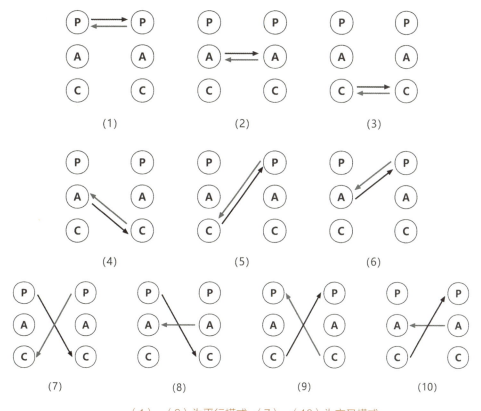

（1）~（6）为平行模式；（7）~（10）为交叉模式

图5-2　PAC沟通分析

四、人际冲突的化解

人际交流是人们在社会化过程中逐渐培养起来的一项技能。在与他人交流时，就算出现问题也属于正常现象。在大学生群体中，人际交流出现的问题可能具有一些特殊性，例如，尽管大学生渴望与他人交流，但由于交流方式不当、能力有限，或性格方面的问题，他们可能会遇到沟通障碍，甚至出现人际冲突。

（一）人际伤害

人际伤害，心理学上广义地称其为攻击（aggression）。我们把攻击定义为意图伤害他人的身体行为或者言语行为。心理学家把攻击区分为"敌意性的攻击"和"工具性的攻击"两类。所谓"敌意性的攻击"是由偏见引起的，以伤害对方为目的。所谓"工具性的攻击"只是把伤害作为达到其他目的的一种手段。可以这么理解，一切可能造成身体、精神伤害，且不为社会许可的行为都属于攻击行为。

攻击行为普遍存在于人类社会中。可以说，从人类诞生的那一刻起，暴力和战争就没有停止过。如何解释人的攻击行为，理论界有两种解释。

第一种是基于本能的内驱力理论。弗洛伊德的本能理论认为，攻击行为来源于一种自我破坏的冲动，如果这种冲动得不到释放，就会越积越多，直到爆发为止。进化心理学家发现，攻击行为对我们祖先在特定情境下的确有适应意义。攻击行为对获得生存资料、威吓竞争对手、击退侵犯者都是一种有效的策略。攻击行为还是对挫折的自然反应。所谓的挫折就是行为目标受阻，当我们达到一个目标的动机非常强烈，而行动过程受阻时，挫折便产生了。攻击的能量并非只有一种方向释放，经验告诉我们，还可以克制怒火伺机报复，或者把攻击目标转移到其他更安全的方向。挫折-攻击理论模型如图5-3所示。

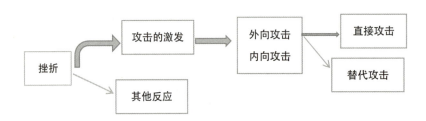

图 5-3　挫折-攻击理论模型

第二种是基于学习的习得论。班杜拉提出了攻击行为的社会学习理论。他认为，人对攻击行为的学习不仅可以发生在亲身体验时，还可以通过观察别人进行同样的学习。班杜拉曾经在斯坦福幼儿园做过一个实验，实验分三步。第一步，小朋友在一个房间里开开心心地绘画，同时一个成年人在房间里很快摆弄完其他玩具后，起身对在房间另一个角落的充气娃娃进行了攻击。成年人用锤子砸它，用脚踢它，把它扔来扔去，一边揍它一边还骂骂咧咧。第二步，在目睹了成年人的攻击行为后，小朋友被带到另一个房间，里面有很多漂亮的玩具。但在几分钟后，小朋友被告知"这些漂亮的玩具必须留给其他的小朋友"。第三步，小朋友再次被带到另外一个房间，里面有玩具，也有锤子、充气娃娃这些道具，观察小朋友对充气娃娃是否会做出攻击性的动作。结果发现，在实验的第一个阶段有无看到过成年人对充气娃娃的攻击，对第三步是否采取攻击性的动作有很大影响。对比了数据后发现，如果小朋友只在实验的第一个阶段没有看到过成年人攻击性的示范，他们在第三步就很少表现出攻击性的言语和行为；而那些看到过成年人攻击行为的小朋友，则有更高的概率拿起锤子击打充气娃娃。

社会学习理论得出结论，在日常生活中，家庭、学校、社区及大众媒体中存在或陈述的攻击行为对于儿童的攻击行为产生了示范。

攻击可能猝不及防，人际冲突也随时可能会发生。要知道，冲突并不可怕，它也是人际活动中普遍存在的一种社会行为，只不过这种行为来自沟通双方的互不兼容、互不认可，表现形式可能是消极、冷漠、沉默、抗议，也可能是攻击、侵犯他人。在冲突中，个体会感受到敌意、愤怒、恐惧或怀疑等消极情绪，对现实的学习和工作会产生负面影响。因此，人们一方面要提高沟通能力，学习与人理性沟通的方法，另一方面也要做好应对冲突的心理准备，以防措手不及或深受其扰，尤其是要避免由此产生的攻击行为。

积极实践

情景一：宿舍中，四位来自不同地区的大学生生活习惯各不相同。小张没有天天洗脚的习惯，而且总是把臭袜子积攒一段时间后再洗。因此，宿舍里总会闻到一股臭味。有一天，同宿舍的小王实在受不了了，就对小张喊："喂，你的臭袜子赶快清洗，不然我把它们都扔出去了。"小张心想，关你什么事？就反驳道："你管得着吗？受不了你可以帮我把袜子全洗了。"

情景二：寒假结束前，几位同学提前返校，饭后就凑到一起玩游戏。刚开始其中一队略胜一筹，可最后关头却被另一队反超了。因为是组队合作，失败的一队成员之间相互埋怨。一个说："你怎么搞的，平时吹牛吹得叮当响，手速快、鼠标灵，我看你纯属大忽悠。"另一个说："还有脸说我呢？明明是你一开始的战术错了，被人反制还怨我。"

你曾经碰到过以上的情景吗？试着从人际冲突角度进行分析。

在与人交往的过程中，总会遇到一些不愉快的事情，有的甚至会形成人际冲突。那么面对冲突，我们该如何应对呢？下面就来讨论冲突管理的几种策略。

（二）冲突管理策略

冲突是人际互动中不可避免的社会现象，大学生要学会以积极心态来对待冲突。冲突这一"危机"既揭示了我们人际交往存在的"危险"和困难，也提供了一个解决它的"机会"。如果应对得当，我们还可以把人际冲突看作一次转"危"为"机"的重要时刻。

冲突管理要从分析冲突的原因开始，自觉克服心理障碍，用理性思维来寻找解决冲突的方案。

1.分析冲突来源

首先要找到冲突双方彼此不和的根源，是因为认识上的差异、资源分配不公、沟通方式的障碍还是互相都没有照顾到对方的感受呢？只有分析透彻，厘清导致双方差异的症结，才能对症下药，而不是任由自己的情绪失控，使人际冲突丧失回旋余地。

2.克服心理障碍

以大学生为例，大学生交往的圈子比较狭窄，沟通的对象中以同学、老师居多。人际交往的心理障碍以嫉妒、自傲、猜疑、羞怯等较为常见。大学生往往对自我关注得较多，对规则和秩序的严肃性较为推崇，而在灵活应对事件，体谅和宽容别人方面往往有所不足。

因此，大学生在面对人际冲突时，要自觉克服嫉妒心理，超越自卑，破除猜疑心理，尽可能在人际冲突的萌芽阶段消弭它，而不是任由障碍心理发展，致使冲突加剧。

3.转变思维模式

如何建设性地解决冲突？基于人们的认知水平，辩证思维、整体思维的运用或许能给我们一些积极的启示。辩证思维是指处理冲突时，辩证地看待沟通双方的观点，在比较备选方案的利弊、维护观点的对错时，能意识到任何问题都是相对的、暂时的，并不存在绝对正确或绝对合理的方案。无论接受哪种方案（观点），都有一定的合理性，关键是看目前状态下的选择优先维护的是什么。

所谓整体思维，是指用普遍联系的观点来分析问题。研究发现，人的思维方式受文化的影响。相对西方的思维方式，中国人更坚持整体分析的立场，更倾向于检验事物所在的大范畴，并且用事物与其范畴的关系来解释行为。例如，在评价一个人的行为时，往往会把这个人的家庭背景及其成长与生活环境联系起来，而不仅仅是从个体本身所具有的特性去评价与衡量。"折中""合作"的处理策略符合对立统一的价值观，灵活变通、恰到好处地拿捏住退而求其次的"度"，就是基于整体思维而采取的策略。

> ## 精彩分享

中庸思维

中庸思维是中国人典型的思维模式。那么，什么是中庸思维？概括地说就是，"执两端而允中"。"中庸"一词出自《论语·雍也》："中庸之为德也，其至矣乎。"中庸是待人接物能保持中正平和，因时制宜、因物制宜、因事制宜、因地制宜。中庸是日常生活中"为人处世"的普遍原则，在与人相处、做事的过程中，要"不偏不倚"，公平、公正。在日常生活中，中庸思维具体体现在以下方面：

第一，为人处世的原则。中庸思维首先体现在对世事的认识和理解上。一是要有全局思维，能全方位认识问题；二是要看到事物具有两面性，即同时包含对立性与统一性两个方面，且这两个方面相互依存、相互转化。在处事原则上，符合"顾全大局""以和为贵""不走极端""合情合理"等价值观。

第二，具体事件的处理原则。在选择具体行动方案时，要三思而后行，择前慎思，审时度势，寻找恰到好处的方案。选择策略时，要把握适度的原则，"合时合宜""以退为进""妥善处理""无过无不及"。

第三，追求平衡的原则。中庸思维会让我们注重与环境的协调、匹配，维持自身与周围环境的动态平衡。在任何时候、对待任何事情时，都要实现自我与自我、自我与他人、自我与环境的融合。

（三）冲突处理策略

大学生对人际关系的认识不同、态度不同、交往目的不同，对冲突采取的策略也不尽相同。美国行为科学家肯尼斯·托马斯（Kenneth Thomas）和他的同事拉尔夫·克尔曼（Ralph Kilmann）提出了解决冲突的二维模式。以沟通发起者的潜在意向为基础，认为冲突发生后，参与者有两种可能的策略供选择：关心自己和关心他人。其中，"关心自己"表示在追求个人利益过程中的武断程度；"关心他人"表示在追求个人利益的过程中与他人合作的程度。以试图使自己的关心点得到满足为纵坐标、以试图使他人的关心点得到满足为横坐标来定义冲突的二维空间，如图5-4所示。于是，就出现了五种不同的冲突处理策略。

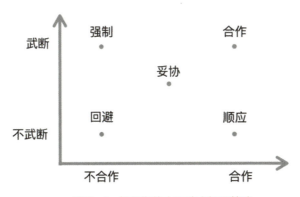

图 5-4　托马斯的人际冲突处理策略

1.回避方式

回避方式是既不满足自身利益也不满足对方利益，试图不做任何处理，这既是一种置身事外的策略，也是一种既不合作又不武断的策略。

2.强制方式

强制方式是只考虑自身利益，为达到目的而无视他人的利益，这是一种高度武断且不合作的策略。

3.顺应方式

顺应方式是只考虑对方的利益而牺牲自身利益或自我屈从于对方意愿，这是一种高度合作又不武断的策略。

4.合作方式

合作方式是尽可能满足双方的利益，即寻求双赢局面，这是一种在高度合作和武断情况下采取的策略。

5.妥协方式

妥协方式是双方都有所让步，合作性和武断程度均处于中间状态。

五种策略中，强制、顺应的结果都是一赢一输，回避是双输，合作是双赢，妥协是介于输赢之间的。五种策略各有利弊，适合不同的情景。五种解决冲突方式的比较，如表 5-3 所示。

表 5-3 五种解决冲突方式的比较

解决方式	优点	缺点	适合情景
回避方式	回避矛盾，不使冲突升级	矛盾仍然存在，问题积压	处理"既不重要也不紧急"的问题时
强制方式	能立即解决当下的问题，节省时间和决策成本	解决的方式是靠权力或地位的威慑，不能使对方信服	处理"既紧急又重要"的冲突时
顺应方式	想尽快解决冲突，不用上升到更高层面，可以维护好人际关系	问题并没有解决，只是将问题暂时搁置了	处理"不重要的但紧急"的问题时
合作方式	彻底解决冲突，并且找到解决此类冲突的办法，建立长效机制	时间成本大，需要不断地沟通	处理原则性的问题、重要的问题时
妥协方式	双方的诉求都照顾到了，各退一步，暂时达成一致	根源性问题没有得到解决	当目标重要，若坚持己见则可能导致更坏的后果时

第三节 积极关系和幸福

一、人的社会角色

一个社会由众多不同身份和地位的人组成，人的社会性通过互动而形成，按照社会功能形成互助关系。若将社会视为一个大舞台，那么社会成员就是剧中的各种角色。在现实生活的舞台中，人们以剧中角色行动，或以剧中人的态度对待周围的事物，从而促使人际互动。当个体履行特定地位的义务时，他们就会充当特定的角色。每个人在所限定的范围内如何扮演角色取决于其对所承担角色的熟悉和理解程度，以及通过总体经验所积累的扮演技能和天赋。

人际关系，按照建立关系双方的社会角色来区分，可分为与家人的关系、与同学（同事）的关系和与社群中其他人的关系三大类。相比于工作关系、社群关系，家庭关系对人的影响最大。家庭是个独特的系统，家庭成员之间靠血缘、法律、情感等因素连接在一起。家庭系统通过出生、收养、哺育、婚姻进入，而只能通过死亡或其他非正常方法离开。尽管单亲、离婚、分居等现象越来越普遍，但要将家庭所有成员的连接都切断是不可能的。

在不同的发展阶段，各种关系对个人发展的重要性是不平衡的。婴幼儿时期只有与父母的关系，而这种关系是极其重要的。从青少年开始，人与同龄伙伴就发展出了同伴等关系，这种关系的重要性会逐渐上升，最后甚至超过了与父母的关系。对于一个成年人而言，在工作中又能发展出同事、战友等关系，这些关系和亲密伴侣同等重要。老年人渐渐从工作中退出，重心回到家庭，此时与家人的亲密关系又上升到最为重要的关系。

二、社会支持的作用

社会支持指个体从他人或社会组织中获得的所有支持性资源，且这些资源可以帮助个体应对工作生活中的问题和危机。在以往的研究中，对社会支持的理解大致可分为两类：一是客观的、实际的、可见的支持，主要是物质上的支持和直接服务；二是主观的、体验到的或情绪上的支持，指的是个体感受到在社会中被尊重、被支持、被理解的情绪体验和满意程度。已有研究证实，社会支持与个体心理健康状态之间的关系（见图 5-5）。在社会支持对个体心理健康产生影响的作用机制方面，主要有以下两种假设模型。

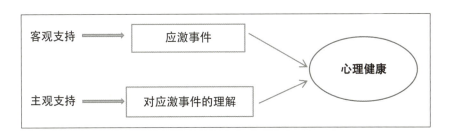

图 5-5　社会支持与心理健康

第一种是主效果模型。该模型认为，社会支持对个体身心健康具有普遍的增益作用，而不一定是在个体遇到挫折和打击时才发挥作用。平时拥有良好的社会支持系统，维持个体稳定的情绪状态和健康的身心水平，有益于心理健康。即使遇到冲突事件，我们也能迅速调用自身的心理资源和社会资源及时应对。

第二种是缓冲器模型。该模型认为，社会支持缓冲了压力事件对身心状况的消极影响，它通过调节内部的认知、耐受力、自我观念等因素而发挥作用。

随着积极心理学的兴起，研究者逐渐从关注社会支持与个体心理健康的关系转向关注社会支持与主观幸福感的关系。心理学家认为，具有良好社会支持的个体会有较高的主观幸福感、生活满意度和积极情感。

首先，拥有良好社会支持的个体，在遇到意外、挫折和其他各种伤害时，其应对力和复原力都会得以提升。人在面对挫折时，生理上会有应激反应，如心率加快、血压升高、手心出汗、呼吸急促，严重者甚至会出现心悸、气急、腹胀等症状；心理上会出现焦虑、恐惧、担心甚至愤怒等情绪；行动上也会出现攻击、冷漠、对抗或者躲避、倒退等反应。所以，人在应激状态下很容易丧失理智，注意力难以集中、活动效率低下。若有良好的社会支持，至少可以在以下三个方面帮助个体渡过难关。

一是帮助个体调整认知。在他人的陪伴下，我们更容易理性地对成败进行归因。当把一件坏事归为永久性的、普遍的原因，或变为暂时的、特定的原因时，负性情绪就能得到缓解；把好事归为永久性的、普遍性的原因时，更能增加自信心。

二是带领个体转移注意力。暂时把当下的注意力由应激情境转向更广阔的领域，或在物理环境上与应激情境分离，也能有效缓解焦虑等负性情绪。如遇到不可抗力导致家庭成员遇难，作为亲人一定是悲痛欲绝的，这时若有朋友、同事的陪伴，在保障休息恢复体力的前提下，慢慢恢复理性，那么再大的痛苦也能得到缓解。

三是重新建立新秩序。有他人的陪伴，个体迟早会感受到个人和他人之间的复杂连接。生活还要继续，社会关系还得维系，每个人都只是复杂社会网络中的一个小节点。一个节点断裂、受损，并不代表其他节点也会断裂、受损，相反，人与人的关系节点很多都具有替代功能。失恋了可以重新开始，和上司不和可以寻求弥合或重新寻找新的单位。无论遇到多大的困难，每个人只要有信心，总能找到重新进入生活轨道的办法。

其次，个体若能在团队活动中相互支持，则更能实现共同目标。在一个规范的组织里，组织成员只有相互支持，才有可能达到单凭个体无法达成的团队目标，成员之间的相互激励和竞争也会让个体迸发出前所未有的潜力。团队目标的实现和个人潜能的发挥对提高个人的主观幸福感有着至关重要的作用。组织规定了每一位成员在系统中的地位和责任，只有组织系统运转正常，各成员之间相互支持，才能达成组织目标。

精彩分享

利他行为

一个人为什么要帮助别人？利他行为是如何发生的呢？有两种理论可以用来解释利他。

第一种理论是本能论。进化心理学认为，生命的本质就是使种族存活下来，为了种属的繁衍而牺牲自己，这是由基因决定的。基因使我们更愿意关心与我们有血缘关系的人。除了亲属外，我们还和很多人有共同的基因。外表的相似性和地域的相邻性都在提示我们，自己和别人有共同的基因。这也就不难理解父母为了孩子默默奉献、为陌生人捐献器官、一方有难八方支援等行为。

第二种理论是习得论。行为主义学派认为，利他行为是一种后天学习来的行为。婴幼儿是没有利他行为的。利他行为只有到一定的年龄才会发展起来。利他行为的发生发展受父母、老师、同伴以及社会环境的影响，通过树立榜样、给予奖励等办法，都可以提高利他行为的发生率。儿童利他行为的发展过程得到道德发展理论的支持。

瑞士心理学家、认知发展理论学家让·皮亚杰（Jean Piaget）认为，儿童的道德是经历了"他律道德性"和"自律道德性"这两个有本质差别的阶段才发展起来的。在他律道德性阶段，儿童认为规则是由外在的权威给予的，这个时候只有在作为权威者的父母要求下他才会做出帮助他人的行为。在自律道德性阶段，儿童认为规则是通过相互约定而形成的，此时的儿童会关心他人的立场和观点，开始不是按结果而是按意志判断事情的善恶。由于关心别人的想法，帮助别人的行为增多，而且在得到别人的帮助时，能产生感激之情，在损害别人利益时，也会产生内疚感和负罪感，所以互惠的助人行为和补偿的助人行为也多了起来。一般认为，6~12岁是助人行为发展最快的时期，这与儿童认知能力的发展和生活范围的变化使得他们的道德判断从自我中心转向互惠是一致的。

团队成员相互合作，为了共同的目标而协同活动，以求达到共同的目标。这样做既有利于自己又有利于他人。人类社会中各种社会形态的出现，其实都是人与人合作的结果。人因为合作而有了家庭、组织、国家，有了种种团队的业绩和惊喜的创造！长期的社会化经验告诉我们，只有在社会设定的价值标准上获得了积极的评价，人才能得到别人的关注和认可，个人的价值才得以体现，人的成就感和幸福感才会提升。如好人—坏人、强大—弱小、美丽—丑陋、聪明—愚笨等，就是在社会化进程中基于人与人之间相互比较而逐渐建立起来的评价标准。

在他人的激励下，个体可能迸发出潜能。与合作相对的就是竞争。团队中为了同一个目标而努力的个体具有强烈的动机超越自己和他人。超越他人是为了赢得团队中的更高地位，超越自己是在他人面前更容易激发潜能。在体育竞赛中，团队的获胜不仅仅靠队员们过硬的个人素质，更要拼教练的组织战术。队员之间的配合、掩护有时候比正面的强势进攻更有效。

拓展阅读

1. 赫拉利.人类简史：从动物到上帝[M]. 林俊宏，译.北京：中信出版社，2022.

在人类历史发展的长河中，人类是如何从动物阶跃到生物链的顶端，而且稳居高位的？为什么说人类的婴儿相较于其他的哺乳类动物，在某种程度上说都是"早产儿"？在种族繁衍和个人求存的过程中，"别人"扮演了什么角色？现代人忙于生计，追逐梦想，岁月流逝，怎样才能让自己更快乐？

对于以上问题，作者赫拉利着眼于一个全新的视角，阐述了现代人的祖先怎么从七万年前的"认知革命"，到一万二千年前的"农业革命"，再到五百年前的"科技工业革命"，解释了人类如何用不到十万年的时间走上生物链顶端。赫拉利认为，人类之所以能取得这么大的成就，最大的原因就是能够群体合作，而人类之所以擅长群体合作，就是因为人类有语言。人类语言的与众不同之处在于，它不仅能够传达实物的信息，还能

够传达一些根本不存在的事物信息——语言虚构了一个个的故事。有了虚构的故事，不只让人类能够想象，更重要的是人群可以"一起"想象，使得智人能够灵活合作，并且创造出"文化"。智人开启了一条采用"文化演化"的快速道路，而不再停留在"基因演化"这条总是堵车的大路上。走上这条路之后，智人的能力一日千里，远远甩掉了其他所有动物物种。

2.阿德勒，普罗科特.沟通的艺术：看入人里，看出人外[M].黄素菲，李恩，译.北京：世界图书出版公司，2015.

说了半天，对方还是不明白我的要点，为什么与人沟通这么费劲？明明很简单的事，怎么越说越复杂呢？生活中，常常需要沟通，沟通能力是一种人人可以拥有的技巧，是可以习得的，它能帮助你在维持现有关系的前提下，从他人身上获得你所寻求的信息。

本书作者既深入浅出、全面又不失细致地围绕沟通的本质和技巧进行了介绍。全书分为"看入人里""看出人外"和"看人之间"三部分。"看入人里"聚焦于探讨与自己有关的沟通因素，简要介绍人际关系的本质，强调自我在沟通中的角色，并分析知觉与情绪在沟通中的重要性；"看出人外"聚焦于探讨与沟通对象有关的因素，分析语言和非口语的特性，强调倾听的重要性；"看人之间"聚焦于讨论关系动力，强调关系的重要性与关系中的亲密度和距离。

所谓的沟通高手，不仅拥有各式各样的行为反应方式以供选择，还懂得在适当的场合表现出最合宜、最纯熟的行为（行为技巧）；他们不仅能够准确理解对方的观点（认知复杂度），还能带着同理心做出回应；他们不仅会在沟通的过程中随时监控自己的行为（自我监控），还会借此调整自身的行动；另外，关心人际关系的人要比不关心的人更善于沟通。

 每章一测

1.观看视频《死亡爬行》，认真思考以下问题：

（1）Brock完成了什么他自己认为不可能完成的任务？

（2）在这个过程中，他的教练起到了什么作用？

（3）为什么Brock能完成自认为不可能完成的任务？

2.选定三位同学进行角色扮演，模拟的情境是：在迎新晚会操办过程中，出现了一些纰漏，三位同学分别承担了其中的一项场务工作，但没有做好衔接。体会以下三位学生干部在不同的自我状态下，沟通能否进行下去及沟通的效果如何。具体沟通示例如下。

老师：你们怎么搞的？我强调了多少次？事先要演练、要演练，最后还是出了问题。

学生干部甲：对不起，老师。我们工作上没有做好衔接，下次一定改进。

学生干部乙：这不关我的事，在工作协调书上已经写得很清楚了，下台后由丙组负责话筒、钢琴等器材的搬离工作。这完全是丙组的问题，不是我们的问题。

学生干部丙：我认为这次演出出现的纰漏有多方面的原因：我们三个组在工作方式上存在差异性是一个原因，沟通不充分也是一个原因，其他的还有时间太紧、演练时间不够等。

成就感
标记每一步　成就一大步

立志用功，如种树然，方其根芽，犹未有干；及其有干，尚未有枝；枝而后叶，叶而后花、实。

——王阳明

通过本章学习，你能够：

1. 叙述成就感和幸福之间的关系。

2. 描述目标层级体系的内涵和外延。

3. 复述刻意练习的步骤和影响因素。

4. 理解意志力的特点并能合理使用意志力。

何为意志力
意志力的生理学机制
意志力的特点
意志力的训练和使用

意志力

刻意练习 天赋与努力
刻意练习的本质
刻意练习的步骤
刻意练习的影响因素

刻意练习

成就和成就感
成就感和幸福

根据情境培养品质米

选择合适的动机
制定合适的目标

坚决执行
以达成目标

标记每一步,成就一大步

米根据情境培养品质

标记每一步 成就一大步
成就感
⑥

每个人都拥有自己的目标。如果通过努力实现了这些目标，就代表取得了成就。幸福是人生某个目标实现后的内心体验。无论你追求怎样的幸福，通常都需要经过一段时间的努力才能得到。大量研究发现，幸福的人在成功后不一定能变得更加幸福，但他们往往比那些没那么成功的人更容易感受到幸福。

本章将介绍成就感和幸福之间的关系，带领大家构建成就感模型，从选择合适的方向、制定合适的目标、通过意志力的合理使用和刻意练习达成目标、标记每一步，成就一大步，如此循环往复，呈螺旋上升的趋势获得人生的成就感，从而形成胜利者循环。

第一节 成就感和幸福的关系

一、成就和成就感

成就和成就感是不同的概念。成就通常是指个人或集体在某一领域或活动中取得的重要成绩或进步。它不仅强调行动，还要求个人或集体必须朝着固定的、特殊的目标前进。塞利格曼将获得成就的关键要素简单概括为：成就＝技术 × 努力。成就感是指一个人为自己所做的事情感到愉快或成功的感觉，即理想与能力达到平衡而产生的一种心理感受，可简单概括为：成就感＝能力／理想。分子是个人的能力水平，分母是个人设定的理想标准。举例来说，如果你的理想得分是 100 分，而你的能力也达到了 100 分，那么你的成就感就等于 1，即成就感很高。但如果你的理想分数提高到 100 分，而你的能力只有 50 分，那么你的成就感就只有 0.5，这时你可能会感到挫败和沮丧。

二、成就感与幸福

对于成就感与幸福的关系，有人可能会说，"我现在不幸福是因为我还没有成功，等有钱有权了自然就会幸福"，这个看法在一定程度上似乎有可以接受的方面，但还不够客观全面。诚然，成就感与幸福密不可分，个人目标达成及带来的体验是影响幸福感的关键因子之一。塞利格曼提到："生命中有个目标是幸福的，即便是每天阅读一小时，或是努力达成人生目标，都是很重要的。"但成就感与幸福不是纯粹的因果关系，幸福的人更会追求梦想和取得成功，对待事情的态度也更为乐观，因此也更受欢迎。幸福之人常常会有更好的心理素质，对自己生活满意，并且会更加努力地追求梦想，具有更高的成就感。因此，成功并不是幸福的唯一来源，幸福本身也会带来成功。

第二节 构建成就感模型，走向胜利者循环

塞利格曼在《持续的幸福》一书中指出："积极心理学研究的不仅仅是幸福（happiness），而是全面的丰盈蓬勃人生（well-being 或 flourishing）。"他将研究内容概括为五个要素，即积极情绪、投入或关注、人生意义、人际关系及成就感。成就感（accomplishment）是拥有持续幸福力的重要因素之一，它包含了物质和精神两个方面。

物质方面指的是人们通过努力拥有的钱币、房子、黄金等有形资产；精神方面指的是人们达成既定目标所获得的愉快感受。那么如何才能获得持续的成就感呢？可以从以下四个方面构建成就感模型。

一、选择合适的动机

自我决定理论是由美国心理学家爱德华·德西（Edward Deci）和理查德·瑞安（Richard Ryan）在20世纪80年代提出的，是一种关于人类自我决定行为的动机过程理论。他们认为，行为来自个体内在动机的驱使，也就是自己真正想要做的事。个体有一种天性，他们若是凭自己的意志力来开展行动，则成功率往往很高。因为这是他们想做的事，而不是他们不得不做的事。例如，两位室友选择阅读同一本书，主动选择阅读这本书的人会津津有味地读；而作为作业来完成的人则会敷衍了事。这就说明了同样的活动，因为个体选择的动机不同，所以带来的结果也完全不同。有关内在动机的这部分内容，详见第七章。

二、制定合适的目标

我们的人生充斥着大大小小的目标，每个人都在各种目标、计划之间来回穿梭。为什么很多目标最终都不了了之？问题的根源就在于，我们没有系统性地思考过目标。美国心理学家安吉拉·达克沃斯（Angela Duckworth）指出，只有理清目标之间的关系，才能让这些目标真正有效地帮助我们做出改变。那么，如何系统性地思考目标呢？达克沃斯提出了"目标层级体系"这个工具。

达克沃斯认为，我们设定的目标从抽象到具体可以分为顶级目标、中级目标、低级目标三个层级。

低级目标，是非常具体的、细小的目标，类似于你每天列在待办清单上的一个个小任务。

中级目标，我们平常在思考目标的时候，想到的很多目标都属于中级目标。比如，今年希望获得晋升、三年内能买新房等。

顶级目标，就像指南针，给下层所有的目标提供了方向和意义。顶级目标和我们的价值观是紧密相连的。你想达到的那个顶级目标，必然反映了你所坚信的价值观。

人生目标的设定和规划对任何人而言都是非常重要的。制定目标可以借助SMART法则，S是specific，指的是目标要足够具体；M是measurable，指的是目标要可测量；A是attainable，指的是目标是可实现的；R是relevant，指的是目标之间是相关联的；T是time-bound，指的是每一个目标都是有时限的，有明确的时间节点。值得注意的是，目标的层级越高，就越应该坚守；层级越低，就应该根据实际情况及时进行调整。

积极实践

顶级目标的设定（采取目标追问法）

1.准备一张白纸和一支笔。关掉手机，关上房门，保证这一个小时不受任何人或事打扰。然后写下一句话："你这辈子活着是为了什么？"

2.接下来，写下你脑海中闪过的任意一个想法，可以是一句话或是几个字。比如"赚很多钱""成为一个有名的画家"，不断重复这个步骤，通过层层追问，直到写下那个触动你心弦的答案。

中级目标的设定及细化

1.每人准备一张大卡纸、两支彩色笔、一支水笔。

2.在卡纸上用水笔从左到右随意画一条曲线，在这条线的右侧加一个箭头，让它成为一条有方向的线。在线条的左侧，写上"0"这个数字；在线条右侧的箭头旁边，写上自己预估的寿命。

3.看着这条线，按照你为自己设定的生命线长度，找到你目前所在的那个点。

4.点的左侧，代表过去的岁月，把对你有重大影响的事件所对应的时间点用圆点标记出来。注意：如果是目标达成的事件，请用红笔标在生命线的上方；如果是未完成或即将完成的事件，请用蓝笔标在生命线的下方。看一看、数一数记下的事件是位于线的上半部分较多还是下半部分较多。对此你有什么启发？

5.在你的生命线上，把你这一生想达成的目标都标出来，尽量注明时间，当然你也可以选择暂时不注明。

6.请大家展示自己所画的生命线。

初级目标的设定（采用目标倒推法）

请大家选择其中一个上文已设定的中级目标，为了实现这个目标，以终为始，在边上按时间倒推细分，可以年、季、月、周甚至天为单位，写出一个个具体的小目标，并制定通向这个目标的具体步骤。

三、坚决执行以达成目标

有了合适的目标，但我们往往坚持不了多久，最后还是以放弃告终。归纳阻碍坚决执行的原因主要有意志力和刻意练习两个方面。

（一）意志力

1.何为意志力

意志力是指控制自己的注意力、情绪和欲望的能力，也叫自控力、自制力。古人是非常强调意志力的，正如《孟子·告子下》所言："故天将降大任于是人也，必先苦其心志，劳其筋骨，饿其体肤，空乏其身，行拂乱其所为，所以动心忍性，曾益其所不能。"关于意志力，许多心理学研究都已表明，它不是固定不变的个人天赋，而是一种生理机能。

精彩分享

棉花糖实验

1972 年，美国人格心理学家沃尔特·米歇尔（Walter Mischel）在一家幼儿园里做了一个有关自控力的实验，即棉花糖实验。

在实验中，米歇尔用棉花糖来考验孩子的自控力——如果能忍住一段时间不吃糖，就可以得到两颗糖。这个任务就是考查孩子的意志力，用心理学的术语来描述，就是一种延迟满足能力。

在实验中，米歇尔用摄像机记录下了孩子们忍耐的场景：有的背过身去不看棉花糖，有的把手压在腿下控制自己去拿糖的冲动，还有的闭上双眼，却忍不住把眼睛眯成一条缝偷看……这些小小的策略是孩子平时从和父母的互动中习得的，是父母教养方式在大脑中的呈现，再通过自我控制的行为表达出来。所以，自控力不是强行的忍耐，而是需要学习的自控策略。

有趣的是，研究者追踪了这些孩子很长一段时间，发现那些能够用意志力抵御诱惑的孩子进入青少年时期后心理调节能力更强，也更值得信赖。显然，那些能在实验中有自控力的孩子，更有可能在未来获得成功。

资料来源：鲍迈斯特、蒂尔尼.意志力：关于自控、专注和效率的心理学[M]丁丹，译.北京：中信出版社，2017：80-81.

2.意志力的生理学机制

意志力让我们能抵御即时诱惑。只有意志力强的人，才能收获长远的成功。研究表明，大脑前额叶参与意志力的控制和调节，包括自我控制、抵制冲动和延迟满足等。

心理学十大经典案例之一——盖奇事件，正是说明了脑前额叶受伤后会引起意志力改变。1848 年 9 月 13 日，一名叫菲尼亚斯·盖奇（Phineas Gage）的 25 岁美国工人发生了一起事故。在进行地面爆破作业时，由于疏忽大意，盖奇在助手覆盖炸药之前直接用铁锤敲打炸药。这一错误导致直径 3 厘米、长达 1 米多、末端尖锐的铁锤在巨大的爆炸力作用下穿过了盖奇的头颅并抛向空中，然后掉在了离他数十米远的地方。令人惊奇的是，他仍然保持清醒，能够与人交流，甚至能在工友的帮助下行走。之后，盖奇经历了艰苦的康复过程，其中，头颅内的感染几乎夺去了他的生命。幸运的是，他最终存活了下来。然而，半年后，他的亲朋好友逐渐发现，受伤后的盖奇已经不再是之前那个勤劳、善解人意、富有责任心的盖奇了。他之所以从一个拥有钢铁般意志力和自控力的人变成了粗鲁、无自控力的人，是因为他失去了前额叶皮质的结果。

3.意志力的特点

（1）可塑性。意志力就像肌肉会疲劳一样，每次用意志力抵御诱惑，意志力就会减弱。这意味着，意志力也可以像肌肉一样通过规律训练来提升耐耗性，从而获得更强的意志力。比如，你想控制体重，一旦选定早上起床后坚持跑步 30 分钟作为训练意志力的突破口，那么你在接下来的一段时间里就要把这件事坚持下来。这就是意志力训练。

（2）有限性。意志力领域的权威人物——美国社会心理学家罗伊·鲍迈斯特（Roy Baumeister）曾经做过一个萝卜和饼干的实验。研究者把全都饿着肚子的学生分成两组，一组只能吃萝卜，另一组可以吃巧克力饼干。可以想象，为了抵御巧克力饼干的诱惑，处于饥饿状态下的萝卜组学生必须依靠意志力只吃萝卜。接着，研究者把学生带到另一个房间，让他们解一道难题。研究者想测试一下他们能坚持多久，结果，饼干组的学生平均坚持了 20 分钟，而萝卜组的学生只坚持了 8 分钟就放弃了。研究者得出的结论是，"抵御饼干的诱惑而吃萝卜"这件事耗费了人大量的意志力，从而影响了后续的任务——这就是心理学上著名的"自我损耗"理论。这个结论告诉我们，要将有限的意志力按照达成目标的重要性进行合理分配。

大量研究表明，葡萄糖是获得意志力的燃料。如果血液中的葡萄糖浓度很低，此时意志力就会大幅度下降。因此，意志力是"吃出来"的，饿着肚子是没办法好好做事的，需要及时补充能量。

4.意志力的训练和使用

（1）按照事情的轻重缓急来分配意志力

一日之计在于晨，早晨是每个人意志力最饱满的时候，可以先安排一天中最重要的事情，以确保效率。但是每个人的意志力在每件事上损耗的程度是不同的，因此，可以每天给自己做一份"意志力手账"（见表 6-1），看看你的意志力都消耗到哪里了。

积极实践

意志力手账

第一步，在一天将要结束时，列举出要投入意志力的事。

第二步，观察这些事，写下这些事所占用的意志力的百分比。

第三步，找出消耗你大部分意志力的事。它们对你来说重要吗？请选出一件对你来说最重要的事，并将你的意志力重新进行分配。

表 6-1　意志力手账

事件	占用意志力的百分比	重新分配的百分比
晨跑 40 分钟	30%	20%
听微课	10%	10%
上班	30%	40%
控制胡思乱想	10%	15%
其他	20%	15%

（2）养成新的习惯，从培养微习惯开始

养成一个新习惯是有一定难度的。虽然一开始我们总是踌躇满志，可坚持不了几天，就会因各种理由而放弃。所以，习惯最好一次只培养一个，培养多个习惯也不容易坚持。新习惯的培养依赖动力和意志力两种因素，动力是一种感受，不稳定；意志力总量有限，容易被生活中各种事情消耗掉。而且，巨大的行为改变会带来大脑抗拒改变的惯性，相当于把大脑从原本舒服的圈子中拽出来。拽得越远，大脑的抵抗性就越强，消耗的意志力也就越多，因此，常常导致新习惯养成受挫。

从脑神经机制来分析，在培养一个新习惯时，主要牵涉大脑的两个部位：一个是基底神经节，主要负责执行重复行为；另一个是前额皮层，主要负责管理和监督行为。

基底神经节能够高效地执行重复行为，就像一个开启自动模式的机器，最大的优点就是高效节能，几乎不消耗意志力。不过，它的缺陷是，只会重复旧的行为、习惯，不会判断这个行为到底是好是坏。对于喜欢重复旧行为的基底神经节来说，培养一个前所未有的新习惯，是非常困难的事情。

前额皮层和基底神经节正好相反，它能够从长远角度来帮我们进行决策，也会监管基底神经节。比如，当你累了不想继续健身时，帮你坚持下去达成瘦身目标的就是前额皮层。总体来说，当我们想建立一个新习惯时，很大程度上要依赖前额皮层发挥作用。

微习惯是一个小到不太可能失败的积极行为。微习惯策略最大的好处就在于，它通过把习惯不断缩小的方式来降低改变的难度。微习惯之所以能够发挥出神奇的效果，关键在于它顺应了大脑的习惯养成机制。

积极实践

微习惯培养

第一步，在一张白纸上写下一些你必须做但迟迟未开始的事情，或是曾经做过但没能坚持下来的事情。

第二步，在罗列的清单中选出一件对你来说最值得开始实施且最有意义的事情。

第三步，此刻，选定你自己认为能坚持的时间（3分钟、6分钟等均可），并开始做这件事。

微习惯培养时，应注意两点：一是假如你有"微量开始、超额完成"的意外收获，那么可以继续下去。但是，不要调高期望值，那样容易让你感受到心理压力；二是当你有抵触情绪时，最好尝试后退一步，让目标再小点，直到抵触情绪消失。

（3）赋予事物引导意义以提升意志力

达克沃斯认为，孩子是否有"意志力"去完成一项任务与他是否被引导到从一个"抽象人物"的角度来思考问题有直接关系。比如，一只碗里掺杂着红豆和绿豆，让一个5岁孩子把两种豆子分开盛在不同碗里。随后，研究者开始观察孩子的反应，刚开始孩子都会很兴奋地分豆子，但很快就会进入一个无聊和纠结的状态。研究者预设了三种沟通方式：

①研究者对孩子说："你觉得自己做得够努力了吗？"

②研究者用第三人称和孩子沟通，比如："小明做得够努力了吗？"

③研究者会将孩子引导到其他对象上，比如："你最喜欢的动画人物是什么呀？"孩子可能会说："我喜欢小王子！"接着，研究者可以拍拍孩子的头说："小王子，你觉得自己够努力吗？"让人惊喜的是，当孩子被引导到从崇拜对象的角度来思考问题时，他就会坚持下去，继续分豆子，而很少选择放弃去玩。因为他感受到"小王子"带给自己的正能量，希望自己也能像"小王子"一样，于是就会选择坚持，进一步提升意志力去完成这项任务。

（4）影响意志力的几个因素

①压力。俗话说，有压力才有动力，适当的压力可以增强意志力，但是过度的压力会摧毁人的意志力。

②情绪。人在情绪高涨时，意志力会增强，比如，在运动场上，有啦啦队助兴的一方会给运动员营造积极的氛围，获胜的概率也会有所增加；人在情绪低落时，意志力会变得薄弱，做出和平时行为大相径庭的事。

③人群相互传染性。举个例子，戒烟是很考验人的意志力的。很多烟民总是信誓旦旦地说要戒烟，但如果他们日常生活中接触到的很多人都在吸烟，那么就会很难戒烟成功。

（二）刻意练习

1.天赋与努力

一万小时的练习，我们真的能成为专家吗？美国计算机学家赫伯特·西蒙（Herbert Simon）与合作者威廉·蔡斯（William Chase）发表了一篇关于国际象棋大师与新手比较的论文。他们发现，通过长期训练，国际象棋大师在摆盘、复盘等方面都显著强于一级棋手和新手。西蒙在论文中首次提出专业技能习得的十年定律（10 years rule），也被称作一万小时定律，只要练习1万小时，就有了成为领域内领先者的希望。

但是，后来的研究认为，心理科学史上不存在所谓的一万小时定律。

首先，不同专业领域的技能习得时间与练习时长并不存在一个一万小时的最低阈值。例如，优秀演员的专业技能习得往往是3500小时；记忆类专家的技能习得也并不需要一万小时，而只要数百小时即可。

其次，成功与练习时间并不完全成正比。天赋虽然在其中不起决定性作用，但会是一大影响因子。

心理科学研究表明，成为专家的时间往往随着不同的专业技能领域和练习方法而变化，但刻意练习具有重要的助推作用。

2.刻意练习的本质

瑞典心理学家安德斯·埃里克森（Anders Ericsson）是刻意练习的世界顶级研究者之一。他认为，长时记忆是区分卓越者与一般人的一个重要能力，也是刻意练习的本质。那些卓越者能够将工作记忆与长时记忆对接起来，在自己的专业领域如钢琴、象棋等，能够调用更大容量的工作记忆。如果说专家和准专家们已将自己的大脑升级了，那么这些专业领域的新手往往还在使用旧版本。幸运的是，这种长时记忆能力是可以通过刻意练习习得的。

有档电视节目叫《最强大脑》，节目中，选手个个身怀"绝技"，比如，"水哥"王昱珩通过水中的气泡和尘埃，能在 520 杯水中成功找出最特殊的一个杯子；还有能盲拧魔方的林恺俊仅用 21 秒就盲拧复原了魔方……类似的例子数不胜数，让人叹为观止。但是我们若去后台采访，选手们大多会告诉你后天的努力——刻意练习非常重要。

人们通常以为，一种技能如果自己不停地练习，一定能够更擅长，也许进步会较为缓慢，但最终还是会更出色。其实这是一种错误的认识，比如，母亲做了 20 年的菜，但是红烧肉做得恐怕不及一个刚从业 1 年的新手厨师。在刚开始实践时，我们总以为自己能随着时间的推移和实践次数的增加，在这些方面会做得更出色，但埃里克森的研究表明，一旦某个人的表现达到了"可接受"的水平，并且可以做到自动化，那么再多的"练习"，也不会有进步。这种情况被称为天真的练习。

与之相对应的就是通向实现目标的刻意练习。因为刻意练习推动了心理表征的升级。心理表征是心理学的一个重要概念，指的是一种与我们大脑正在思考的某个物体、某个观点、某些信息或者其他任何事物相对应的心理结构，或具体或抽象。例如，当说到发热这个词，一般人想到的会是急性胃肠炎、流行性感冒等常见的几种疾病，然而一位呼吸科的医生想到的可能是几十种疾病。这个就是心理表征的升级。

3. 刻意练习的步骤

刻意练习针对的是每个有梦想和目标的人，一般分为以下四个步骤。

（1）目标明确

若目标不明确，方向错误，南辕北辙，那么练习再多也是徒劳的。因此，目标明确是刻意练习的前提。

（2）保持专注

互联网时代，信息繁杂，学习内容更新很快，我们在学习的过程中很容易被外界打断，因此，保持专注是刻意练习的前提。要想取得进步，必须将注意力集中在当下的任务上。若能将专注力转化为高效的福流体验，那么收效会更好。

（3）及时反馈

反馈是学习知识的重要过程，有时我们只在意量的积累，而忽略了学习的误区，就会导致自己在某个点上一错再错。一般而言，无论你做什么事情，都需要通过反馈来判断你在哪些方面还存在不足。

（4）持续训练

心理学家把人的知识和技能分为层层嵌套的三个圆形区域，最内层是舒适区，中间层是挑战区，最外层是恐慌区。保持在挑战区训练是刻意练习中最为重要的一个组成部分。对于任何类型的练习，如果你从来不迫使自己走出舒适区，那便永远无法进步。比如，业余网球爱好者即使练习了 30 年，他也很难达到专业选手的水准。

4.刻意练习的影响因素

（1）克服拖延

拖延症是指非必要、后果有害的推迟行为。常常有以下几种表现。

①没有自信：认为自己一事无成，没能力完成该项任务。

②压力大：认为自己每天压力都很大，导致任务拖延。

③动力不足：精疲力尽，倦怠感明显。

④目标不明确：对于做事的意义不清晰，目标模糊。

拖延症的后果往往会降低对自我价值的评判，不断地进行自我否定。而长期的拖延还会引起焦虑感、负罪感，严重的甚至会引起抑郁症等心理疾病。

积极实践

克服拖延

（新学期开始，A坐在杂乱的桌子前若有所思）

A：上学期我的成绩不是很理想，这学期我一定要好好努力，开启自律的学习生活！

克服拖延

（拿起书本看了一会，余光看见了镜子）

A：（拿起镜子）嗯，今天皮肤状态好像不是很好，要不要敷个面膜呢？或者涂个水乳？

（把书本放在一边，开始研究起皮肤状态……一个小时过去了）

A：（手机屏幕亮了，拿起）是小B发来的微信，给我分享了一部电影，正巧我看过……

（与小B聊天，时间又过去了一个小时……）

A：呀，都十点了，算了明天再学吧。

————

（聊天界面）

C：小B，你统计下这个活动的参与人数，做个表格发给我。

B：好的，学姐。

D：小B，过几天社团要开展"一起看书"的活动，你来拟一个通知。

B：好的，学长。

E：小B，上次跟你说的那个活动策划案写好了吗？

（推开电脑）

B：早知道不加入那么多社团了，活怎么这么多啊，算了，反正还早，我先玩会手机。

（切换各种坐姿玩手机，时间慢慢过去了）

B：终于赢了，让我看看消息。（消息提示音狂响）

B：（定睛一看屏幕，生无可恋地向后仰倒）完蛋了……

（A、B同时瘫倒在沙发上，和C抱怨自己的拖延症）

C：你们最近怎么总是一副萎靡不振的样子？

A：我发现，开学时制订的学习计划，一个都没完成。

B：我为了在截止期限内完成社团的任务，已经连续熬了三个通宵了，身体都要垮了。

C：（点点头）原来是拖延症。以前我也这样，每次都在临近截止期限时才肯动手，非让自己处于一个焦虑的状态。不过，在上了"积极心理学"的相关课程后，我结合自己的实际情况，采用了三种方法顺利治好了我的拖延症。

A：哦！都有哪些方法？我也想学习。

C：从大脑的生理反应来看，拖延症的本质其实是大脑觉得做这件事太痛苦，然后把注意力转向能让自己开心的事情上来。这符合生物趋利避害的本能，但人类若要体验成就感，是必须超越这种生物本能的。什么方法能治疗拖延症呢？有三点很关键：第一，尽量减少做这件事的痛苦感。第二，避免其他因素的干扰。第三，设定具体的目标，开始行动。

B：减少做这件事情的痛苦感？

C：对，我们可以给自己设定一些奖励。奖励可以分为过程奖励和结果奖励。如果你做某件事情感到愉悦，其实是因为大脑分泌了一种物质——多巴胺。多巴胺相当于大脑自产自销的"兴奋剂"。我们通过对过程和结果进行奖励，就是在间接操纵大脑的奖励系统，让大脑产生多巴胺，减少痛苦感。

A：我懂了！拿工作任务举例，做完一个工作，我就奖励自己一颗糖，这是过程奖励；做完所有工作，给自己买一杯奶茶，这就是结果奖励。

C：对。

B：（若有所思地点点头）

C：再说第二种，避免其他因素的干扰。小A，你的问题可能就出在这里，你想想，你的学习环境是不是总是很杂乱？

A：好像是。

C：治疗拖延症，不如从课桌下手，我们要给自己打造一个整洁的学习环境，在课桌上只留下学习用品，避免将注意力转移到别的物品上去。

B：分散注意力的事情少了，学习成了唯一可做的事情，拖延症不治自愈。

C：对。

C：还有最关键的一点，那就是设定具体的目标。当目标太过抽象时，你很可能会拖延；当目标很具体时，你会及时地去执行，不太会拖延。

A：听起来很有道理，我开学的时候一直喊着要认真学习，提高成绩，可是却没有具体安排每月、每周应该达成的目标，每次拿出书本，总是不知道该学什么。

C：虽然有了目标，但是大家还是会找各种理由不想开始。有没有这种情况？

A：好像说的就是我（害羞）……

C：来，不妨试试从 5 分钟起步法开始行动。

B：才 5 分钟，可以呀！赶紧实践起来！

C：对，找个适宜的环境，设定闹钟，告诉自己，一直拖延的某件事，只花 5 分钟就解决了！

A：那我就来试试这头疼的背单词吧！就 5 分钟哈！

B：（5 分钟后）时间到了，感觉怎么样啊？

A：哇哦，有意思！头一分钟，我觉得还有些心神不定，脑海里像往常一样不停地有其他念头闪过，慢慢地，我的注意力开始集中起来了，到最后一分钟时，我发现自己竟然已经记住了 10 个单词，咦！竟然感觉小有成就！嗯！还可以继续学下去！我下次试试将时间设置为 10 分钟。

B：（站起来）我也赶紧试试！对了，我还看到克服拖延有个叫"2 分钟原则"的方法，也就是首先衡量完成任务所需的时间，如果预计能够在 2 分钟之内完成，就中断别的计划去完成它，反之，把它推迟到其他计划执行完毕之后。既然学到了方法，就让我们投入实践吧！

A：（也站起来）支持！

C：（站起来，笑着看向两人）高效的执行力也是治疗拖延症的"良方"，我们现在就开始行动吧！

A/B：嗯！

（2）跨越停滞阶段

当你开始学习某个新事物时，起初进步会比较快，但随着难度的增加，速度会逐渐慢下来，最后很可能无法跨越就让自己停滞在某一水平。那么如何跨越停滞阶段进入刻意练习模式呢？不妨试试以下步骤。

第一步，以新的方式挑战你的大脑或身体。

例如，游泳运动员会定期变换训练日程，通过各种交叉练习，达到持续以不同方式挑战自己的目的。

第二步，攻克特定的弱点。首先，找出到底是什么让你停滞不前，看一看是什么拦住了你前进的路。其次，设计一种练习方法，专门来改进这个弱点。

（3）保持动机水平

心理学上有个"新年效应"，是指在每年新年开始时，人们往往会制定一系列新的目标和计划，表现出极高的热情和积极性。然而，随着时间的推移，这些目标和计划逐渐减弱，最终导致许多人无法坚持最初的计划，从而未能实现他们的目标。问题是，面对这种情况你可以做些什么来改变呢？

①弱化停下脚步的理由。人们可以采用多种方式来弱化停下脚步的理由。其中，最有效的一种方式是留出固定的时间来练习，在练习前处理好容易让自己分心的事情。

②增强继续前行的动机。动机是一种强烈的渴望，是激发和维持有机体的行动，并

将行动导向某一目标的心理倾向或内部驱动力。你在立下目标时，一定要意识到它的重要性，可以在放弃前回顾一下之前制定目标时的动机，并不断鼓励自己坚持下去。

积极实践

刻意练习

第一步，想一想你为了掌握工作、生活或个人成长中的某项技能，曾经做了哪些练习？

第二步，将这些练习分为两类，即天真的练习（处于舒适区的练习）和刻意练习（处于挑战区的练习）。

第三步，从推动心理表征升级的角度，思考如何对这些练习进行调整？

四、标记每一步，成就一大步

生活需要仪式感。有位朋友经常在马拉松比赛中获奖，我很好奇地问她，你是如何做到的？她告诉我说，她有一个习惯，那就是每当她决定参加比赛时，除了刻苦训练外，还会在比赛前预跑一次。在预跑的沿途中，她会在心里做一些标记。在正式比赛中，每当超越一个标记，她就会自我鼓励，认为自己做得非常出色。因此，她经常能取得出色的成绩。事实上，人生就像一场与自己赛跑的马拉松，我们在追求成就的同时，还可以尝试标记每一个小的进步。当我们达到具体目标时，不要忘记给自己一个小小的仪式感，用以鼓励自己。相信这些成功的积累带来的成就感将引领我们实现顶级目标，成就人生精彩的一大步，创造出丰盈蓬勃的人生。

拓展阅读

1.鲍迈斯特，蒂尔尼.意志力：关于自控、专注和效率的心理学[M].丁丹，译.北京：中信出版社，2017.

身处飞速变化的互联网时代，诱惑无处不在，如果你想要控制自己，过上更好的生活，获得财富、健康、自由，那么意志力是不可或缺的钥匙。在决定一个人成功与否的后天因素中，意志力排在第一位。

2.赵裕鲲.无行动，不幸福[M].沈阳：万卷出版公司，2022.

我们知道何为幸福，却不知如何获得幸福。每个人的内心都有千般痛苦，如原生家庭、儿时记忆、意志不足、患得患失、敏感多疑、消极情绪等。作者经过多年的积极心理学研究，结合中国传统文化对于行动的重视，提出了一个改变我们对于幸福认知的观点：你并不是缺乏心理学知识，而是缺乏可以改变自己人生的有效行动！大家如果每天都能做出一点点改变、提升满足感，那么将会成为更好的自己，拥有更幸福的生活。

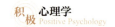

3.艾利克森，普尔.刻意练习，如何从新手到大师[M].王正林，译.北京：机械工业出版社，2021.

所有人都以为"杰出"源于"天赋"。"天才"却说：我的成就源于"正确的练习"！作者在"专业特长科学"领域潜心研究了几十年，主要研究了一些行业或领域中的专家级人物，如国际象棋大师、小提琴家、运动明星、记忆高手、杰出医生等。他发现，不论在什么行业或领域，提高技能的有效方法都遵循一系列普遍原则，他将这种通用方法命名为"刻意练习"。对于在任何行业或领域中希望提升自己的人来说，刻意练习是黄金标准，也是最强大的学习方法之一。

每章一测

1.如何理解成就感和幸福之间的关系？

2.试着制定你的顶级目标。

3.影响意志力的因素有哪些？

4.简述刻意练习的步骤。

5.简述获得成就感的主要步骤。

第
七
章

积极意义
内在动机引领你走向更
高的人生境界

人不是单纯地受他所处环境的影响，而是可以自
主选择做什么和成为什么样的人。

——维克多·弗兰克尔

通过本章学习，你能够：

1. 理解内在动机的内涵、影响因素和其对幸福感、积极心理的影响。

2. 认识内在动机的两大早期理论以及自我决定理论。

3. 描述关于内在动机的提升方法。

4. 理解有意义的人生与丰盈蓬勃幸福观之间的关系。

内在动机引领你走向更高的人生境界

积极意义

- 学习的动机
  - 动机的概念
  - 动机的功能
    - 激活功能
    - 指向功能
    - 维持功能
  - 外在动机
    - 速效性
    - 短时性
    - 控制性
  - 内在动机
- 不同学派的观点
  - 操作理论：行为主义的观点
  - 自我归因理论：认知主义的观点
  - 自我决定理论：积极心理学观点
- 奖惩对学习的影响
  - 促进自主需求的满足
  - 促进能力需求的满足
  - 促进关联感需求的满足
    - 为他人提供开放、自主的选择
    - 正念练习
    - 合理的目标选择
    - 选择富有挑战性和意义感的任务
    - 积极而自主的奖励与非控制性的批评
- 内在动机的定义
- 内在动机的成分
  - 成因说
  - 行为说
- 内在动机的影响因素
  - 个体特征
  - 态度特征
  - 活动特征
  - 社会和文化特征
- 内在动机的神经科学基础

作为一名伟大的动机研究者和人本主义心理学的先驱，马斯洛始终关注着人类心灵的积极动力和福祉。1954 年，他的著作《动机与人格》（*Motivation and Personality*）不仅提出了"积极心理学"的概念，还对其各方向的研究画出了蓝图。以下是这位大师对动机领域发展的思考。

（1）父母的冲动：为什么父母会爱自己的孩子？人们为何想要孩子，为何能为孩子做出巨大的牺牲？为何在他人看来是牺牲的行为，父母却不这么认为？婴儿为何可爱？

（2）人们对正义、平等、自由的追求：为什么人们愿意不惜一切代价，甚至付出生命来争取正义？为什么有些人愿意无视个人利益，去帮助那些受苦受难、遭受不公平待遇的人？

（3）人类对目标的追求：人类追求目标的动机是什么？是否总是为了某个目的，还是也会受到盲目冲动和内驱力的影响？这两种动机是如何共同作用于人类行为的？

（4）挫折的双重作用：我们通常只关注挫折的负面影响，那么挫折是否有积极的一面呢？挫折如何促进个体的适应和成长呢？

（5）积极心理与自卫本能：除了消极的自卫本能和适应机制，人类是否还拥有积极的生命力呢？

（6）高级与低级需求：为什么满足了基本需求后，人们还会有更高层次的需求？高级需要与低级需要之间有何区别，忽视这种区别会导致怎样的后果？

（7）食欲、爱好与品味：人类为何会有食欲、爱好和品味？这些与生存本能有何联系？人类如何通过这些追求来实现个人满足？

（8）对完美、真理和正义的追求：人们追求完美、真理和正义的动机是什么？是否类似于纠正歪斜的画、完成未完成的工作或解决未解决的问题的冲动？乌托邦式的冲动和改进客观世界的欲望如何影响个人行为？

（9）忽视认知需要：认知需要在心理学中的重要性是什么？

（10）美学和审美需求：美学是什么？审美需要在人类生活中扮演什么角色？

（11）烈士、英雄和无私的人的动机：烈士、英雄和无私的人的动机是什么？

（12）道德心理学和伦理心理学：如何理解人类行为的道德和伦理维度？

（13）科学心理学和知识心理学：如何理解关于追求知识和哲学的冲动？

（14）讨论性问题：人们通常对性相关的话题讳莫如深，只注意强调其危险性，而忽略性的愉悦性，性作为一种消遣和医疗教育手段的可能性是什么？

马斯洛在书中提出这些疑问的 68 年后，动机心理学家和积极心理学家经过不懈努力，解答了其中的许多问题。其间，心理学家们提出了数种动机理论体系，并试图用它们来解释人类复杂的行为成因。关于人的动机与积极心理的关系研究如雨后春笋般不断涌出。如何通过改变个体的动机水平来促进其内在幸福呢？这成了心理学家，特别是积极心理学家需要解决的重要问题。

本章我们主要介绍内在动机，具体内容包括内在动机的基本概念、早期的内在动机的理论模型以及现代的内在动机理论体系：自我决定理论。此外，内在动机如何对个体

的积极心理产生影响也是本章的主要内容之一。

第一节　动机的概述

一、动机的概念

在学习核心概念"内在动机"前，有必要对其上位概念"动机"进行介绍。动机一词源于拉丁文"movere"，意为"引起和指向行动"。动机（motivation）是激发和维持有机体的行为，并将行动导向某一目标的心理倾向或内驱力。早在1890年，美国心理学家威廉·詹姆斯（Willim Jams）的著作《心理学原理》（*The Principles of Psychology*），就对动机的各个方面进行了讨论。1918年，美国心理学家伍德沃斯（Woodworth）首次提出了动机这一概念。他认为，个体的动机是决定其行为的内驱力。自此，动机作为心理学的一个重要领域而被广泛研究。

二、动机的功能

（一）激活功能

激活功能是动机的一个主要特性，是指其能够激活个体产生某种行为，并使个体从静止状态转变为活动状态。例如，人会为了抵御寒冷而穿衣服，为了保护他人而挺身而出等。动机的激活强度会随着外在环境和动机自身的性质、强度而发生变化。例如，饥饿的人往往对食物更加敏感，也更容易产生寻找食物的行为。

（二）指向功能

动机具有指向功能。它能将激发产生的行为指向一定的目标对象。如果个体的动机不同，指向对象不同，就会产生行为结果的差异。例如，在饥饿状态下，个体可能会去寻找食物；在成就动机的驱使下，个体可能会去从事更高难度且富有创造性的工作。

（三）维持功能

动机同时表现出对行为的维持功能，即行为的坚持性。当个体产生某种行为后，动机会维持该行为并调节其强度和持续时间。动机的维持功能受到个体预期和思维模式的影响。例如，当活动状态符合个体预期时，动机就会维持该行为，个体的积极性可能会加强。同时，相比于固定型思维者，拥有成长型思维模式的个体更可能坚持有意义的行为。关于思维模式对动机的影响，我们将在本章第三节中详细阐述。

第二节　动机的分类

一、外在动机

根据动机的来源，心理学家们将动机分为两种类型：外在动机和内在动机。外在动机是由外部力量和外部环境（诱因）激发而来的。例如，个体为了得到他人的赞扬而努力练习足球、为了不挂科而认真复习等。

在 20 世纪 50 年代前，有关动机的大量研究都集中在外在动机上，这与行为主义学派的兴盛有极大关系。行为主义学派认为，外部环境的强化是激发动机的必要条件。在行为不断受强化的过程中，个体会逐渐形成对该行为的期待，从而获得外部强化作为动机。这就决定了外在动机必然存在以下三个特性。

（一）速效性

外在动机具有速效性。它表现为，只要为个体提供所需要、所渴望的外在刺激和诱因，个体就会立刻产生相应的动机和反应。人的天性是趋利避害的，因此，合适的外在动机可以有效地激发个体的积极行为，或抑制其消极行为。

（二）短时性

外在动机具有短时性。原因在于，既然行为是由外部强化刺激引发的，那么当外部强化刺激不存在时，其外部动机和行为也会很快消退。值得一提的是，在特定情况下，当原有的强化刺激被撤走时，个体的行为水平甚至会比原有水平更低。这种现象被命名为德西效应（Westerners effect），我们将在本章第四节详细阐述这种现象的本质及成因。

（三）控制性

外在动机具有控制性。外在动机时常带有鲜明的被动性和功利主义的色彩。它只关注于奖励或惩罚，外在力量控制着个体的行为，而内在的兴趣和主观意志则很少发挥作用。

二、内在动机

（一）内在动机的定义

1959 年，罗伯特·W. 怀特（Robert W. White）在其发表的文章《动机再思考：能力的概念》（*Motivation Reconsidered: The Concept of Competence*）中，首次提出了内在动机的概念。怀特认为，人类具有一种内在的驱动力，能追求掌握和理解环境中的挑战，以获得能力感和成就感。

心理学家对内在动机的定义尚未统一，但整体可以分为以下两种解释类型。

1. 成因说

成因说认为，内在动机的产生源于特定的心理需求。例如，德西和瑞安在 1987 年提出的内在动机是基于对能力、自我决定和人际关系内在的、有机的需要。它激发了各式各样的心理和行为过程，伴随而来的是效能感和自主性的体验。内在动机就像内驱力一样，是人类有机体与生俱来的，是行为的重要激活器。

2. 行为说

行为说认为，内在动机是因某种内心的积极体验所激活行为的过程。如美国情绪心理学家卡罗尔·埃利斯·伊扎德（Carroll Ellis Izard）认为，内在动机是人们受到兴趣的刺激，专注于工作任务，努力探索行为环境的过程。

总而言之，尽管心理学家对内在动机的定义有着多种表述，但其核心观点都趋于一致：行为本身的内在价值就是其活动的内在动机。当人们从事一项工作不是为了可分离的外部原因，而只是为了追求乐趣、挑战和内心的满足感时，这便是内在动机在起作用。

（二）内在动机的成分

关于内在动机的成分，心理学家也持不同的态度，说法不一。普遍认同的是内在动机的成分二维说：内在动机由认知与情绪两部分组成。其中，认知成分是内在动机的主要动力，包括自主感、能力感、好奇感、兴奋感等。而好奇感、兴奋感是情绪成分的主要内容，它们带来的积极体验提供了对内在动机行为的奖励。除此之外，还有内在动机的成分三维说，包括求知欲、成就动机和经历刺激；成分五维说：包括自我决定、胜任感、沉浸感、好奇感和兴趣感。

（三）内在动机的影响因素

1.个体特征

内在动机的个体特征影响因素包括年龄、需要、兴趣、性格特征和情绪等。研究发现，对大部分个体来说，随着个体年龄的增长，成就动机逐渐降低，且这种降低的水平并非线性的，这也就意味着内在动机的主要因素——能力感也随之减弱。个体不同的需要也会导致内在动机的差异。马斯洛的动机理论认为，个体的自我实现驱动力是内在动机最强大的表现形式之一，而这种自我实现的力量是因人而异的；兴趣对内在动机也起着重要的指导作用，这一部分将在本章第四节详细阐述。性格和内在动机关系的研究者认为，性格特征会直接或间接影响个体的内在动机水平，如外向型个体比内向型个体更容易被丰富的活动所吸引，他们的内在动机水平可能更高。

2.态度特征

内在动机的态度特征主要包括个体对活动自身的主观感受和心理倾向，如自我效能感和思维模式。教育心理学研究发现，高自我效能者会更自信，他们倾向于选择充满挑战性的工作，内在动机水平也更高，低自我效能者则与之相反。集体自我效能也对个体的内在动机有所影响。集体自我效能使群体相信其能够一起努力以达到共同目标的程度。研究表明，在教师群体自我效能高的学校，其教师的合作水平更高，内在动机水平也更高。

积极实践

回忆过去自己做的 1~3 个成功事件。当时的你是如何专注于做这件事，并在最后获得成功的？将详细的回忆记录在表 7-1 中。

找到 1~3 个从事相同活动的榜样。观察和思考，他们有什么品质和特性呢？他们是怎样努力，并且收获成功的？将详细的想法记录在表 7-2 中。

表 7-1　成功事件记录

成功事件	我的努力和行动	成功的结果	我当时的想法和感受

表 7-2　成功榜样记录

成功榜样	他的努力和行动	成功的结果	我对他的想法和感受

美国斯坦福大学心理学教授卡罗尔·德韦克（Carol Dweck）指出，个体的思维模式同样会对内在动机产生重要影响。她将个体的心态分为成长型心态与固定型心态两类。成长型心态的人认为，个体的性格、智力、能力等因素是可提高、可发展的；固定型心态的人则认为，这些因素受天赋影响，且难以改变。

3.活动特征

一般来说，在进行富有挑战性、创造性和自主性的活动时，个体的内在动机水平更高。组织心理学发现，策略多样性、活动价值与意义和回馈程度是提高个体内在动机的重要因素。完成高重要性的活动，有助于个体更好地体验活动的意义，提高个体的责任感，进而影响其内在动机。

4.社会和文化特征

社会因素对内在动机的影响大致有近端影响和远端影响两种。近端影响指个体的周遭环境，而远端影响则与政治制度、文化等有关。研究指出，家庭关系对个体的内在动机影响较大，家庭环境较差的个体，内在动机水平更低。跨文化心理学研究显示，社会文化制约着人们的内在需求和动机。例如，在集体主义的文化背景下，个体强调道德和义务，注重于人际关系，内在动机水平相对较低；而在个人主义文化背景下，个体则更看重利益和个人，内在动机水平较高。

（四）内在动机的神经科学基础

尽管相关研究并未成熟，但各类实验性证据都指出了多巴胺在支持内在动机和相关行为方面所起的作用。研究者发现，在哺乳动物中，多巴胺与探索、学习和兴趣活动有关，并能促进这些行为的积极体验。

第三节　内在动机理论

在动机研究领域，内在动机是受到广泛关注的经典话题。一个世纪以来，心理学家对这个复杂多变的课题进行了大量的实验研究，并提出了种类繁多的理论体系，试图解释内在动机的成因，以及其与外在动机之间的关系。

一、操作理论：行为主义的观点

20 世纪初，心理学家主要围绕显性行为展开研究，这种情况源于逻辑实证主义，它强调特质的量化，认为一个命题只有能被证实或证伪才具有意义，并且将研究对象锁定为显性的、可观察的行为。这一观点代表人物无疑是美国心理学家伯尔赫斯·弗雷德里克·斯金纳（Burrhus Frederic Skinner），他提出了著名的操作性条件反射理论。

斯金纳设计了一个实验来解释他的理论，如图 7-1 所示。他设计了一个动物实验仪器，即斯金纳箱。他在尽可能隔绝外界一切刺激的箱子中装置了一个杠杆，并将饥饿的小白鼠放入其中。小白鼠可以在箱子中自由活动，而当它碰到杠杆的时候，食物就会从箱外投入箱中，小白鼠便能吃到食物。箱外有实验仪器记录小白鼠的行为动作。在反复尝试几次后，小白鼠成功学会了不断按压杠杆获取食物这一本领。

图 7-1　斯金纳和他的小白鼠

斯金纳通过实验发现，动物的学习行为是随着一个起强化作用的刺激而发生的。早期行为主义者同样使用操作性条件反射来解释人类的行为动机。操作理论在本质上是效果律的解释和应用。图 7-2 反映了行为在强化过程中的 4 个阶段。

阶段 1：行为还没有得到强化。此时，该行为有一个初始的发生频率水平，这一水平被称为基线水平。

阶段 2：引入外部强化刺激，如食物和水，反应率增加（假设前提为生物体已被剥夺该强化物一段时间）。

阶段 3：当强化终止时，反应率在短时间内明显增加并达到峰值，而后回落。这是个体更努力地获得奖励，经历反复尝试直到发现强化物不会到来的过程。

　　阶段4：由于强化物的持续缺失，所以反应率继续下降，直到它达到最初的基线水平，并趋于平稳。

　　图7-2的曲线反映了最简单的强化过程影响。行为主义者发现，使用不同的强化方法，曲线的形状也会发生变化。值得一提的是，与操作理论相关的大部分研究都是在动物身上进行的，几乎不涉及人类。而对人类来说，认知能力往往让他们立即意识到强化的终止，反应的消退几乎是瞬时进行的。在这种情况下，曲线的形状可能会有很大的不同：阶段3将不复存在，而曲线会直接从阶段2移动到阶段4，且阶段4的斜率会更陡。

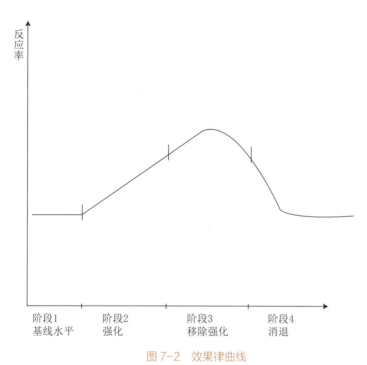

图 7-2　效果律曲线

　　行为主义者特别强调显性的强化行为和结果。他们认为，所有的行为变化都是强化的控制作用，并不存在机体内部因素导致的行为变化。内在动机并不存在的观点导致关于内在动机的研究在很长一段时间是被忽略的。

　　然而，这种理论本身就存在很大的漏洞。根据操作理论，反应的变化是由外在的强化刺激推动的，在强化刺激停止后，行为会消退至阶段1的水平。因此，在行为反应后期（阶段4末），任何偏离初始基线水平的情况都与操作理论相违背。为此，研究者进行了实验检验，并得出了与理论假说不一致的结果。1950年，美国斯坦福大学心理学博士大卫·雅戈尔（David Yeager）将大猩猩作为被试对象引入设计好的智力迷宫中，并把香蕉作为强化奖励。结果发现，大猩猩在阶段4的反应率高于阶段1的反应率，这说明大猩猩对智力迷宫更感兴趣了。学者盖特利（Gately）的研究则显示出了完全不同的反应结果，实验组的大猩猩在失去强化物后表现出更低的行为水平，而对照组则表现出同样的兴趣度。这种对立的实验结果困扰了心理学家很久，并逐渐演变成了内在动机的主要研究问题。但不管如何，由实验可知，经过强化训练后的个体，其反应水平会发生变化，而非保持在强化前的状态。这充分证明了个体内部一定存在自主而独立于外在强化刺激的行为变量。

二、自我归因理论：认知主义的观点

在20世纪六七十年代，许多行为主义者将他们的关注点从严格的操作性视角转向了认知性视角。认知主义是研究人的认知（如期望和归因）与行为关系的学说。在动机方面，认知主义有两个新颖的观点：①动机产生的原因是个体对未来强化的期望，而非客观的外在强化事件。②归因关注的是个体的行为结果及对结果的分析和归纳，即人们在行动时会分析他们为什么会这么做，并且把分析结果输入信息加工系统，进而影响个体的动机、态度和感受。

认知主义在内在动机领域有许多分支，我们主要介绍影响力较大、与现代理论联系较强的自我归因理论。自我归因理论认为，人们自我认识的主要方式是通过分析和推理让个体首先对行为及环境因素进行自我观察，进而用逻辑推断出事件发生的原因（这种原因往往是归于自身的），最终总结形成自己的想法和观念。自我归因理论还认为，对自我的归因和认知是动机产生和变化的决定性因素。

归因的基本点有二：内部和外部。对于自我归因，个体更倾向于使用情境归因。例如，考虑一位通常成绩优异的学生在一次重要的考试中表现不佳。这位学生可能倾向于将自己的不佳表现归咎于外部因素，比如考试那天他感到不适或是考试内容很难，而不是自己的学习能力或准备不足。在这种情况下，他有外在的理由来解释自己的失败，因此，可以维持一个更积极的自我形象，认为自己通常是个优秀的学生，只是这次由于特殊情况才表现不佳的。如果没有这些外在因素，他可能会更倾向于内省并批评自己没有足够准备或努力学习。值得一提的是，自我归因总是出现在行为发生后的，也就是说，它是对行为结果这一既定事实进行的分析与推理。

德西和瑞安等人将大猩猩实验的结论扩展到了人的身上。1971年，德西首次探讨了金钱奖励对人类内在动机的影响。在实验准备环节，被试对象花了3个小时来学习一种名为Soma的趣味性拼图游戏。实验共分为3个阶段，每个阶段的被试对象都需要在限定时间内完成4道谜题。如果他们在规定时间内无法解出谜题，研究人员就会向他们展示答案，以避免蔡格尼克效应（Zeigarnik effect，即返回未完成任务的倾向）。在这项研究中，实验组和对照组之间的唯一区别是，实验组被试对象在阶段2中每解出1道谜题就能获得1美元。

在实验的阶段1和阶段3，被试对象完成拼图谜题并不会得到任何奖励，意味着此时的行为完全受内在动机的支配。同时，他们也是自由的，可以选择解谜或是去玩其他的游戏项目。在这个实验中，内在动机被量化为被试对象在这两个阶段各自投入的时间。

实验结果显示，在阶段3，实验组相较于对照组的内在动机水平有所下降。外在奖励的出现降低了被试对象参与活动的内在动机。在接下来的几年，德西又采用不同的被试对象和试验方法，反复验证了这一现象的存在。

自我归因理论很好地解释了外部刺激对内在动机的破坏现象。这是由于个体的自我评价更倾向于使用情境归因。当个体因从事有趣的目标活动而受到奖励时，他们会被这一强大的外部因素影响并被吸引，从而更倾向于将他们的行为归因于外部原因，而忽略了看似合理的内部原因，即内在动机。在某种情况下，如果没有充分的外部理由，他们就会增加内部归因，并赋予自身更高的内在动机。因此，归因理论认为，外在动机和内在动机是相对立的，奖励的出现可能会将个体的行动目的从内在兴趣转向外在的物质奖励，从而削弱内在动机。

对于自我归因理论，研究者也提出了许多批评。首先，自我归因理论并不完整，它并不能解释为何在一些实验中，被试对象的内在动机反而会随着外在奖励的出现而提升。也有研究者指出，自我归因理论甚至不能被称为动机理论，首先，因为它只关注于行为结果对内在动机的变化，而无法处理动机的激发、指向等核心问题。其次，自我归因理论过于强调动机改变的核心因素是个体有意识的推理过程，而忽略了其他方面。此外，还有研究证明，自我归因并不是内在动机变化的中介过程，但它的确对内在动机产生了影响。

综上所述，早期的内在动机理论具有相对完整的理论体系，并且得到了实验结果的佐证。但行为主义理论和自我归因理论仍存在许多问题，最关键的是，这两大理论体系在解释内在动机和外在动机的影响上出现了时而促进时而减弱的矛盾效应。这揭示了内在动机和外在动机之间可能存在复杂的相互作用。

三、自我决定理论：积极心理学观点

为了解决归因理论和行为主义学派之间的理论矛盾，一种新的理论体系应运而生，即自我决定理论（self-determination theory，SDT）。它是由德西和瑞安于20世纪80年代提出的，有力阐述了外在环境对个体的动机和行为产生影响的因果路径，并且不断扩展、演化成一个关于人类内在的积极动力、幸福感的理论体系。接下来，我们将依次介绍自我决定理论的哲学理论基础、6大衍生理论体系及其对积极心理学的贡献。

（一）自我决定理论的基础：基本心理需要理论

自我决定理论的哲学基础与马斯洛的动机理论十分相似。首先，自我决定理论对人性有两个基本假设：①人的主动性。个体被认为是天生活跃自主而积极的，因此会主动地与环境接触，内在动机也随之产生。②发展趋势。自我决定理论认为，个体具有整合和组织心理材料的本能发展趋势。这一过程包括从外部世界吸收或内化各种类型的信息（如价值观、态度、偶发事件和知识），以及对内部心理力量（如驱动力和情绪）的整合与调节。

自我决定理论认为，个体行为的基础来源于三大基本心理需求：自主感（autonomy）、能力感（competence）和关联感（relatedness）。这三大基本需求是经过严格的经验推论与实验检验得出的。自主感是自我决定理论中的核心概念，又称自我决定（self-

determination），指个体感到能够控制和决定自己的行为和生活，体会到内在的主动性，它对人类的幸福感和积极心理有着深刻影响。能力感又称胜任感，表现在个体认为自己有力量和能力去面对各种内在和外在环境的挑战。关联感是指个体需要与他人和群体产生联系。自我决定理论认为，这三种基本需求是"心理健康的有机必需品"，对个体的自我成长和发展、实现和心理健康起着决定性作用。如果这三大基本需求得到了满足，个体就会健康而积极地发展；若个体的基本心理需求因受外界不良环境的影响而长期压抑，那么个体就会发展出受挫心理，进而出现负面情绪、攻击行为和防御行为。此外，若个体的基本需求长时间受到压抑，个体就会慢慢发展出补偿行为，即个体为了弥补内在价值感的缺失而强烈地追求外在价值和奖励，在这一过程中，个体内心会伴随着强烈的焦虑和不充实感。

自我决定理论基于三大基本需求定义了内在动机：需要产生动机，而内在动机正是为了满足个体对自主感、能力感和关联感的需要而出现的。与此相对的则是外在动机，它对应着外在需要的满足。

以上的观点被自我决定理论者称为基本心理需要理论（basic psychological needs theory，BPNT），它是自我决定理论6大衍生理论之一，是自我决定理论中的逻辑基础与核心。一切关于自我决定理论的实证研究都源于这一因果模型。

> **精彩分享**
>
> ### 基本心理需要与生命意义感
>
> 芬兰哲学家弗兰克·马尔泰拉（Frank Martela）、美国心理学家理查德·瑞安（Richard Ryan）和迈克尔·斯蒂格（Michael Steger）在2017年的元分析中指出，三大基本心理需求（自主感、能力感和关联感）与利他需求这四大因素，与个体的生命意义感有着重要关系。个体在这些需求满足水平更高的时候，他们的快乐情绪更高，生命意义感更强；而当被试对象的四种需求因素保持不变，只增加他们的积极情绪时，其生命意义感并没有随之显著提高。这说明，单纯的快乐或许和意义感没有关联，而满足基本心理需求所带来的快乐才使人生更富有意义。

（二）自我决定理论的其他子理论

1.认知评价理论（cognitive evaluation theory，CET）

认知评价理论作为自我决定理论的最早形态，旨在解释外部环境如何在不同情境下以正面或负面的方式影响个体的内在动机。该理论指出，外部激励（如奖励和认可）在某些情况下，尤其是当这些激励支持个体的自主性、能力感和归属感时，个体对活动的兴趣和内在动机水平均会有所提高。然而，当外部激励变为主导，使个体的注意力从活动本身的享受转移到获得奖励上时，这种激励可能会削弱内在动机。认知评价理论进一步将外部环境区分为控制性和信息性两种，前者可能引发个体感受到被控制和无能，从而抑制创造力和内在动机；后者则有助于激发胜任感和自主感，加强内在动机。此外，该理论也讨论了外部奖励的不同类型及其对内在动机的影响，强调奖励的效果依赖于个体对其的感知。在实践中，认知评价理论强调的是对事件影响的分析应基于其对个体的具体影响，显示出该理论的灵活性和适用性。

精彩分享

关于德西效应的一个有趣的小故事（内在动机的破坏效应）

一位老人在一个小乡村里休养，但附近却住着一些十分顽皮的孩子，他们天天互相追逐打闹，喧闹声使老人无法好好休息，在屡禁不止的情况下，老人想出了一个办法——他把孩子们都叫到一起，告诉他们谁叫的声音越大，谁得到的奖励就越多，他每次都根据孩子们吵闹的情况给予不同的奖励。当孩子们已经习惯于获取奖励的时候，老人开始逐渐减少所给的奖励，最后无论孩子们怎么吵，老人一分钱也不给。孩子们认为受到的待遇越来越差，心想"不给钱谁还给你叫"，于是，再也听不到孩子们在老人的住所附近大声吵闹了。

值得一提的是，认知评价理论假设了一种初始的内在动机水平，它只能解释有趣活动的内在动机变化，如探索、游戏、演奏音乐等行为。而无趣的工作本身就不能产生内在动机，自然也谈不上内在动机的促进或是削弱了。因此，德西等人在认知评价理论的基础上，增添了新的子理论——有机整合理论。

2.有机整合理论（organismic integration theory，OIT）

在现实中，人类的许多行为并不是富有乐趣和自我驱动的，而是更多地受外在奖励的牵引和控制。有机整合理论吸收了建构主义的观点，试图解释个体在做无或较少兴趣活动时的动机变化规律。该理论认为，尽管受外在奖励影响，动机水平因外部动机内化程度不同而异。内化是将外在规则、价值观融入自我认知的过程，如孩子因考试成绩好而受表扬或因考试成绩差而受责骂，这就表明了内化动机在不同个体间的差异，这些差异可以通过他们对外在奖励的反应程度和方式来观察和评估。

有机整合理论首次打破了长久以来内在动机和外在动机的二分法，并且细致地探讨了其中的深层逻辑，根据自我决定的程度差异，动机可分为3种情况（如图7-3所示），去动机、内在动机和外部动机三部分。去动机是指个体对某行为完全没有动机，觉得该行为与自己无关。内在动机是指因为活动本身带来的乐趣和满足感而去行动。外部动机则是为了获得奖励或避免惩罚而行动，根据内化程度可以进一步细分为以下四种状态。

（1）外部调节：行为完全是为了获得奖励或避免惩罚。

（2）内摄调节：个体部分虽接受外部规则，但仍保留一定的控制感。

（3）认同调节：个体认同某行为的价值，开始自主行动。

（4）整合调节：行为完全内化，与个人价值观一致。内在动机出于活动本身的乐趣

而行动，属于高级自主性动机形式，与认同、整合调节的外部动机相同，都因满足了个体的基本心理需求而提高了活动效率和动机水平。

在现实中，个体动机往往是由多种类型杂糅而成的。例如，一个小孩开始刷牙的原因可能是被严厉的父母强迫的，可当他自己领会到刷牙的价值和意义时，行为就会自发产生。总而言之，在有机整合理论中，心理学家不仅会观察到个体行为的总体相对自主性，而且会考虑到多种动机的聚合情况。

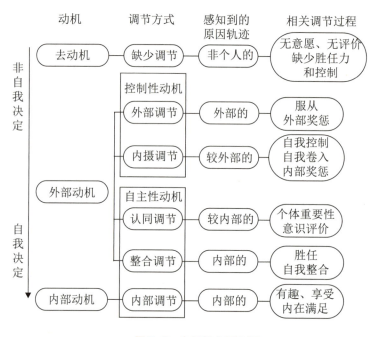

图 7-3　有机整合理论框架

资料来源：张剑，张微，宋亚辉.自我决定理论的发展及研究进展评述[J].北京科技大学学报（社会科学版），2011，27(4)：7.

3. 因果定向理论（causality orientation theory，COT）

在认知评价理论（CET）和有机整合理论（OIT）中，我们探究了外在环境对个体内在动机的影响，其根源是三种基本需求的满足或抑制。然而，瓦勒朗的动机层次模型显示，个体的内在动机变化不仅是外在环境的单一作用，而且是个体的内部心理特质的一个重要因素。因果定向理论正是用来解释个体的内部心理倾向对内在动机的影响作用。

因果定向被解释为是一种个体内在的稳定心理特质，是个体感知外部环境的自我决定程度的倾向。在因果定向理论中，不同个体对于同一外在环境的因果定向可以分为自主定向、控制定向和非个体定向三类，分别对应于个体对环境支持自主性、感受外在控制和感觉无能为力的态度。自主定向的个体倾向于自我驱动的活动，控制定向的个体则受外在奖惩的影响，而非个体定向的个体则感觉到无力和失控。

因果定向不是固定不变的，而是随着情境和内在状态的变化而有所波动的。个体的因果定向不仅影响其动机、行为和心理健康，还与亲密关系的质量有关。研究表明，自主定向与正面的自我认识、健康的人际关系和较高的工作表现相关，而控制定向和非个体定向则与负面心理状态和不健康的关系模式相关。

4.目标内容理论（goal content theory，GCT）

目标内容理论探讨了个体目标的性质如何影响其心理健康和幸福感，强调目标实现与满足三大基本需求（自主感、能力感、关联感）的关系。目标分为外在目标（财富、声望、形象）和内在目标（自我成长、亲密关系、利他），影响个体的幸福感和心理健康。研究显示，追求内在目标比外在目标更能提高个体的幸福感和心理健康。德西和瑞安的研究通过追踪大学生毕业后一年的目标实现情况发现，实现内在目标的个体具有更高的幸福感和心理需求满足度。这提示着我们在设定目标时应优先考虑对个人成长和心理福祉有益的内在目标，以实现深层次的满足感和持久的幸福感。

5.关系动机理论（relationship motivation theory，RMT）

在前面讨论的四个衍生理论中，我们主要从个体层面探讨了动机和内在幸福感及其影响因素。然而，这种分析角度有其局限性，因为人的存在和发展总是在与他人及其社会环境的互动中不断塑形和演变的。人际关系动机理论拓展了自我决定理论的个体关系，转而关注个体同他人交往（包括亲情、爱情和友情等）的过程中双方基本心理需求的满足及其影响。人际关系动机理论认为，亲密关系的决定因素是关系需求，每个人都想获得来自他人和周围环境的关怀和爱。因此，个体倾向于同善于发现他人亲密需求和愿意积极关怀他人的人建立联系。

但仅有联系感的满足并不能真正维持一段亲密关系，自主感和能力感同样重要。研究发现，无论是同伴关系还是伴侣关系，自主性的支持都对其十分重要，它明显促进了关系的健康程度，以及双方的幸福度。甚至有研究指出，这种优势在陌生的关系中也存在。当个体自主地去帮助未曾相识的人，不仅帮助者的幸福感会大大提升，而且被帮助者的幸福感也会随之提升。

第四节　内在动机激发的实践与应用

在前文中，我们详细探讨了关于内在动机的机制与作用，它对个体的积极心理有着强大而深远的影响。那么，我们如何在生活中去实践与应用，更好地激发内在动机，促进我们生命的积极意义、幸福感和心灵成长呢？在此，心理学家给出了一些答案，我们以三大基本需求理论为依据将它们进行分类。

一、促进自主需求的满足

在三大基本需求理论中，自主感被认为是最核心的概念，心理学家们对其做了相当多的研究，讨论如何通过满足自主需求提高自己和他人的内在动机水平。

（一）为他人提供开放、自主的选择

德西在《内在动机：自主掌控人生的力量》一书中，讲述了一个他生活中的故事：一位女士去医院看病，医生诊断后开了药方，并且告诉这位女士药必须在什么时间吃，以及每次的用药量。这位女士回家后并没有遵医嘱好好吃药，事实上，她感到十分抗拒。这种情况一直持续到她换了一位医生。新医生告诉她，吃药的时间对药效的影响并不大，因此，她可以自由选择服药时间。而当这位女士得到了自主选择的机会时，她就能乖乖吃药了。这个小故事说明满足他人自主需求的益处，当我们提供他人选择的空间，允许他们参与活动时，他们的态度就会发生变化。

德西认为，为他人提供自主性选择的前提是换位思考。当我们用他人的视角来看待这个世界，才能理解"他们为什么想要他们想要的，为什么要做他们想做的"，这对于管理和教育，特别是对子女教育而言具有十分重要的意义。

（二）正念练习

正念这一概念最初源于佛教，是由禅定和冥想等概念发展而来的。它意味着清醒、有意识地关注和觉察当下所发生的一切，而不作任何判断、分析与反应。研究表明，正念练习可以创造更开放的内在环境，使个体的内在动机和心理健康水平得以提升。

积极实践

喝茶时的正念练习

烧一壶水，取一个茶包，或是在茶叶过滤器里装上茶叶，放进杯子里，将烧开的水冲在茶包上，或是冲在茶叶过滤器上，将水倒满杯子，让茶叶泡着。

在茶叶泡着的时候，观察水的颜色变化。在你刚把水倒在茶叶上时，水会变成淡淡的棕色、绿色，或是红色（取决于你用的是什么茶叶），接着颜色很快会变深。泡上几分钟，取出茶叶，仔细观察茶叶的颜色。这个颜色有没有什么是你之前没有注意到的？如果有的话，简略地把自己的观察记录下来。

现在，用双手握住这个温暖的杯子。你之前有没有用这样的方式去感受过一杯茶？是什么感觉？留意一下当前茶杯的温度。烫不烫？

把茶杯送到唇边。在茶杯靠近脸的时候感受它散发出的热气。向茶杯吹气，感受在唇边升起的热气。长吸一口气，闻一闻这杯茶。

现在喝一小口，是不是还很烫？还是刚刚好？这杯茶喝起来如何？留意自己的感受，将自己的感受描述出来，并简单记录在表 7-3 中。

如果你不喜欢喝茶，那么留意一下自己在品茶时是多么的不喜欢，也写下自己的感受。要知道，我们总是会有不愉快的体验，因此，也应当全面地去感受，并对这些感受同样报以应有的关注。

表 7-3　喝茶正念练习记录

泡茶时的观察和感受	喝茶时的观察和感受	做完正念练习时的感受和体会

资料来源：海斯，史密斯. 跳出头脑，融入生活 [M]. 曾早垒，译. 重庆：重庆大学出版社，2015：166.

（三）合理的目标选择

目标内容理论提到，个体对目标的选择倾向会影响个体的内在动机和幸福感。这意味着，我们或许需要综合考虑自己的人生规划与追求，达到内在目标追求和外在目标追求之间的平衡与协调。

二、促进能力需求的满足

个体的能力需求对于内在动机的影响也十分重要。事实上，它与自主感常常是联系在一起的，这主要表现在外在奖励的分配对两者的影响关系上。在现实中，能力需求的满足往往与活动和工作结果挂钩，这也就容易导致自主感的降低。因此，如何科学而积极地满足能力需求，这是一门很深的学问，心理学家将其归纳如下。

（一）选择富有挑战性和意义感的任务

研究指出，个体在完成富有挑战性和意义感的任务时，他们的能力感会得到更大的满足，内在动机也会相应得到提高。活动的挑战性也是激发心理体验的一个重要因素。在不断挑战和磨砺的过程中，西西弗斯（希腊神话中的人物）也可能蜕变成"喜喜弗斯"，迸发出无比的幸福和快乐感。

> **积极实践**

把行为和目标联系起来

无论一项任务多么平凡，都可以尝试着把它与一些宏大、美好的事情联系在一起，心理学家将其称之为"重构叙述"。

试着找出你现在做的一些事情，并重新表述它们：你的行为能够和哪些宏大而美好的事物联系起来呢？它能给他人带来什么帮助和影响呢？在这个视角下，它的意义和价值又是什么呢？请记录在表 7-4 中。

表 7-4　积极联系记录

当前事件	它可以和哪些宏大而美好的事物联系起来	创造的意义和价值

（二）积极而自主的奖励与非控制性的批评

认知评价理论提到，合理的外在奖励能给个体带来能力感和内在动机的提升，如单纯而非控制性的言语赞美。这似乎在提醒我们，多多赞美身边的人是一种很好的习惯，而对于他人活动结果的奖励，则需要更加小心谨慎。心理学家认为，有两种外在的奖励可以提高个体的内在动机。第一种是意外奖励，即个体事先并不存在预期的奖励。由于个体在归因时并没有将意外发生的外在奖励考虑进去，个体的自主性并不会受到影响，而外在奖励同时又能强化个体的胜任感，所以能提高其内在动机水平。第二种是基于绩效的奖励，是对个体出色完成任务所给予的奖励。这种奖励的作用机制则更为复杂，一方面，对于行为结果的奖励具有控制性因素，会导致自主感降低，而能力感在此时反而得到增强。这就需要我们明智而缜密地进行绩效奖励，在尽可能保持个体自主性的同时，更好地强化胜任感。

三、促进关联感的满足

自我决定理论主要关注的是自主感和能力感对动机的影响程度，但关联感同样是不可或缺的。有研究表明，在特定的学习环境下，对关联感的需要反而会超越能力感和自主感，成为行动的主要驱动力。

建立良好的人际关系和活动氛围对关联感的满足有着重要的作用。良好的工作氛围不仅能提高个体间的关联感，还能促进自主感的提升。此外，它带来的群体自我效能也能提高个体的胜任感。

1. 德西，弗拉斯特. 内在动机：自主掌控人生的力量 [M]. 王正林，译. 北京：机械工业出版社，2020.

你是否常常在父母的期望、社会的压力和自己真正喜欢的生活之间犹豫挣扎？你是否常常被巨大的焦虑感和压力所包围，开始怀疑工作的意义？ 为什么孩子天生就对世界充满好奇，却逐渐丧失了对学习的兴趣？

对于以上问题，自我决定论创始人、著名心理学家德西基于自身的科学研究，一步步阐明了人类动机这一深刻而本质的问题，并告诉我们，相对于追求外在的名利和社会强加的评价标准，只有满足内心对自主、胜任和联结的基本心理需要，人们才能产生内在动机，保持对学习和工作的兴趣，过上真正自主和幸福的生活。

2. 马斯洛. 动机与人格（第三版）[M]. 许金声，等译. 北京：中国人民大学出版社，2013.

虽然马斯洛的理论存在一些争议，但他的著作仍然值得品读。《动机与人格》一书是马斯洛的奠基之作。该书主要围绕需要层次理论和自我实现理论来阐述其基本观点的。动机理论是马斯洛学说的精髓。在本书中，马斯洛提出了许多精彩的理论，包括需要层次理论、自我实现理论、元动机理论、心理治疗理论、高峰体验理论等。本书集中探讨了马斯洛对人类心理学提出的重要问题和早期研究，对于形成一个积极而全面的人具有重要意义。

每章一测

1.内在动机和外在动机是依据什么来划分的？它们有什么区别？

2.简述内在动机对个体幸福感和心理健康的影响。

3.简述行为主义理论是怎样解释个体动机变化的。

4.自我决定理论的人性观是什么？它是怎么定义人类的基本需求和内在动机的？

5.提高内在动机的方式有哪些？在这个方面，我们能为他人做些什么？又能为自己做些什么呢？

第
八
章

品格优势

幸福大厦的基石

知之者不如好之者，好之者不如乐之者。

——《论语·雍也》

通过本章学习，你能够：

1. 理解品格优势和美德的概述。

2. 叙述六种美德和二十四项品格优势的具体内容。

3. 实践品格优势，开启乐学、乐活人生。

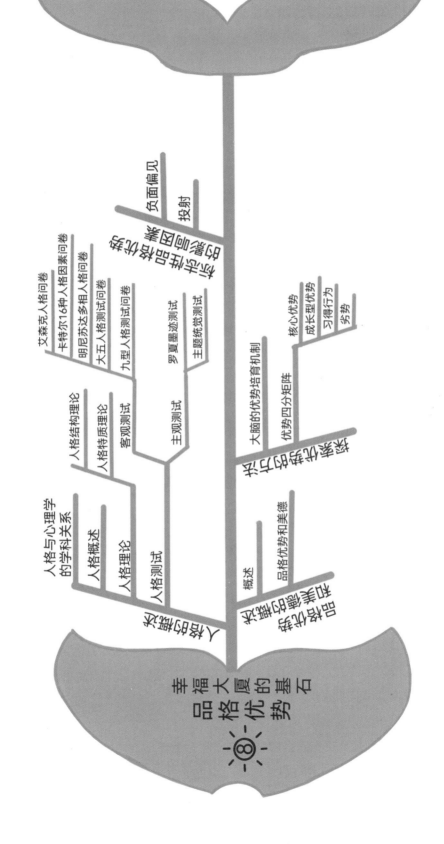

人格与心理学
的学科关系

人格概述

人格理论

人格测试

艾森克人格问卷

卡特尔达16种人格因素问卷

明尼苏达多相人格问卷

大五人格测试问卷

九型人格测试问卷

罗夏墨迹测试

主题统觉测试

人格结构理论

人格特质理论

客观测试

主观测试

负面偏见

投射

大脑的优势培育机制

优势四分矩阵

核心优势

成长型优势

习得行为

劣势

概述

品格优势和美德

幸福大厦的基石
品格优势

人类社会发展至今，追求基本生计不再是大多数人的首要任务。在物质需求逐渐得到满足的今天，人们更注重满足发展性需求，开始思考如何充分发挥自身优势和潜力，过上更加充实丰盈的生活。

对于美德的最早描述是"儒家五常"，即"仁、义、礼、智、信"。孔子提出"仁义礼"，即仁以爱人为核心，义以尊贤为核心，礼就是对仁和义的具体规定，是人们的行为规范。孟子延伸了"智"的含义，即智慧、有智谋，董仲舒扩充了"信"的范畴，即诚信。"五常"贯穿于中华传统美德的发展中，成为中国文化价值体系中的核心因素。

塞利格曼在发起现代积极心理学运动之后，就争取到了迈耶森（Mayerson）基金会的支持，开展了一项研究，对人类的品格优势和美德进行分类。他借鉴了美国精神病学会的《精神障碍诊断与统计手册》（DSM）成功的精髓，即精确的定义是解决问题的第一步。塞利格曼希望积极心理学也能拥有自己的DSM，以便从业者在与每个人互动时能够迅速、准确地识别他们的优势，帮助他们更好地发挥这些优势。因此，心理学家开始将人类的美德和品格优势进行分类，形成了六种美德和二十四项品格优势。

本章将从人格的概述、品格优势和美德的内容及实践进行描述和探讨。

第一节　人格的概述

有人说，人格就像一个牢笼，你走到哪里它就跟到哪里，你总是走不出它的自动化反应的模式。分析我们的人格特点，从而挖掘品格优势，做到扬长避短，积极生活。

一、人格与心理学的学科关系

心理学的学科关系，如图8-1所示，基础心理学包含心理过程和人格两个方面（本章主要关注人格方面的内容）。人格由多个要素构成，包括需求与动机、能力、气质、性格等。如果人格发生变化，那么可以寻求心理咨询领域人士的帮助，即心理咨询师可以协助我们改善情况。当发生严重异常时，就可能进入变态心理学的范畴，需要寻求精神科医生的帮助。到底是求助心理咨询师还是精神科医生，这取决于人格变化的程度，大多数的人格特征可以通过相关量表测量。不可否认的是，人是社会上的人，人格特点随着社会交往和个性形成而变化，从而组成了丰富的发展心理学和社会心理学的相关内容。

二、人格概述

人格，也称个性，这个概念源于希腊语Persona，可以翻译为"面具"。后来，心理学借用这个术语来说明：在人生的大舞台中，人也会根据社会角色的不同来换面具，这些面具就是人格的外在表现。

那么，人格究竟是什么？它指的是各种心理特征的综合体，也是各种心理特点的相对稳定的组织结构。在不同的时间和地点，人格都会影响一个人的思维、情感和行为，使其具有与他人不同的独特心理品质。人格是在长期的社会生活实践中根据遗传素质、生存环境、教育水平等因素逐渐发展形成的，包括理想、信念、能力、兴趣、气质、性格等方面。

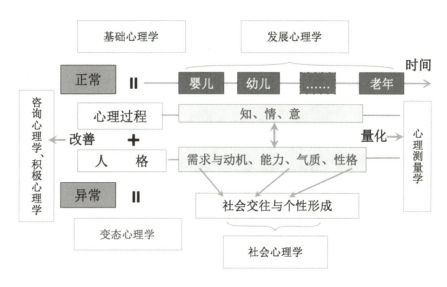

图 8-1　心理学的学科关系

较　量

一位老教授昔日培养的三个得意门生，他们均事业有成，一个在官场上春风得意，一个在商场上捷报频传，一个埋头做学问如今也是苦尽甘来，成了学术界的明星。于是，有人问老教授："你认为三人中哪个会更有出息？"老教授说："现在还看不出来。人生的较量有三个层次，最低层次是技巧的较量，其次是智慧的较量，他们现在正处于这一层次，而最高层次的较量则是人格的较量。"

资料来源：王凤姿.大学生积极心理健康教育[M].北京：人民交通出版社，2019：62.

三、人格理论

人格理论主要有以下几种。

（一）人格结构理论

弗洛伊德的人格结构理论认为，人格由本我、自我、超我三个方面构成。"本我"（完全无意识）代表欲望；"自我"（大部分有意识）负责处理现实世界的事情；"超我"（部分有意识）是良知或内在的道德判断。举例来说，有一天你在街上行走，饥饿难耐，路旁的小吃店飘来了肉包的香味，引诱着你走进店里（这是"本我"发挥了作用）；但随即你察觉到自己身无分文，"意识"遏制"欲望"，必须先回家拿钱（这是"自我"发挥了作用）；你带上家里仅剩的 2 元现金回到店里，发现只够买一个肉包，正准备享用时，一只脏脏的小手拉住了你的衣袖，说："大哥哥，我好饿！"这时，你犹豫了一下，尽管此刻你已饥肠辘辘，但还是将肉包递给了他（这是"超我"发挥了作用）。

（二）人格特质理论

虽然在不同社会角色人格的外在表现有差异，但是不管如何更换人生的面具，面具背后依然是一个实实在在的、真实的自我。人格的核心特征是不变的。这些人格的核心特征，我们称之为人格特质。

人格特质指的是在不同时间、不同情景中保持相对一致的行为方式的倾向。人格特质理论主要有以下几种：美国心理学家雷蒙德·卡特尔（Raymond Cattell）的人格特质论、英国心理学家汉斯·艾森克（Hans Eysenck）的人格维度论、大五人格模型等。

近年来，人格特质理论已经逐渐趋同于大五人格模型。该模型包括神经质、外倾性、开放性、随和性和尽责性这五大因素。大五人格模型是在卡特尔的人格特质论和艾森克的人格维度论的基础上发展而来的。对卡特尔的 16 个初级因素进行分析，得到了类似于大五人格模型的五大因素。

人格特质随着人生阶段的不同而变化。青少年期，开放性和社会活力增强；但是在老年期，两者都减弱。而在人的一生中，随和性都在渐渐增加。

四、人格测试

人格测试分为客观测试和主观测试两种。

（一）客观测试

客观测试主要包括艾森克人格问卷（Eysenck personality questionnaire，EPQ）、卡特尔 16 种人格因素问卷（sixteen personality factor questionnaire，简称 16PF）、明尼苏达多相人格问卷（Minnesota multiphasic personality inventory，MMPI）、大五人格测试问卷、九型人格测试问卷等。

1. 艾森克人格问卷（EPQ）

艾森克人格问卷由艾森克编制的一种自陈量表，是在《艾森克人格调查表》基础上发展而成的。20 世纪 40 年代末开始制订，1952 年首次发表，1975 年正式命名。有成人问卷和儿童问卷两种格式。具体包括四个分量表：内外倾向量表（E），情绪性量表（N），心理变态量表（P，又称精神质）和效度量表（L）。

2. 卡特尔 16 种人格因素问卷（16PF）

卡特尔在其人格的解释性理论构想的基础上编制了 16 种人格因素问卷，从 16 个方面描述个体的人格特征。这 16 个因素或分量表的名称和符号分别是：乐群性（A）、聪慧性（B）、稳定性（C）、恃强性（E）、兴奋性（F）、有恒性（G）、敢为性（H）、敏感性（I）、怀疑性（L）、幻想性（M）、世故性（N）、忧虑性（O）、实验性（Q1）、独立性（Q2）、自律性（Q3）、紧张性（Q4）。

3.明尼苏达多相人格问卷（MMPI）

明尼苏达多相人格问卷是由美国明尼苏达大学教授斯塔克·哈瑟韦（Starke Hathaway）和约翰·麦金利（John Mckinley）于 20 世纪 40 年代编制的，是迄今应用极广、颇富权威的一种纸–笔式人格测验。该问卷的制定方法是分别对正常人和精神病患者进行预测，以确定在哪些条目上不同人有显著不同的反应模式。因此，该问卷常用于鉴别精神疾病。

4.大五人格测试问卷

大五人格测试问卷，由美国心理学家保罗·科斯塔（Paul Costa）和罗伯特·麦克雷（Robert McCrae）在 1987 年编制完成，后来经过两次修订；该问卷的中文版由中国科学院心理研究所研究员张建新修订。大五人格的五个因素分别描述如下。

外倾性（extraversion）：好交际对不好交际，爱娱乐对严肃，感情丰富对含蓄；包括热情、社交、果断、活跃、冒险、乐观等特点。

神经质或情绪稳定性（neuroticism）：烦恼对平静，不安全感对安全感，自怜对自我满意，包括焦虑、敌对、压抑、自我意识、冲动、脆弱等特点。

开放性（openness）：富于想象对务实，寻求变化对遵守惯例，自主对顺从，包括想象、审美、情感丰富、求异、创造、智慧等特点。

随和性（agreeableness）：热心对无情，信赖对怀疑，乐于助人对不合作，包括信任、利他、直率、谦虚、移情等特点。

尽责性（conscientiousness）：有序对无序，谨慎细心对粗心大意，自律对意志薄弱，包括胜任、公正、条理、尽职、成就、自律、谨慎、克制等特点。

大五人格，也被称为人格的海洋，可以通过大五人格因素测定量表（NEO-PI-R）评定。

5.九型人格测试问卷

1988 年，美国心理学家海伦·帕尔默（Helen Palmer）所著的《九型人格》（*The Enneagram*）一书出版了。1994 年，在斯坦福大学召开了第一届九型人格国际大会。2000 年，斯坦福大学教授戴维·丹尼尔斯（David Daniels）等人采用脑电波对九型人格理论进行了论证，他们认为，九型人格测试问卷是较为精妙的分析工具，更是一种能深层次了解人格的方法。

九型人格按照人的思维、情绪和行为划分为三区九型，三区为心、脑、腹，九型为：1 号性格—完美主义者；2 号性格—给予者；3 号性格—实干者；4 号性格—悲情浪漫者；5 号性格—观察者；6 号性格—怀疑论者；7 号性格—享乐主义者；8 号性格—保护者；9 号性格—调停者。九型人格被誉为知己识人的心灵密码。通过量表测试，了解自己的人格优缺点，这也恰好与积极心理学的精髓内容——优势品格不谋而合。

（二）主观测试

1.罗夏墨迹测验（Rorschach inkblot test，RIT）

罗夏墨迹测验是由瑞士精神病学家赫蒙利·罗夏（Her-mann Rorschach）于 1921 年首创的。该测验由 10 张模糊、无确定形状的墨迹图组成。测验时，根据受试者对图片的描

述，按照一定的计分原则进行分析。

2.主题统觉测验（thematic apperception test，TAT）

主题统觉测验是由美国心理学家亨利·默瑞（Henry Murray）编制的。TAT由30张黑白图片和1张空白卡片组成，要求受试者根据自己的理解对每张图进行描述，推测受试者的问题和动机、人格特点。

第二节　品格优势和美德的概述

塞利格曼在《持续的幸福》一书中曾指出：在丰盈蓬勃的人生幸福理论中，品格优势和美德是幸福大厦的基石，支撑着五个支柱——积极情绪、投入、人际关系、意义和成就感。该理论旨在帮助我们运用自身最强的优势获得更多的积极情绪、体验生命的意义和成就，以及发展更好的社会关系。

一、概述

1999年，塞利格曼和克里斯托弗·彼得森（Christopher Peterson）等一批杰出积极心理学家对横跨3000年世界历史的各种主流文明进行深度探索和归纳，总结出六种普遍性的美德，即智慧、勇气、人道（仁爱）、正义、节制和超越。研究结果表明，品格优势是可以测量的，也是可以学会的，培养二十四项品格优势就是获得六种美德的途径（见图8-2）。

图 8-2　品格优势与美德

二十四项品格优势按其涉及的认知和情感，可分为"头脑"优势与"心灵"优势。积极心理学家将认知层面的性格优势称为"头脑"优势，将情感层面的性格优势称为"心灵"优势。研究报告显示，东方人的性格优势大多为"心灵"优势，而西方人的性格优势大多为"头脑"优势。这种差异也能在东西方文化中找到解释。众所周知，古希腊先哲苏格拉底尊崇智慧，提出"美德即知识"，西方文明因而有着逻辑思辨的理性传统。而在中国，儒家思想的核心在于仁爱，"温和、善良、恭敬、节制、忍让"自古以来就被视为中华民族的人格典范。

二、品格优势和美德

积极心理学认为，每个人都拥有二十四项品格优势，只是不同的人在每项品格上的强度不同而已。而强度可以通过大脑神经的可塑性形成"黄金回路"来实现的。六种美德和二十四项品格优势包含的内容如下。

第一类：智慧

好学：我喜欢阅读各种益智类的书当作消遣。

思维力：我总能看到事物的整体。

洞察力：我所具有的智慧超越了我这个年龄的总体水平。

好奇心：我喜欢探索和发现新事物。

创造力：我喜欢用创新的方法去做事情。

第二类：超越

欣赏：美好和卓越，美好的事物总能触动我的心弦。

感恩：我对生命中所得到的一切都充满感激之情。

希望：我期待新的一天的到来。

幽默：我会抓住每一个机会，用欢笑点亮别人的生活。

灵性：我很注重精神生活。

第三类：节制

宽恕：我很少怀有怨恨。

谦逊：我从不表现得特殊。

审慎：我总是经过一番思考后再发表意见。

自我规范：就算美食当前，我也不会吃过量。

第四类：勇气

勇敢：面对他人强烈反对时，我会坚持捍卫自己的立场。

坚韧：在任务没有完成前，我从不轻言放弃。

正直：真诚地对待自己与他人，不论说话办事都是诚诚恳恳、说一不二的。

活力：我是一个热情洋溢、激情四射的人。

第五类：人道

爱：我身边有人像关心自己一样关心我、在乎我的感受，包含爱和被爱两种感觉。

善良：凡事先替别人着想，有时会将自己的利益放在一边，能为朋友做些事让我感到很享受。

人际智力：我能在不同的社交场合扮演适合自己的角色。

第六类：正义

公民精神：为了集体的利益，我愿意牺牲个人利益。

公平：作为一个组织的领导，不管他有过怎样的经历，我都对他们一视同仁。

领导力：我能够让团体成员很好地协作，哪怕他们之间存在分歧。

第三节　探索优势的方法

　　品格优势与美德撑起幸福大厦的五根柱子，让我们达到丰盈蓬勃的状态。幸福大厦的基石至关重要，而基石的坚固与否由我们自己决定。下面以"蚊帐大使的经历"为例，介绍如何运用这些优势。

　　这是发生在美国田纳西州一个 5 岁的小女孩凯瑟琳身上的故事。有一天，凯瑟琳在电视上看到了一幅悲惨的景象：烈日当空，沙尘障目，芒果树下的一个个红土堆下埋葬着死于疟疾的非洲小朋友。凯瑟琳数着 1、2、3、4、5……她数到 30 时便哇哇大哭说："妈妈，你快来呀，这里死了好多人。"

探索优势

正在做饭的妈妈被凯瑟琳吓了一跳。过了几天，妈妈接到了幼儿园老师的电话，说你们家出了什么事了吗？这几天都没有收到点心费。后来，妈妈问了凯瑟琳，凯瑟琳说："妈妈，我想把这个钱省出来买蚊帐。"妈妈明白了她的心思，就和她一起去超市买了一顶很大的蚊帐，寄去非洲。过了几天，凯瑟琳收到了一张证书，是一个叫"只要蚊帐"协会寄来的，证书上写着，她是最小的蚊帐捐赠者。后来，凯瑟琳通过发动小朋友们一起演舞蹈剧、给捐赠的人们制作证书等行为募集了很多顶蚊帐寄到非洲加纳的一个村庄。其中，最有创意和影响力的是，她和小朋友们制作了 100 张特别有意思的证书，她们把这些证书寄给了 100 位美国富豪，其中一位就是比尔·盖茨（Bill Gates）。信是这样写的：亲爱的比尔·盖茨先生，非洲的小朋友们没有蚊帐，每 30 秒就有一位因为疟疾而死亡，听说买蚊帐的钱都在你那里。盖茨收到这张特殊的证书后，哈哈大笑说，既然钱都在我这里，我当然得捐了。他一口气就捐了 300 万美元。就这样，凯瑟琳的事迹在全世界传开了。凯瑟琳还应蚊帐协会的邀请到非洲拍摄"孩子拯救孩子"的公益片。在加纳的那个村庄里，她看到了每一顶蚊帐上面都写着她的名字，而且这个村现在也改名叫凯瑟琳村了。

　　这个事迹大家听了后有什么感想吗？凯瑟琳具有什么样的品格优势呢？其实不难看出，凯瑟琳具有的同情心、善良的品格优势。此外，还要感谢她的妈妈，她的鼓励和支持，让凯瑟琳不仅淋漓尽致地发挥出同情心、善良的固有品格优势，还发展出创造力、勇气、领导力等潜在品格优势。

一、大脑的优势培育机制

　　大脑优势培育的生理机制主要有以下三个过程。

（1）神经元增殖：在胎儿期和出生后的前几年，大脑中的神经元数量会迅速增加。

（2）突触形成：神经元之间或神经元与其他细胞之间赖以传递神经冲动，进行通信联络的特殊连接部位，称为突触。这种连接的数量在早期神经系统发育时不断增加，大约 2 岁时达到最高点。这就是 1~3 岁的孩子好奇心特别强的原因。这个年龄段的孩子特别爱探索，兴趣广泛，会接受大量的新事物。

（3）神经元剪枝和髓鞘化：2 岁以后，大脑开始进行神经元和突触的"剪枝"过程。这个过程使得神经元的数量剧烈减少，并去除了不必要的连接。突触之间的联系和传导的速度却增加了约 10 倍，大脑使用更加高效。髓鞘化指的是神经节细胞制造出绝缘的脂质鞘，从而加快神经传导的速度。在儿童和青少年时期，因为大脑需要更快地传递信息来支持学习和认知的需要，便会通过髓鞘化结构的形成使得神经信号传递更加迅速和有效。

积极心理学认为，每个人都拥有二十四项品格优势，只是不同的个体在每项品格上的所表现出的强度不同。而反复、有目的、有效的练习可以增加强度，品格优势就是通过神经的可塑性机制在大脑的某些区域形成"黄金回路"培育而成的。

二、优势四分矩阵

优势四分矩阵，即核心优势、成长型优势、习得行为和劣势（见图 8-3）。

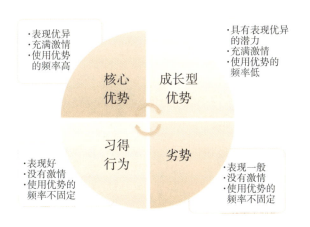

图 8-3　优势四分矩阵

核心优势：符合表现优异、充满激情、使用频率高三要素特征。例如，钢琴考过十级是优异的表现，你在弹琴时总是充满激情的，并且常常会主动去弹琴，这就是你的核心优势。我们可以对照这三个标准来看看排在前五位的优势，找到你的核心优势，试着把它转动起来，因为有优异的表现，可以促进激情，有了激情，也会经常使用，经常使用又会有更优异的表现，这就构成了良性循环。

成长型优势：有激情，但表现优异方面还处在不断上升阶段，所以使用频率相对较低。例如，有个学生在大二时就开展了有关积极心理学的课题研究，并且已经到了分析资料和撰写论文阶段。老师觉得她在科研方面具有成长型优势，虽然现阶段刚使用，但

有激情，具有表现优异的良好潜力。因此，鼓励她将考研纳入人生规划。

习得行为：表现好，但没有激情，使用频率也不固定。就像钢琴不是你的核心优势，虽然考过了十级，表现很好，但没有激情，很少去弹。

劣势：表现平平，没有激情，使用频率也不固定。

每个矩阵都可以通过两个轮动的箭头（见图 8-3）互相切换。我们需要经常审视自己的四分矩阵，充分发挥每一阶段的核心优势，激发成长型优势的潜力，赋予习得行为更多的激情、尽可能减少劣势的支配时间。要知道，每个人的精力都是有限的。

积极实践

探索和发挥品格优势

探索优势方法一

将二十四项品格优势按直觉分别填入图 8-3 对应的矩阵中，并分享你的核心优势矩阵中所填写的内容。

探索优势方法二

完成清华大学社会科学学院积极心理学研究中心开发的美德与品格优势问卷，得出你的核心优势。

发挥品格优势

试试采用以下方法发挥出你的品格优势。

一是优势充电。你在做不喜欢和乏味的事情时，尝试使用优势来补充心理能量。比如，我的标志性优势之一是欣赏，我非常喜欢音乐，但我不喜欢写论文和写标书这一类事情，因职业关系又必须做，所以每当做这些事的时候，我都会播放自己喜欢的曲子，动听的音乐让我快速进入工作状态。

二是优势约会。优势约会指的是在团队中，每个人都能发挥各自的优势，形成合力去达成某个目标。

三是每天将核心优势运用到工作和生活中，并进行记录和分享，坚持 7 天或更久。

第四节　**标志性品格优势的影响因素**

优势的有效发挥需要我们避开负面偏见和投射两种影响因素。

一、负面偏见

负面偏见是人类进化的自动化选择，指的是负面信息往往给人们留下深刻的印象，并且对此更为敏感。研究者在美国俄亥俄州立大学进行了一项实验：参与者戴上可以记录大脑皮层活动（脑电波）的头套，让他们看一系列的图片（包含正面的、负面的以及中性的）。这些图片在电脑屏幕上一闪而过，那么，哪类图片会让参与者的脑电波活动明显加强？实验结果显示是负面图片。这也说明从进化的角度来看，人类的负面偏见是根深蒂固的。

二、投射

投射，是我们使用的心理机制之一。有一个非常有趣的现象，积极的自我认知让我们自我感觉良好，而消极的自我认知则让我们感觉很不好。因此，我们逐渐发展出了一种方法来过滤掉自身消极的一面，放大积极的一面。当积极的自我认知遭到怀疑时，我们会立即修复积极的自我认知，这个过程就叫作投射。它其实是一种防御机制。投射效应是将自己的特点转移到他人身上的一种倾向，比如这个人心地善良，他就觉得全世界的人都很善良。在投射机制下，我们会下意识地把自己的弱点转移到别人身上，就像老电影放映机把图像投射到屏幕上一样。但在心理学层面的投射是指我们把自己的负面形象投射到了别人身上，这样我们可以自欺欺人地认为别人身上也有这种消极品质，就可以去指责别人，寻求某种心理平衡，从而使积极的自我认知得到修复。如以五十步笑百步，就是心理学上的投射效应。我们要避免受投射效应的影响，做到既不强加优势给别人，也不逃避自身的缺点。

拓展阅读

1.沃特斯.优势教养：发现、培养孩子优势的实用教养方法[M].闫丛丛，译.北京：中信出版社，2018.

让孩子变得乐观、坚韧的方法就是纠正他们所有的缺点吗？事实恰恰相反。一个在"优势教养"理念下成长的孩子对自己的优势和劣势有清楚的认识，他们会更坚强、更有竞争力。他们自信，乐于发掘自己最大的潜力，而不是一味追求外在定义的"成功"。无论是面对顺境还是面对逆境，他们都能泰然自若。此书是澳大利亚知名心理学家莉·沃特斯的颠覆性作品。阅读此书，你会了解到扭转消极思维模式的重要性以及培育优势的有效方法，将自己从一个关注负面的家长转变为关注正面的家长。

2.图赫.品格的力量：坚毅、好奇心、乐观精神与孩子的未来[M].刘春艳，柴悦，译.长沙：湖南教育出版社，2019.

本书为读者展示了一种以品格为基础的全新学习模式。作者提出，以往倡导的传统观念即过分强调认知技能、过分看重考试分数，认为这些是孩子未来人生成功的保障，这是带有误导性的。我们虽然一直强调技能和品质的重要性，但一直在用错误的方法来培育和灌输这些能力。作者还指出，对孩子的未来，最重要的就是品格，而家庭和学校在塑造孩子品格的过程中发挥着重要的作用。

1.六种美德和二十四项品格优势分别指什么？

2.培育品格优势的大脑机制有哪些？

3.品格优势运用的影响因素有哪些？

4.说说人格理论主要有哪几种？

习得性乐观

构建你的解释风格

第九章

改变悲观的解释风格的方法有两种：一是转移注意力；二是去反驳它。从长远来看，反驳更有效。

——马丁·塞利格曼

通过本章学习，你能够：

1. 描述习得性乐观的概念。

2. 理解风格理论和乐观归因理论。

3. 实践解释风格和习得性乐观的方法。

4. 感悟乐观品质的培育对美好人生的意义。

习得性乐观

构建你的解释风格

归因理论和归因风格
　乐观归因理论
　乐观解释风格
测试工具
　成人归因风格问卷
　儿童归因风格问卷
　语言解释内容分析
　乐观风格问卷
解释风格的应用
　三个维度和好事、坏事两种情景的联系
　解释风格在生活中的应用

动物（狗）的"习得性乐观"实验
人类的"习得性无助"实验
"习得性无助"实验的影响
从"习得性无助"到"习得性乐观"的研究
习得性乐观理论

ABC认知模型
乐活人生的ABCDE方法
　反驳
　激发
习得性乐观不同于"阿Q的精神胜利法"

我们都喜欢乐观的人，不仅要让自己保持乐观，还要鼓励他人保持乐观。在某种程度上，乐观好像被简化成了一条法则，即"要往好的方向看待事物"。然而，在现实生活中，做到乐观并不容易。更多的时候，乐观是一种人人都渴望却不一定能够把握的品质。

乐观的概念可以说是广为人知的，现代汉语词典（第 7 版）对乐观的解释是：精神愉快，对事物的发展充满信心。从心理学角度来看，乐观是一种积极的心理状态，它与个体的人格特质、认知方式和情绪反应有关。

精彩分享

解释风格：乐观养成的基础

乐观是当你看到半杯水时，认为它是满的，或总是看到事物好的一面，抑或习惯性地期待现实中的问题能像电影里一样有圆满的解决方案。

乐观的"积极思维"告诉我们，乐观可以是那些百说不厌的励志词，例如，"每一天，每一件事，我都做得很好"，或是演讲获得阵阵掌声的情形。这些可以是乐观的证明，却远不是乐观的全部。

从过去 20 年的研究中，调查者已经了解到乐观的基本原则。乐观的基础不在于励志词句或是对胜利的想象，而在于我们对原因的看法。我们都有对原因的习惯性看法，这可被称为个人特有的"解释风格"。解释风格从儿时开始发展，如果未经干预，就会保持一辈子。

资料来源：塞利格曼，莱维奇，杰科克斯，等.教出乐观的孩子：让孩子受用一生的幸福经典[M].洪莉，译.北京：北京联合出版公司，2017：40.

本章将重点介绍乐观的归因理论和应用，探讨乐观究竟是什么，以及有哪些因素可能妨碍了乐观品质的养成。同时，我们还会探索从积极心理学角度培养乐观态度的方法。

第一节　习得性乐观的概述

"习得性乐观"意味着通过学习和实践而养成的一种持续乐观的行为习惯，它是一种习惯性的积极思维。或许有人会质疑，乐观可以通过学习来获得吗？是的，当你认识到"乐观"可以被视为一种自身需要培养的技能时，那么你已经迈向了更高的认知层面。不过，我们天生就带了一些与乐观相对抗的基因，这是需要我们去克服的。

而对抗基因就是我们所说的"负面偏差"。负面偏差体现在坏印象比好印象更容易形成，坏事比好事对人的影响要大，坏言行比好言行更影响彼此之间的关系。例如，我上台演讲了 20 分钟，如果你对我说"你讲得很精彩"，我会很高兴地说"谢谢"，过了几天我就忘了这件事；但如果你对我说"你这 20 分钟讲得不好，我没有任何收获"，虽然我也会虚心接受，但不得不承认，这句话会让我难过，甚至可能会愤怒。这种负面偏差是与生俱来的，它是人类进化的结果，有助于我们在面对潜在威胁时变得更为警惕。

由于内在基因的存在，我们在看待事物时常常倾向于先考虑不好的结果，这使得我们离"乐观"有一定的距离。因此，我们需要专门学习"习得性乐观"。既然人类天生带有这种负面偏差的基因，那么就要努力去克服它。

"习得性乐观"源于"习得性无助"。"习得性无助"指人在最初的某个情景中体会到无助感，那么在以后的情景中仍不能从这种关系中摆脱出来，从而将无助感扩散到生活的各个领域。这种扩散了的无助感会导致个体的抑郁并对生活不抱有希望。在这种感受的控制下，个体会认为自己无能为力而不做任何努力和尝试。"习得性无助"实验是塞利格曼的成名实验。

一、动物（狗）的"习得性无助"实验

塞利格曼将狗分成三组，第一组狗接受电击，但只需用鼻子推动墙上的一块板，就可以让电击停止。第二组狗同样接受电击，但无论它们做什么，都无法停止电击。第三组狗作为对照组不接受电击。将这三组狗带到一个有电击的箱子里，箱子中间有一道矮隔板，箱子下面有通电的隔板，隔板一边有电击，另一边没有。当把三组狗放到有电击的一边时，实验结果表明，第一组狗会很快地从隔板跳跃过去，以逃脱电击；第三组未曾接受过电击的狗，几秒内也会跳跃过去；而第二组狗会坐在那儿等待电击，即使旁边是可以一跃而过的隔板，它们也不去尝试，这就是习得性无助。

人们还将"习得性无助"应用于训练动物。马戏团里有一种训练大象的方法：将幼年期的小象拴在一个钉在地上的木桩上。小象使劲挣脱，但力气太小，总是失败。于是，驯象师会在小象感到挫败时，将其拴在一个小一点的木桩上，但依然保证小象无法挣脱木桩，目的就是让这头象对木桩形成"习得性无助"。最终，驯象师就可以带着大象四处表演，而且只要将它拴在木桩上，大象就不会四处乱跑。

二、人类的"习得性无助"实验

这种"习得性无助"也出现在人类行为中。1971 年，俄勒冈州立大学的一位日裔美籍研究生在人类身上进行了类似的实验。实验对象也被分为三组：第一组置身于一个声音很响的房间，尝试按下控制面板上的各种按钮，但噪声仍然持续，无法关闭。第二组可以通过按下控制按钮的组合键来关闭噪声。第三组为对照组没有受到噪声的干扰。

在后续的实验中，将被试者带到另一个房间，房间里有一个实验箱，当被试者将手指放在实验箱的一边时，就会有很响的声音发出，当手指移到另一边时，这种噪声就停止了。实验完成后，这位研究生兴奋地给塞利格曼打电话，"我想我们得到了一些有意义的结论。接受不可逃避噪声的那组人，他们大多数人就坐在那儿忍受，而不会试着把手移到实验箱的另一边去。他们觉得自己对噪声是无可奈何的，所以连试都不试一下，即使时间、地点、情景都改变了，他们把从前对噪声的无助感带到了新的实验情景中。但是在第一部分实验里可以关掉噪声以及在控制组的大多数人，都很容易就学会了关掉噪

声的方法"。塞利格曼听到这个结论时，他感到这可能是那些年的努力所达到的顶峰了，如果人可以因为噪声而习得性无助的话，那么真实世界中的人常常经受挫折和打击，他们也很可能会习得性无助。

三、"习得性无助"实验的影响

习得性无助实验在当年是轰动一时的，因为行为主义心理学流派认为，学习只有在行为产生奖励或惩罚时才可能发生。他们认为意识，即思考、计划、期待、记忆，不会影响行为，人类的行为完全受环境的塑造，而不受内在思想的影响。习得性无助实验在当年是对行为主义宣战的一大力证，因为塞利格曼的实验证明了动物和人的行为是可以受意识影响的。

四、从"习得性无助"到对"习得性乐观"的研究

当时，塞利格曼既研究无助的现象，也研究怎样才能提高对无助的免疫力。有一次，塞利格曼在牛津大学演讲时，英国认知疗法研究的先锋之一约翰·蒂斯代尔（John Teasdale）提出，我认为你的实验简单带过了一个事实，即有 1/3 的被试者不会变得无助。即便之前总是在失败的环境中，他们也仍能保持乐观、积极的心理去尝试改变。我们应该问这是为什么？

这个问题让塞利格曼非常震惊。之前的实验一直在研究无助感，也就是说在研究一种"病理模式"，即人在习惯中会变得无助，却忽略了去研究实验组的那 1/3 被试者为什么会百折不挠，又是什么原因使观察组的 1/10 被试者如此悲观无助？这个问题使他意识到他必须改变研究方向，即从"习得性无助"拓展到对"习得性乐观"的研究。

五、习得性乐观理论

就这样，塞利格曼将对无助感的研究朝积极的方向深入，也就是朝着习得性乐观的方向进行研究。究竟是什么原因使得 1/3 天性乐观和 1/10 天性悲观的被试者背后有这样的表现？在大量研究的基础上，塞利格曼提出了习得性乐观的概念。习得性乐观指的是乐观者使用适应性的因果归因来解释消极经历或事件。习得性乐观是一种后天习得的思考习惯，让人认为失败只是暂时的，只要努力就能有所突破。他认为，思考习惯通过认知解释影响行为。如果我们可以习得性无助，那么从这些自带积极天性、乐观基因的人身上，我们也可以习得性乐观。

第二节　解释风格的构建

归因这一概念最初由美国社会心理学家弗里茨·海德（Fritz Heider）于 1958 年提出。心理学将归因理解为一种过程，指根据行为或事件的结果，通过知觉、思维、推断等内部信息加工活动而确认造成该结果之原因的认知过程。每个人的归因过程各具风格，使得归因活动体现出人格差异，即心理学所说的归因风格，也称"归因方式"或"解释

方式"。

一、归因理论和归因风格

弗里茨·海德是第一个对归因进行系统研究的心理学家，产生广泛影响的是美国社会心理学家伯纳德·韦纳（Bernard Weiner）提出的成败归因理论。研究者对归因理论的概念基本达成一致，指的是在日常的社会交往中，人们为了有效地控制和适应环境，往往对发生于周围环境中的各种社会行为有意识或无意识地做出一定的解释，即认知主体在认知过程中，根据他人某种特定的人格特征或某种行为特点推论出其他未知的特点，以寻求各种特点之间的因果关系。

归因风格将影响到以后的行为方式和动机的强弱。不同的心理学家有不同的看法，塞利格曼认为，归因风格是一种习惯的思考方式，并在童年期或青少年期就已形成。中国心理学专家刘永芳则认为，归因风格是指一个人具有的独特的归因认知方式以及由此产生的特有的归因倾向。学术界普遍认为，归因风格是个体在长期的归因过程中形成的比较稳定的归因倾向。

二、乐观归因理论

在习得性无助和归因理论的基础上，塞利格曼修正了他的无助模型，把人们对发生在自己身上的坏事和好事的归因（解释）包含在内，并将这种归因或解释过程作为习得性乐观理论的基础，提出了乐观归因理论。塞利格曼还总结了乐观归因理论的研究结果，也就是说当一件事情发生时，可以归结为什么原因，才能让他们一直保持乐观的状态。

三、乐观解释风格

基于习得性无助和归因理论，塞利格曼提出，乐观是一种解释风格。解释风格是指个体对成功或者失败进行归因时，表现出来的一种稳定倾向，具有稳定性。

解释风格被分为乐观解释风格和悲观解释风格两种。乐观解释风格常将坏结果归因于外部的、不稳定的、特定的因素，将好结果归因于内部的、稳定的、普遍的因素；悲观解释风格则表现为将好结果归因于外部的、不稳定的、特定的因素，将坏结果归因于内部的、稳定的、普遍的因素。

四、测试工具

测试工具有如下几种。

（一）成人归因风格问卷

该问卷包括分两大部分：对有正面结果的事件进行推论和对有负面结果的事件进行推论。其设计了 12 个不同的假想情境事件，6 个为正性事件，6 个为负性事件。在涉及的内容上，人际关系方面的事件和成就方面的事件各占 50%。

（二）儿童归因风格问卷

儿童归因风格问卷是由塞利格曼的学生纳狄·卡斯罗（Nadine Kaslow）等人编制的，该问卷包括 48 个条目，每个条目都包含一个事件以及两个引起该事件的原因。

（三）言语解释内容分析

除了成人和儿童归因风格问卷外，美国密歇根大学的心理学家克里斯托弗·彼得森（Cristopher Peterson）及其同事还开发出对书面或口头言语做出乐观和悲观评定的言语解释内容分析技术。通过测试者的演讲、日记等，无干扰地评定一个人的风格。

（四）乐观风格问卷

乐观风格问卷由塞利格曼等人制定，问卷设置了 48 个情景，每个情景下设有 2 个选项，要求测试者圈出一个最符合的即可。

五、解释风格的应用

塞利格曼将乐观归因到三个维度：一是时间方面，永久的还是暂时的；二是范围方面，普遍的还是特殊的；三是个人化方面，个人的还是环境的。将这三个维度分别与好事、坏事两种情景联系起来，形成好事三个方面，坏事三个方面，具体描述如下。

（一）三个维度和好事、坏事两种情景的联系

第一维度，时间方面 PmG/PmB（Permant Good/ Permant Bad），当好事或坏事发生时，你觉得它是永久发生的，还是暂时发生的？

第二维度，范围方面 PvG/PvB（Pervasive Good/ Pervasive Bad），当好事或坏事发生时，你觉得它是普遍发生的，还是特殊发生的？

第三维度，个人化方面 PsG/PsB（Personal Good/ Personal Bad），当好事或坏事发生时，你觉得是自己的原因，还是外界环境的原因？

总之，好事发生本身就是乐观的来源，坏事发生后也要思考如何改变悲观的思维模式。不管我们遇到的是好事还是坏事，都会受到自身思维模式的影响，都要经过思维加工，所以我们要锻炼自己的思维模式来优化并固化，去赢得乐观的思维模式。

积极实践

悲观和乐观两个方面的解释

目前发生的事情是"我的高等数学考试没有及格"，这是一件坏事，请你分别从悲观和乐观两个方面来解释。

目前发生的事情是"我这次当选了班长"，这是一件好事，请你分别从悲观和乐观两个方面来解释。

恋爱中经常会面临的一个情景：你失恋了，你的男朋友或女朋友离开了你，你会怎么想？请你分别从悲观和乐观两个方面来解释。

（二）解释风格在生活中的应用

先看积极实践中的第一个例子，"我的高等数学考试没有及格"，这是一件坏事。如果从时间维度永久性悲观角度去想，就会是"我不可能学好高等数学，第一次考试就不及格，以后也不能及格了"；如果从范围维度普遍性悲观角度去想，就会是"我的高等数学考试没有及格，其他科目估计也悬了"；如果从个人化维度悲观角度去想，就会是"我真没用，学习太差了"。如果我们换一种思维模式，从时间维度暂时性乐观角度去想，就会是"我这次考试没有及格，不代表以后也会不及格"；如果从范围维度特殊性角度去想，就会是"我只是高等数学考试没有及格，并不代表其他学科也会考得不好"；如果从个人化维度乐观角度去想，就会是"这次可能是题目难了些，不及格的人很多，我只是其中一个而已"。

第二个例子是个好的事情，"我这次当选了班长"，如果悲观地看待，就会是"我只是当这一次班长而已"，"虽然当了班长也不能说明我成绩就好"，"我这一次很走运"；如果乐观地看待，就会是"我这次当班长是个好的开始，以后可能会有更多的好事情"，"我既然当了班长，那么也可以把其他事情做好"，"因为我是个能力强的人，所以才会被选为班长"。

第三个是生活中爱情方面常常面临的一个情景，"你失恋了，你的男朋友或女朋友离开了你"，如果悲观地看待，就会是"我失恋了，再也不可能有这么好的恋情了"，"我失恋了，做不了其他事情"，"我失恋了，我的世界没了，我真是个没用的人"；如果乐观地看待，就会是"我这一次失恋了，很伤心，但我的人生还很长，往前看吧"，"我失恋了，但我还拥有其他宝贵的东西，我只是在恋爱方面不太顺利"，"我失恋了，可能是这段时间我太忙了没有照顾好他/她，是我的不对，但我还是个很好的人，我会再去争取一下"。

通过以上实践，大家可以看到同样的事情，看待它的角度不同，会有不同的情绪表达，每种可能性就是个体思维方式的种种可能。

第三节　习得性乐观的实践与应用

乐观者的生活与悲观者一样，也会遇到挫折，只是乐观者有乐观的思维模式，可以在学习和生活中有意识地运用起来，将事情处理得比较好。因此，乐观者在遭受打击后能很快复原，所以他们在事业上、学业上、运动场上等均能表现得更好。大量的研究证明，乐观者的身体更健康，也更长寿。对悲观者而言，即使事情都如意，他还是会为一些不可预知的事情而担忧。

有了思维模式的改变，当坏事或好事发生时，我们就可以多问几个为什么。比如"恋人要跟我分手"，这件坏事情发生时，请注意自己心中对这件事的解释，在时间维度方面，你的解释是永久性的还是暂时性的？在空间维度方面，你的解释是普遍性的还是特殊性的？在个人化维度方面，你的解释是个人化的还是环境化的？

一、ABC认知模型

埃利斯提出的ABC认知模型，具体内容见本书第三章。

积极实践

ABC认知模型

理解了ABC认知模型理论后，我们来练习如何应用。

大家可以找一张纸，写下A：最近发生的一件坏事，C：这件事带来的想法和行为，特别是行为，然后在中间加一个B：将结果的解释写下来，再用时间、范围、个人化三个归因维度去查看B，这个解释是否永久、是否普遍、是否个人化。

举例：

A不好的事：我提前下班回来，发现我的女儿和她的朋友躲在书房里打游戏。

B想法：她一直在骗我，上回她已经答应我不玩了。我无法再相信她了。她一开口就是谎话，我这次不要听她的解释。

C后果：我非常愤怒，甚至拒绝讨论这件事。我骂她，整晚都在生气。

现在轮到你了，请写下发生在你生活中的ABC。

A不好的事：＿＿＿＿＿＿＿＿＿＿＿＿＿＿＿＿＿＿＿＿＿＿＿＿＿＿＿

B想法：＿＿＿＿＿＿＿＿＿＿＿＿＿＿＿＿＿＿＿＿＿＿＿＿＿＿＿＿＿＿

C后果：＿＿＿＿＿＿＿＿＿＿＿＿＿＿＿＿＿＿＿＿＿＿＿＿＿＿＿＿＿＿

记录完后，请仔细读一遍，找出你的想法和后果之间的关系。你会看到：悲观的解释风格会导致被动和颓丧，而乐观的解释风格会使你振奋。

为便于理解，再将解释风格的三个维度放到ABC中进行实践，还是上文中提到的一个例子，A事实是"我失恋了"，那么中间的B，就是我心中对此的解释是"由于我的失误造成了心爱的人的离去，我连最心爱的人都保护不好"，所以到C就是"我失恋了，我是个没用的人"。这时候把B拿出来，问几个问题，这种解释是永久的还是暂时的？是普遍的还是特殊的？是个人化的还是环境的？假设现实是这样的：第一个问题"这种解释是永久的还是暂时的？"回答是"我没有保护好自己心爱的人，但这不能说明以后也这样"；第二个问题"这种解释是普遍的还是特殊的？"回答是"我只是失恋了，和我其他方面的成绩没有关系，我依然可以做好其他事"，第三个问题"这种解释是个人化的还是环境的？"回答是"我失恋了可能说明我照顾他人方面还需要提高，但并不能说明我的品格有问题"，大家看到，在这种假设的事实中，都推导不出"我是个没用的人"这样的结论。

接下来，请你也将解释风格的三个维度放进你上文写下的ABC中进行实践。如果你觉得已经理解了从三个维度方面去思考和实践你的思维模式，那么恭喜你，你已经知道了那些悲观的想法从何而来；如果你已经悟到了如何改变，那么再次恭喜你，你已经进入了改变思维的大门。

二、乐活人生的ABCDE方法

ABC思维模式让我们对认知有了新的认识和实践。塞利格曼在此基础上提出了乐活人生的ABCDE方法，也就是在ABC模型的基础上，加入反驳D（disputation）和激发E（energization）。习得性乐观的ABCDE模型见图9-1。

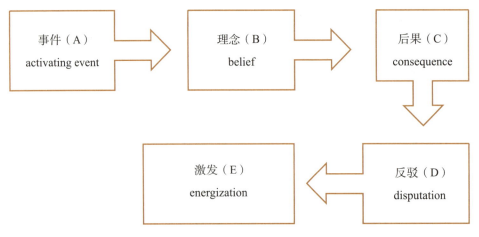

图 9-1　习得性乐观的 ABCDE 模型

（一）反驳（disputation）

当我们出现不良情绪和不当行为时，转移注意力和躲避会是很好的解救方法，但长远、根本之计是去反驳它，跟它争辩。反驳可以分解为两个步骤：第一步是了解自己的想法是可以反驳的；第二步是运用证据、暗示等途径去反驳它。只有有效地反驳了不合理的想法，你才能改变习惯性思维，不再颓丧。

（二）激发（energization）

激发是指你产生了新的更为乐观的目标和与之相对应的行为。如果你试着完成ABCDE方法的整个过程，就会扭转悲观局面，扭转自己的思维方式。ABC模型已经让我们懂得，只要改变思维模式就可以改变事情的结果。那么，现在的"反驳"和"激发"将让你给自己找到反驳的理由，强化你的乐观思维并开始新的乐观的行为。

积极实践

实施乐活人生的ABCDE法则

示例：上文实践中提到的我发现女儿在房间打游戏。

反驳：毫无疑问，女儿在打游戏这件事上说了谎，但这并不表示她在其他方面也会这样，完全不可信赖（暗示）。她工作认真还得到过老板的表扬。我生日时她还特地做了我喜欢吃的菜（证据）。因为今天这件事就怀疑她说的每一句话，是于事无补的（用处）。过去我们的沟通还算可以，我想如果我现在冷静下来，可能对事情会有帮助（用处）。如果我不跟她讨论这件事，问题依然得不到解决（用处）。

激发：我终于可以平静下来处理这件事了。我先道歉，因为我骂了她，还当着她朋友的面。我告诉她我们需要谈一谈。我们的谈话有时的确很火爆，但至少我们在沟通。

现在轮到你来进行完整的ABCDE实践了。

A不好的事：_____

B想法：_____

C后果：_____

D反驳：_____

E激发：_____

为更好地理解和实践，我们接着用上文的例子，"我失恋了"，我已经知道了我失恋了并不能说明"我无用"，那么请问"这种解释有事实依据吗？"这时你要给自己找证据了，"我有很好的朋友，我有很好的家人，她们都很喜欢我"，你还可以举出很多例子，举的例子越多，你就会越来越觉得原来的解释有多不合理，越来越有"有力感"。当你给自己注入了这么多事实证据后，你会觉得我原来的解释靠不住，这个时候，请再加上一个问题"如何激发新的想法？"这时，你自然就会说"我品格是好的，我可以做很多事情，虽有错误但可以弥补，可能我需要再去和他/她争取一下，争取到我会珍惜，争取不到那就是一段经历，是我成长的必经之路"。

不难看出，你的行为将受到激发而发生更积极的改变，而且更重要的是，这样的改变，是你自己思考得出的。

ABCDE方法适用于任何人，如果很早学会乐观的技术，它就会变成基本的人格特质，你会自然而然地采用它，它会带给你丰厚的回报。这样的练习是需要强化的，当遇到不好的事情时，请写下ABCDE，特别是B的解释，D的证据，E的激发，让自己站在更高的维度去审视自己的内心，给自己更有力的证据，让自己不断补充能量，再对行为适当地做出调整，久而久之的练习，将帮助你得到乐观的思维模式。

三、习得性乐观不同于"阿Q的精神胜利法"

习得性乐观不同于"阿Q的精神胜利法"，不同于"积极思维"，而是锻炼自己从不同维度去批判自己内心的解释，从实际中去寻找证据，让自己内心的解释更客观、更理性、更积极。塞利格曼曾说过："习得性乐观是让你恰当地引用证据，反驳你的扭曲解释，大多数情况下，事实会站在你这边。"

总之，乐观和悲观都会促使我们成长，这两种思维模式都根植于我们的大脑中并各司其职。我们要有意识地控制好它们对我们的想法和行为的影响。我们需要的是弹性的乐观，即"成功的生活需要大部分时间的乐观和偶尔的悲观，轻度的悲观使我们能三思而后行，不容易做出错误的决定，乐观使我们在事情发生后依然能勇敢前行，从而让我们的生活更有意义"。

拓展阅读

1.塞利格曼.活出最乐观的自己:改变悲观人生的幸福经典[M].洪莉,译.沈阳:万卷出版公司,2010.

塞利格曼从改变的可能性和生物局限性角度出发,帮助你把有限的时间和精力放在那些能够改变的特性上,并在此基础上找到一条自我提升的最有效途径。阅读此书,你可以清楚地知道哪些方面是可以改变的,哪些方面是无法改变的。

2.塞利格曼,莱维奇,杰科克斯,等.教出乐观的孩子:让孩子受用一生的幸福经典[M].洪莉,译.北京:北京联合出版公司,2017.

我们希望孩子对未来怀抱信心、对远景勇于探险、有足够的勇气来面对挫折;我们希望孩子在面对成长所带来的挫折与失败时,能做到不屈不挠;我们希望孩子能够幸福一生。本书是塞利格曼集千百个成人及儿童研究之精华著成的教育经典。大量研究表明,比起成功,乐观对孩子来说更有意义和价值。乐观的孩子,更容易取得成功,更有创造力,更容易过上幸福的生活,我们传统上追求的财富自由,都可以通过乐观获得。本书旨在让父母、老师及整个教育系统教会儿童习得乐观。本书与其他育儿及自我提升类图书不同的是,它不仅有理论与实验,还有一些关于育儿问题的重要建议,倡导用科学、理性的 ABCDE 法则教出乐观的孩子。

 每章一测

1.乐观归因的三个维度分别指的是什么?

2.解释风格被分为哪两种?请分别进行描述。

3.归因风格测验工具有哪些?

4.乐活人生的 ABCDE 分别指的是什么?

第 十 章

心理资本

激发内在力量，实现个人成长

伤害我们的并非事物本身，而是我们对事物的看法。

——爱比克泰德

通过本章学习，你能够：

1. 理解心理资本的概念与构成要素。

2. 复述心理资本的培养方法，包括自信、韧性、希望与乐观等要素。

3. 认识心理资本在个人成长与发展中的作用和重要性。

4. 描述心理资本发展的长期计划。

心理资本

心理资本的整合与优化
- 心理资本的整合与优化
  - 心理资本的整合
  - 心理资本的优化
- 培养心理资本的长期计划
  - 设立个人心理资本发展目标
  - 持续关注心理资本的发展与实践

认识韧性的定义与特征
- 韧性的定义与特征
  - 韧性的多维度解读
  - 韧性在逆境中的作用
- 培养韧性的实践方法
  - 接受与适应变化
  - 提高情绪调节能力
  - 培养乐观与积极的态度

探索希望的概念与理论
- 希望的概念与理论
  - 希望的含义与重要性
  - 希望理论的主要构成要素
- 培养希望的心理技巧
  - 制定明确的目标与规划
  - 发现解决问题的途径
  - 激发内在动力与毅力

认识乐观心态的定义与特征
- 乐观心态的定义与特征
  - 乐观心态的定义与特征
  - 乐观心态对身心健康和成绩的积极影响
- 培养乐观心态的技巧
  - 重塑消极思维与态度
  - 培养感恩与积极情感
  - 乐观面对失败与挫折

掌握自我效能
- 自我效能的定义
- 自我效能对行为和成就的影响

乐观的心态与益处

激发内在力量 实现个人成长

心理资本

⑩

在当今充满变革与挑战的社会中，积极心理学已成为一种引领个人成长与幸福的重要方法。其中，心理资本作为积极心理学的重要组成部分，受到广泛的关注。我们常常聚焦于物质财富和外在资源的积累，与此同时，内在的心理资本在我们的成长过程中也扮演着重要的角色。本章将介绍心理资本的概念、心理资本如何影响个人的成长，并探索培养和应用心理资本的方法，帮助你实现积极、充实的人生。

美国著名学者弗雷德·卢桑斯（Fred Luthans）对心理资本做出的定义是，"心理资本是个体在成长和发展过程中表现出来的一种积极的心理状态，具体表现为：①在面对充满挑战性的工作时，有信心（自我效能）并能付出必要的努力来获得成功；②对现在与未来的成功有积极的归因（乐观）；③对目标锲而不舍，为取得成功，在必要时能调整实现目标的途径（希望）；④当身处逆境和被问题困扰时，能持之以恒，迅速恢复并成长（韧性）以取得成功"。他认为，心理资本是建立在人力资本和社会资本现有理论和研究基础上的，并超越了人力资本与社会资本。具体来说，心理资本关注的是"你是什么样的人"或从发展的角度来看，是"你想成为什么样的人"。

在深入探讨卢桑斯所阐述的心理资本的四大核心要素之前，让我们首先理解这一概念是如何桥接个人的内在力量与外在表现的。心理资本不仅仅是关乎个人的技能，更是深入到个人的心理层面，探索那些使我们能够面对挑战、克服逆境并在生活各方面实现成功的基本心理品质。这种资本强调了个体成长和发展过程中的积极心理状态，从"自我效能"开始，我们将逐步解锁这些内在力量的潜能。

第一节　自我效能：对自己充满自信

一、自我效能的定义

自我效能是班杜拉于 20 世纪 60 年代提出的。自我效能是指一个人对自己能够成功执行某项任务的自信程度，强调的是个体的信念，即他们的行为可以影响结果。

二、自我效能对行为和成就的影响

自我效能在个体的行为和成就方面发挥着重要作用。个体在具有高自我效能（信心）的情况下，更有可能采取积极主动的措施，努力追求目标，并且更有可能克服挑战和障碍。自我效能的增强会激发个体的内在动力，使其更加专注和坚定地追求目标。

此外，自我效能还与个体的成就密切相关。具备高自我效能的个体更容易实现目标，且更有可能在面对挫折和困难时持续努力，从而增加成功的可能性。相反，低自我效能的个体可能会对自己的能力产生怀疑。

研究表明，自我效能对于学业、职业发展、体育表现以及心理健康等多个领域都有重要的影响。因此，帮助个体建立和增强自我效能，对于促进个人成长和发展具有重要意义。

积极实践

30 秒快速鼓掌

首先，请你估计在 30 秒内可以鼓掌多少次。在老师宣布开始时，学生开始鼓掌，在老师宣布停止时，将计数结果写在纸上。若第一次鼓掌没有达到估计次数的同学，请以估计次数为目标进行第二次鼓掌。其次，老师会寻找全班鼓掌次数最多的同学。最后，以最多次数为目标，全班同学进行第三次鼓掌挑战。

其实，很多事情只要勇于尝试，打破自我设限，就会有获得成功的机会。而这种敢于尝试的勇气来源于对自己的自信，也就是自我效能。

第二节　乐观：积极应对挑战的态度

一、乐观的心态与益处

乐观是一种积极的心态，它让我们对生活充满希望、对未来充满信心。乐观的人倾向于从积极的角度看待事物，他们相信挫折和困难是暂时的，总有方法可以解决。乐观并不是简单的"积极看待问题"而已，它背后还蕴含着一种坚定的信念和应对困难的灵活性。

（一）乐观心态的定义与特征

乐观心态是指对待事物的变化所具有的积极向上的人生态度。乐观的特征包括以下几点。

积极预期未来：乐观者倾向于相信未来会更好，他们抱有高度的期望，并相信自己能够实现目标。

弹性思维：乐观者往往具有灵活的思维方式，能够从困境中找到机会，从失败中学习，并且很少陷入消极的循环思维。

积极解决问题：面对问题，乐观者会积极主动地采取措施来解决，而不是消极地逃避或抱怨。

自信心：乐观者相信自己有能力应对挑战，即使遇到困难，也会坚持下去。

（二）乐观心态对身心健康和成就的积极影响

乐观的心态不仅让我们更快乐，还会对个体身心健康和个人成就产生积极影响。研究表明，乐观心态与以下几方面密切相关。

身体健康：乐观者通常拥有更好的身体。他们的免疫系统更强大，抗病能力也更强；同时，乐观心态还与心脏健康和长寿相关。

心理健康：乐观者更少有抑郁、焦虑和其他心理问题。当面对生活挑战时，他们更容易调整好心态，保持积极情绪。

应对压力：乐观者在面对压力和挫折时更有韧性。他们更能应对挑战，不轻易崩溃，会积极寻找解决方法。

学业与职业成就：乐观者更容易取得学业和职业上的成功。他们更有动力为目标而努力，更乐意接受挑战，从失败中吸取教训。

有很多方法可以帮助我们发展乐观心态。一些有效的方法包括培养感恩之心、积极寻找解决问题的途径、与乐观者交往、定期进行心理反思等。

二、培养乐观心态的技巧

乐观心态是一种可以培养和加强的心理特质，它让我们能积极地应对挑战，乐观地面对生活中的各种困难。以下是一些有趣且实用的技巧，可以帮助你培养乐观心态。

（一）重塑消极思维与态度

思维和态度会影响我们对事物的看法，而培养乐观心态需要我们重塑消极的思维方式。具体可试试以下方法。

积极语言训练：用积极的措辞来表达自己的想法。例如，将"我不会做这件事"转变为"我现在还不会做，但我可以学会"。

截断消极循环：当你意识到消极思维正在滋生时，立即打断它，可以大声喊出"停止"，然后将注意力转移到积极的方面。

积极回顾：每天回顾一些令你感到高兴和满足的事情，强化积极情绪。

（二）培养感恩与积极情感

感恩是培养乐观心态的重要一环。学会感恩并培养积极情感可以让我们变得更乐观、更满足和更幸福。具体可试试以下方法。

感恩日记：每天写下一些令你感恩的事情，这有助于培养你的感恩之心，并将注意力聚焦在积极的方面。

表达感激之情：向身边的家人、朋友或同事表达感激之情。一句发自内心的"谢谢"，不仅仅是自己，就连周围听到的人都会变得心情舒畅、心平气和，从而营造出愉快的氛围。

寻找快乐：积极主动地去寻找让你快乐的事情，比如听音乐、看喜剧、与朋友聚会等。积累更多的积极情感，可以帮助你轻松地应对各项挑战。

（三）乐观面对失败与挫折

乐观的人不会因失败和挫折而气馁，相反，他们能从中不断学习、不断成长。要学会乐观面对失败，可以尝试以下方法。

视挫折为机遇：将挫折视为学习的机会，分析失败的原因并找到改进的方法。

设定合理目标：合理设定目标，将大目标分解为小目标，逐步实现，避免让自己过于沮丧。

自我激励：在面对挑战时，用积极的话语鼓励自己，相信自己有能力克服困难。

在培养乐观心态的过程中，要有耐心，乐观不是一蹴而就的。通过不断努力和实践，你将逐渐发现乐观心态带给自己的积极改变，让你能勇敢地面对生活中的各项挑战。

李明的乐观心态培养之旅

李明是某大学心理学专业的一名学生，在大学生活的初期，他曾经是一个比较消极的人，对自己的能力和未来充满怀疑。他在面对学业和生活中的挑战时，容易陷入消极的思维，觉得自己做不好，甚至经常怀疑自己是否适合学习心理学。

然而，伴随着学习与成长，李明开始关注心理学中的乐观心态，并决定尝试培养自己的乐观态度。

1. 重塑消极思维与态度

他开始注意自己的消极思维，并学会用积极的语言来表达自己的想法。当他遇到一门难以理解的心理学课程时，他不再说："这门课太难了，我学不会。"而是说："虽然这门课挑战性很大，但我可以向同学和老师请教，相信我能慢慢理解。"

2. 培养感恩与积极情感

他开始每天写感恩日记，比如获得了一位热心导师的帮助，参加了有趣的心理学讨论小组的活动。通过感恩日记，他逐渐培养出了感恩的心态，同时寻找到了更多的快乐，如与好友聚会、看一部喜剧电影等，增加了积极情感。

3. 乐观面对失败与挫折

在期末考试中，李明成绩并不理想。但这一次，他没有被挫折击倒，而是决定从中学习经验。他反思自己在学习过程中的不足，设定更合理的学习目标，并积极寻求学习辅导，提升自己的学习效率。

随着时间的推移，李明的乐观心态逐渐增强。他发现，积极的心态让他更加享受学习心理学的过程，也让他更加乐观地面对未来的挑战。他对未来充满信心，相信自己可以成为一名出色的心理学专家。

这个例子告诉我们，乐观心态不是与生俱来的，它是可以通过实践和努力培养的。正如李明一样，我们每个人都可以通过重塑消极思维、培养感恩与积极情感，以及乐观面对失败与挫折，逐渐培养出一颗乐观的心，让自己能积极地应对生活中的挑战。

第三节　希望：战胜困难的动力

一、希望的概念与理论

希望是一种强大的心理资源，它在我们的生活中扮演着重要的角色，激励着我们追求目标、战胜困难，并对未来充满信心。这一节我们将深入探讨希望的概念与理论，了解它对个人成长和幸福感的积极影响。

（一）希望的含义与重要性

希望是一种积极向上的情感与信念，它涵盖了个体对未来美好生活的期待以及达成目标的愿望。希望是人类心中的一种重要情感，它在个人的成长、适应和幸福感方面发挥着关键性的作用。

希望在人的生活中扮演着多重角色。首先，希望能够为个人提供前进的动力和意义。当我们拥有希望时，我们更倾向于设定具体的目标，并为实现这些目标而付出努力。希望还可以帮助我们克服困难，保持乐观的心态，从而更好地适应生活中的变化。

另外，希望还与心理健康和抑郁情绪的调节密切相关。研究表明，希望水平较高的个体更容易应对压力，更少表现出抑郁和焦虑症状。相比之下，缺乏希望的人可能会感到无助和失望，甚至出现心理健康方面的问题。

（二）希望理论的主要构成要素

希望理论是由美国心理学家查尔斯·斯耐德（Charles Snyder）和他的同事们于 20 世纪 90 年代提出的。该理论强调，希望是由目标导向和路径思维两个主要构成要素组成的。

1.目标导向

目标导向指的是个体对于愿望有明确的、具体的描述，以及为实现这些目标而制订的计划和策略。目标导向有助于将抽象的愿望转化为切实可行的行动，让我们知道自己该朝什么方向努力，并制订明确的计划。

2.路径思维

路径思维指的是我们相信自己可以找到达成目标的途径和方法，即相信自己有能力克服困难，找出解决问题的路径。路径思维与自我效能密切相关，它增强了我们的信心，相信自己能够应对挑战，克服困难，并最终实现目标。

希望理论认为，目标导向和路径思维共同作用，形成了希望这一积极的心理资源。当我们拥有明确的目标，并相信自己有能力找到实现这些目标的途径时，就能激发内在的动力和能量，帮助我们坚持不懈地追求梦想。

精彩分享

皮格马利翁效应

皮格马利翁效应源自古希腊神话中的一个故事，讲述了雕塑家皮格马利翁对自己所创作的雕像盖拉蒂的真挚爱慕之情。尽管盖拉蒂只是一尊雕像，但是皮格马利翁对它的爱却是真实而深沉的。他渴望这个雕像能回应他的情感，但雕像只是静止不动的艺术品而已。

绝望之下，皮格马利翁向阿佛洛狄忒女神祈求，希望自己能拥有一位和盖拉蒂一样美丽的妻子。女神被他的真诚所感动，于是决定帮助皮格马利翁。当皮格马利翁回到家，再次凝视着自己创作的雕像时，奇迹发生了，盖拉蒂的雕像竟然有了生命的气息，她变得栩栩如生，向皮格马利翁走来，并表现出真挚的爱意。从此以后，盖拉蒂成了皮格马利翁的妻子，他们共同迎接美好的未来。

这个古希腊神话所蕴含的皮格马利翁效应在心理学中得到了实证研究。美国心理学家罗伯特·罗森塔尔（Robert Rosenthal）和莱娜·雅克布森（Lenore Jacobson）在奥克学校进行了一项实验，结果发现，教师对学生的期望能够影响学生的表现和成绩。当教师对某些学生表现出高期望时，这些学生的学习表现往往会更出色。这种现象被称为皮格马利翁效应，也被称为"自我实现预言"。

皮格马利翁效应的实质是指他人对我们的期望和赞美能够影响我们的表现和行为。当别人对我们抱有积极的期望时，我们会感受到自信和支持，从而更积极地投入工作和学习中，取得更好的结果。

生活中，我们也可以用皮格马利翁效应的原理来影响自己和他人。当我们对自己或他人表现出高期望时，会激发其内在动力，增强其信心，从而更有可能获得成功。同时，我们也应该注意避免负面的预言和期待，以免给自己或他人带来负面影响。

资料来源：Rosenthal R, Jacobson L. Pygmalion in the classroom: Teacher expectation and pupils' intellectual development[M]. New York: Holt, Rinehart & Winston, 1968: 16-20.

二、培养希望的心理技巧

培养希望是一个重要的心理技巧，它可以帮助个体在面对挑战和困难时保持积极的态度，并找到解决问题的方法。以下介绍三种有效培养希望的心理技巧，即制订明确的目标与规划、发现解决问题的途径以及激发内在动力与毅力。

（一）制订明确的目标与规划

1. 设定明确的目标

要培养希望，首先要设定明确的目标。明确的目标能够让个体更清楚自己想要做的事情，从而增加对未来的期待和信心。确保目标是具体的、可衡量的和可实现的，这样更容易量化进步，并且在实现目标的过程中获得成就感。

2. 制订详细的规划

设定目标后，制订详细的规划是实现希望的关键。规划可以将庞大的目标分解成更小的目标，从而让看似遥远的目标变得更贴合实际，也更可行。每个小目标都应具有明确的时间框架和行动计划，让个体在每一步都能取得进展，并保持动力。

（二）发现解决问题的途径

1. 积极应对问题

在培养希望的过程中，遇到问题是不可避免的，关键在于如何积极应对，而不是被问题所困扰。学会用积极的心态来看待问题，将问题视为挑战和机会，而非绝望的障碍。

2. 寻求支持与资源

在解决问题的过程中，寻求支持和资源是至关重要的。这包括寻求他人的帮助、分享问题和困惑，以及获取必要的知识和技能。与他人分享问题能够减轻个体的压力，而获取额外的资源能够提供解决问题的新视角和可能性。

（三）激发内在动力与毅力

1. 从成功经历中获得动力

回顾过去的成功经历，无论多么微小，都可以帮助个体激发内在动力。这些成功经历证明了个体具备克服困难的能力，让他们相信自己可以战胜当前的困难。若个体将这些成功经历铭记于心，就可以为实现目标提供动力和信心。

2. 与积极的自我对话

个体内在的自我对话对希望的培养有着深远的影响。积极的自我对话可以帮助个体消除负面的自我评价和怀疑，而鼓励的话语可以增强内在动力与毅力。学会用积极、鼓舞人心的话语与自己交流，是培养希望的重要手段。

3. 坚持与调整

在追求希望的过程中，坚持和毅力是极为重要的品质。然而，坚持并不意味着固执。学会根据实际情况调整目标和规划，灵活地适应变化，是培养希望的智慧之举。在遇到障碍时不轻易放弃，并且愿意适时调整方向，能够让希望保持持久的活力。

通过学习和运用这些心理技巧，个体可以积极培养希望，并在面对困难时保持积极的心态和动力。希望能够成为他们战胜困难的强大动力，推动他们不断迈向成功。

第四节　韧性：抗压与复原的能力

一、韧性的定义与特征

韧性是指个体在面对生活中的挑战、压力和逆境时，能够积极应对、适应和复原的能力。这个概念最初起源于材料科学，主要用于描述材料在受力后能够弯曲、弯折或变形后恢复原状的程度。后来，心理学领域引用了这个概念，用于描述个体在面对各种心理和生活压力时的弹性和恢复力。

（一）韧性的多维度解读

韧性是一个多维度的概念，包含以下几个要素。

情感韧性：指的是个体在面对负面情绪和情感挑战时的适应能力。情感韧性使个体能够积极应对情感困扰，快速恢复平静并调整情绪状态，从而更好地面对问题。

认知韧性：指的是个体在面对认知障碍、困惑和不确定性时的适应能力。具有认知韧性的人能够灵活应对复杂的情况，能保持冷静、清晰地思考，并能找到解决问题的有效途径。

行为韧性：指的是个体在面对挑战和压力时的行动能力。行为韧性使个体能够坚持追求目标，主动采取行动，并坚韧不拔地克服困难，不轻易放弃。

（二）韧性在逆境中的作用

韧性在逆境中起着重要的作用，它能帮助个体更好地应对挑战和压力，从而促进个人成长和发展。以下几个是韧性在逆境中的作用。

应对挑战：逆境常常伴随着各种挑战，具有韧性的个体能够积极面对挑战，迎难而上，并寻求创新的解决方案。

适应能力：逆境带来的不确定性可能会让人感到无所适从。韧性使个体能够快速适应新环境，灵活调整自己的心态，不断改变自己的行为。

心理恢复：逆境往往伴随着负面情绪和心理压力。韧性有助于个体快速恢复心理平衡，减少消极情绪对自身的持续影响。

保持动力：面对逆境，可能会产生挫败感和失去动力。具有韧性的人能够保持积极的目标导向和内在动力，坚持追求目标。

增强自信：成功地克服逆境可以提升个体的自信心。韧性让个体意识到自己具备克服困难的能力，从而更有自信地面对未来的挑战。

总的来说，韧性是个体在逆境中展现出的一种积极的适应能力，它不仅能够帮助个体渡过难关，还能促进个体的成长和发展。在面对生活中的逆境时，每个人都应展现出强大的抗压和复原能力。

精彩分享

抗金名将：岳飞

南宋抗金名将，民族英雄——岳飞（1103—1142 年），就是韧性与坚毅的代表。

《精忠录》中描述：岳飞出生在贫苦的家庭，但他从小就展现出了非凡的勇气和决心。他热爱学习和武艺，立志要为国效力，保家卫国。在面对生活中的逆境和困难时，岳飞并没有因为出身贫寒而灰心丧气，而是努力学习武艺，表现出了坚韧不拔的品质，不断提升自己的能力。

尽管遭遇种种不公和挫折，但岳飞从未放弃过他的信念和对国家的忠诚。即使在被囚禁期间，他也不向恶势力低头，还写下了一首著名的词《满江红》，表达了对国家的深厚情意和对民族复兴的愿望。

岳飞的事迹被后人传颂，成了中国古代韧性与坚毅的代表，他的精神也激励着无数后人在面对困境时坚韧不拔，始终奋斗在实现自己理想和为国家民族做出贡献的道路上。

二、培养韧性的实践方法

在面对生活中的挑战和逆境时，韧性是一种关键的心理能力，它能帮助我们抵抗压力、适应变化，并从困境中复原。培养韧性可以增强我们的心理弹性，使我们能更好地应对生活中的各种挑战。下面将介绍一些实践方法，帮助你培养韧性。

（一）接受与适应变化

认识现实：首先，要对当前的处境进行客观分析，接受现实的变化是不可避免的一部分。

寻求支持：在面对变化时，与亲友、同事或专业人士进行交流，分享你的感受和困惑，寻求情感支持。

调整目标：重新评估你的目标和计划，调整自我期望值，找到新的方向与机会。

灵活应对：培养灵活性，学会适应变化，而不是坚持过去固有的方式。

（二）提高情绪调节能力

情绪认知：认识自己的情绪，接纳不良情绪，不否定或压抑负面情绪，学会合理表达与管理。

情绪转移：在情绪状态处于低谷时，寻找合适的方式转移注意力，如参与喜爱的活动、锻炼身体或放松冥想。

冷静思考：在压力状态下要保持冷静，并学会理性思考问题，而不是被情绪左右。

建立情绪缓冲区：培养心理底气，扩大情绪上的"缓冲区"，使得负面情绪不至于影响太大。

（三）培养乐观与积极的态度

积极寻找解决方案：遇到问题时，主动寻找解决方案，专注于解决问题而非抱怨困难。

纠正认知扭曲：学会发现和纠正认知扭曲，从客观、积极的角度看待问题。

自我激励：给自己树立积极的目标，并鼓励自己朝着目标前进，坚持不懈。

从失败中学习：将失败看作成长的机会，总结经验教训，不断学习与改进。

通过实践这些方法，你可以逐步增强自己的韧性，提高应对压力和逆境的能力。请记住，韧性是一种可以培养和加强的心理能力，不断地练习和坚持能让你在面对生活中的挑战时，变得更加坚强和从容。

在深入了解心理韧性及其在面对逆境时的重要性后，为了帮助个体评估和提升自己的心理韧性水平，可以使用心理韧性量表测量个体在困难面前的恢复力和适应力，从而指导我们有效地增强韧性，面对挑战。

第五节　心理资本的综合应用

一、心理资本的整合与优化

前文介绍了心理资本的构成要素：自我效能、乐观、希望和韧性。这些要素在个人成长和应对挑战中发挥着重要的作用。然而，单独运用某个要素并不能完全发挥出心理资本的潜力。接下来，我们将探讨如何将这些要素进行整合与优化，进而实现心理资本的最大效益。

（一）心理资本的整合

1.整合自我效能与乐观

自我效能是指个体对自己有能力完成特定任务的信念，而乐观是对未来积极结果的期待和信心。这两个要素之间存在着紧密的联系，相互之间的整合能够产生重要的协同效应。

首先，通过将自我效能与乐观相结合，个体坚信自己能够克服困难，并在面对挑战时保持积极的态度。例如，一个面临工作升职考核的员工，如果相信自己具备必要的技能（自我效能），并对未来取得成功充满信心（乐观），那么他将更有动力去积极准备和应对考核。

其次，整合自我效能与乐观也有助于应对困难。当个体遇到失败或困难时，高度的自我效能能够帮助其坚持下去并找到解决问题的方法，同时乐观的态度也能鼓舞个体继续前行，相信未来会有转机。

2.整合希望与韧性

希望是个体对于未来目标的愿景和对实现目标路径的动机。韧性是个体面对逆境和挑战时坚韧不拔的能力。将希望与韧性相结合，可以让个体在追求目标的过程中更有动力，同时在面对困难时更能做到坚韧不拔。

一方面，希望激发个体对于美好未来的向往，为他们设定明确的目标和愿景。而在实现这些目标的过程中，韧性能够帮助个体克服各种困难，不轻易放弃。例如，一个渴望成为优秀音乐家的人，拥有希望意味着他对未来成功的渴望和期待；而韧性则能帮助他在枯燥和漫长的练习过程中坚持下去。

另一方面，韧性与希望整合还可以帮助个体在遭遇挫折时保持积极的心态。韧性让他们有能力从挫折中恢复过来，重新调整目标，并继续前行。希望能给予他们信心，让他们相信未来仍有可能实现美好的愿景。

（二）心理资本的优化

当自我效能、乐观、希望和韧性这四个要素被整合并优化时，心理资本的效益将得到最大化。通过挖掘这些要素之间的相互促进和协同作用，个体能够更好地应对挑战、保持积极心态、克服困难，并实现个人成长和发展。

要实现心理资本的最大效益，个体可以考虑以下策略。

培养自我认知：了解自己的优势、限制和目标，有针对性地培养自我效能、乐观、希望和韧性。

培养积极心态：学会积极应对挑战和困难，相信自己能够应对它并战胜它。

设定明确目标：拥有明确的目标和希望，并制订实现这些目标的计划和策略。

接受变化与适应：韧性让我们更容易适应变化和应对挑战，保持灵活性。

寻求社会支持：与他人分享希望和困难，获得他人的支持和鼓励。

通过这些实践，个体可以逐步增加心理资本，提升个人的成就感与幸福感，同时也能更从容地面对生活中的各种挑战。

二、培养心理资本的长期计划

心理资本的发展是一个长期的过程，需要持续的努力和自我管理。通过设立明确的目标和采取有效的实践方法，我们可以最大限度地培养和应用心理资本，实现个人成长和幸福的目标。

（一）设立个人心理资本发展目标

1.自我评估与目标设定

在培养心理资本的长期计划中，首先，需要进行自我评估，了解当前的心理资本状态以及在哪些方面需要进一步发展。其次，设立个人的心理资本发展目标，明确想要增强的自我效能、乐观、希望和韧性方面的具体目标。

2.SMART 原则

为确保目标的有效性和可操作性，可以采用SMART目标原则（具体可参考本书第六章相关内容），这样的目标更容易引导个人行动，让发展计划更具针对性和可操作性。

（二）持续关注心理资本的发展与实践

1.建立反馈机制

在心理资本的长期发展过程中，建立有效的反馈机制非常重要。可以听取他人的意见和建议，如家人、朋友或专业心理咨询师，了解自己的进展和改进的方向。同时，可以自我监控和自我评估，通过日记、记录或自评量表来跟踪自己的心理资本发展情况。

2.持续学习和实践

发展心理资本需要不断地学习和实践。通过参加相关的心理培训课程、阅读专业图书和文章，可以增加对心理资本的理解和应用。在日常生活中，积极应用心理资本的构成要素，如积极面对挑战、保持乐观心态、设立目标并迈向成功，将有助于巩固和提升个人的心理资本水平。

3.建立支持系统

在长期的心理资本发展过程中，建立支持系统是非常重要的。与积极性和支持性强的人建立密切的关系，能够提供情感支持和鼓励，帮助我们坚持发展计划，并在困难时刻得到支持。

总之，通过设立明确的发展目标，持续关注心理资本的发展与实践，我们可以更有效地培养和应用心理资本，拓展个人潜能，应对生活中的挑战，并在个人成长与实现幸福的道路上更坚定和自信。

在本章的探讨中，我们见证了心理资本的力量以及塑造了个体面对挑战的能力。为了进一步理解和评估自身的心理资本，我们可以使用心理资本量表，这是一个经过验证的工具，能够帮助我们量化自我效能、乐观、希望和韧性这四个要素，从而更好地认识和发展内在力量。

1. 卢桑斯. 心理资本：激发内在竞争优势（第二版）[M]. 王垒，童佳瑾，高永东，等译.北京：中国轻工业出版社，2018.

在当前这个充满不确定性和挑战的时代，传统的物理资本和人力资源管理方法已不足以应对复杂多变的环境。本书提供了一个新颖的视角来理解和提升个人及组织的竞争力。心理资本的概念强调了积极心理状态在提升个体适应性、创造力和整体表现中的重要性，这为个人发展和组织管理提供了新的路径。通过阅读此书，读者可以学到如何识别和培养自己的心理资本，如何将这种资本转化为实际的竞争优势，以及如何在面对逆境和挑战时保持韧性和积极态度。

此外，书中的策略和工具不仅适用于个人的成长和发展，也适用于组织的领导力发展和团队建设。这为希望提升领导能力、促进团队合作、并在组织中创建积极工作文化的管理者和领导者提供了宝贵的资源。

2. 佩潘. 自信的力量[M]. 陈阳，译. 南昌：江西人民出版社，2019.

你是否感到过自卑、遭遇过挫败，或者感到过恐惧？本书便是为了解答这些普遍的情感困扰而撰写的。作者不仅探讨了人们为何会感到自卑和恐惧，还提供了一系列建立自信的有效方法。

这本书的内容是建立在坚实的理论基础之上的，既包括作者的研究成果，也融入了众多著名哲学家和心理学家的一些研究，如拉康、尼采、爱默生、弗洛伊德、梭罗等。作者不仅在理论上进行了深入探讨，还通过各种生动的事例来阐释这些理论。这些例子既包括名人的经历，也包括普通人在日常生活中可能会遇到的场景，如欣赏美景、手工制作、榜样的影响力、与他人的比较等。这样的结合使得书中的理论与实际紧密相连，更易于读者的理解和应用。

书中的核心观点在于，建立自信并不仅仅是相信自己能够做好某件事，更重要的是学会面对未知和挑战。本书不仅是关于心理学的学术讨论，更是一本能引导人们实现自我提升和成长的实用指南。

1.心理资本主要包括哪四项心理特质？

2.自我效能有哪几个基本组成部分？

3.乐观的特征包括哪些？

4.希望由哪两个要素构成？

5.韧性包含哪几个要素？

成长型思维

第十一章

突破固定型思维，

释放无限能量

伟大的人不是生下来就伟大的，而是在成长过程
中显示其伟大的。

——马里奥·普佐

通过本章学习，你能够：

1. 认识思维模式理论的内容、特性和理论结构。

2. 描述思维模式理论的发展过程。

3. 实践是促进成长型思维的方法，并能在生活中积极应用。

成长型思维

突破固定型思维 释放无限能量

成长型思维

本书的内容

成长型思维与固定型思维
- 成长型思维
- 固定型思维
  - 可变性
  - 局部性
  - 内隐性

思维模式对生活的影响
- 对挑战和挫折的态度
- 对努力的态度
- 对自我成功的态度
- 对自我评估的准确性
- 对他人成功的态度

成长型思维理论的发展
- 儿童面对挫折时的差异表现
  - 无助型儿童
  - 掌握型儿童
- 目标成就理论
  - 成绩目标
  - 学习目标
- 智力内隐理论
- 内隐理论的扩展

成长型思维的神经科学研究

如何培养成长型思维
- 了解成长型思维与大脑可塑性知识
- 培养成长型思维的四步法
  - 接受
  - 观察
  - 命名
  - 教育

影响成长型思维模式的因素
- 思维模式与学习成就
- 思维模式与人格
- 思维模式与人际关系
- 思维模式与身心健康

长久以来，天赋与努力对成功的影响都是有争议的话题。通常认为，天赋对个体的影响巨大，但这种潜能仍需要通过不断努力才能显现。例如，众人总是艳羡莫扎特非凡的音乐才华，而忽略了他日复一日、枯燥与刻苦的练习。可见，努力对于结果也有很大的影响。心理学家同样对个体的天赋和努力所带来的影响深感兴趣，他们希望通过一种更科学而严谨的态度来探究其中的奥秘，包括：人的智力、天赋是恒定的还是可变的？努力是否可以转化为天赋？为什么同等智力水平的个体在学习结果上会表现出巨大的差异？决定个体行为结果的因素到底有哪些？我们又能做些什么来促使这些因素发挥作用，从而带给人类更多的幸福呢？

心理学家提出了众多理论来探索并解答这些有趣且富有意义的问题，其中，系统化且有影响力的理论当属德韦克的成长型思维理论。德韦克的研究始于一个实验中的有趣表现。

精彩分享

德韦克在书中曾这样描述："当我还是一个年轻学者时，正巧发生的一件事改变了我的一生。我非常执着于研究人们是如何面对失败的，于是决定通过观察学生如何应对困难来获得这一问题的答案。所以，我每次都会单独带一个学生进入学校的一个房间，让他们感到轻松舒适，然后让他们解答一系列智力测验题。第一个测验很简单，但接下来会逐渐变难。当学生开始嘟囔、流汗并感受到困难时，我会观察他们的表现，并问他们是如何想的，有什么感受。我希望看到学生们应对困难时的不同表现，但是我看到了一些我意想不到的现象。"

他提到了这样一个场景：在面对一些难度较高的测试题时，一个 10 岁男孩表示自己不喜欢这种挑战，而另一个男孩则显得非常高兴，表明自己喜欢应对这种信息量大的测试。这两个男孩之间的差异是什么呢？德韦克感到困惑，因为他之前一直认为，人类可分为能够应对困难和不能够应对困难两类，从未考虑过有人可能会对失败抱有热爱。

资料来源：德韦克.终身成长[M].楚祎楠，译.南昌：江西人民出版社，2017：142.

本章我们将对这种可以将失败转变为财富的思维模式——成长型思维模式进行介绍，主要内容包括：成长型思维模式的前身——智力内隐理论；成长型思维的基本理论架构，及其在众多领域的应用。最后，我们还将讨论怎样将成长型思维带入生活，使所学到的技巧有实际价值。

第一节　成长型思维理论

成长型思维理论是一种关于个体内在思维模式的理论。该理论试着从认知模式角度

出发来解释各类行为过程，认为个体在本质上对自身的能力、智力、人格状态等因素有一定的基础思维模式和倾向，而这种思维模式会对个体的行为结果和生活方式产生极其深远的影响。

一、成长型思维与固定型思维

（一）成长型思维

它是一种具有成长性的、灵活的思维模式与信念，指个体相信基本能力是可以通过自己的努力培养出来的。即便人们在先天的才能、性情、资质和兴趣方面存在差异，但每个人都可以通过努力来改变自己。

（二）固定型思维

与成长型思维相反，它是一种固定性的思维模式与倾向，指个体相信基本能力是天生的、无法改变的。这意味着，在固定型思维者眼里，能力是固定的，结果和成就是宿命。

研究发现，有40%~45%的青少年拥有成长型思维，40%~45%的青少年拥有固定型思维，而其他10%~20%的个体介于两种思维模式之间。

成长型思维和固定型思维具有以下三个特点。

1.局部性

该思维模式并不是以整体认知状态出现的，换句话说，并不单独存在"固定型思维"或"成长型思维"的人。一般认为，性格是可以改变的，人可以见贤思齐，完善人格，而智力作为一种与生俱来的属性则无法提升。例如，B是一位赛车手，他通过不断训练来追求更快的速度，试图突破极限；倘若让怕水的他去游泳，便会感到十分恐惧，B认为自己是永远也学不会游泳的。可见，同一个个体，成长型思维和固定型思维是并存的。

2.可变性

研究发现，人们有能力去选择和改变自己想要的思维模式。伯内特（Burnette）在2018年对美国农村地区低收入家庭的高中生进行了成长型思维干预，经过干预的个体，在学习动机、积极性和自我效能上都有所提高。

积极实践

成长型思维的冥想

想象一下，你身边是否有人总是处于固定型思维模式中——他们不断努力证明自己，对每一个小错误都反应过度，极度敏感。那么，他们为什么会这样呢？（或者，你自己是否也会这样？）随着时间的流逝，你可能会渐渐明白这背后的原因。

现在，转换一下角度，想想那些具有成长型思维的人——那些相信通过不懈努力就能培养出关键能力的人。思考他们在遇到难关时是如何应对的。这些做法你觉得怎么样，你会不会尝试用它们来提高自己？

接着，想象你决定去学一门新语言，并且报名参加了一个课程。在某些课上，老师让你站在教室前面，面对着一个接一个的问题。此时，如果你用固定型思维去看待，就会感觉到自己的能力受到了挑战。周围人的目光是否让你感到压力很大？你能否感受到老师审视你的目光？在这种紧张的环境下，你的自尊心是否会受到影响？此刻，你还有没有其他的想法或感觉？

现在，我们换个角度，以成长型思维来看这个情景。你是个初学者——这也正是你来这里的原因。你来这儿是为了学习，老师是帮助你学习的。感受紧张情绪正逐渐远离你，你的思维开始变得更加广阔。

我想告诉你的是，改变自己的思维模式是完全可能的。

资料来源：德韦克.终身成长[M].楚祎楠，译.南昌：江西人民出版社，2017：15.

3.内隐性

该思维模式是一种潜在的、内隐的心理过程与机制，它常常在潜意识中运行，难以被人觉察、表达和改变，并会对个体造成潜移默化的影响。内隐思维是值得研究者花时间去探索的。正如心理学家们普遍认为的："动机与人格研究者的任务是识别主要的行为模式，并将它们与潜在的心理过程联系起来。"

二、思维模式对生活的影响

思维模式对个体的影响是巨大的，它着重表现在个体的学习、生活和幸福感上。

我们认为，成长型思维和固定型思维对个体的影响主要有以下几个方面。

（一）对挑战和挫折的态度

成长型思维者倾向于将结果的反馈视为跳板。他们认为，当下的艰难或失败只是暂时的、正常的现象，而自己努力和成长会使境况变得更好。这种心态使得个体在遭遇挫折时依旧能保持茁壮成长的动力，抗挫性更强。而固定型思维者在遇到障碍时则倾向于感到焦虑与恐惧，并且容易放弃，出现回避行为。原因在于，固定型思维者认为，如果他们一开始没有成功，说明自己可能没有这种能力，再努力下去也只是出丑和无用功而已。

（二）对努力的态度

成长型思维者认为，努力是必要且十分有价值的。对他们来说，"罗马不是一天建成的"，而建设罗马这一行为过程本身就极富意义。与之相反，固定型思维者对努力的消极态度"令人瞠目结舌"，甚至将努力视为低能力和有缺陷的标志，并对此感到不屑。

（三）对自我成功的态度

对成长型思维者来说，成功的真谛在于，不断扩展自我能力的边界，能力源于自身不断地学习、勤奋努力和自我提高。而对于固定型思维者来说，成功的目的是证明自身的能力和天赋，确立自己的优越性地位；成功来源于自身与生俱来的能力，而努力则是对自身能力的怀疑和否定。

（四）对自我评估的准确性

研究表明，成长型思维者具有精准的自我评估能力。原因在于，他们可以坦然接受自身的缺陷，并且试图用努力和行动来弥补。他们对自身的能力持开放态度。而固定型思维者的自我评估则显得不准确：从本质上来说，他们的自我评价是较为极端的——非好即坏。具体表现为，他们会对自身的不足进行隐藏，而夸大自身的优势与成就，这也是他们自我防御机制的一种表现。此外，不同思维模式者在面对他人的批评时存在差异表现。成长型思维者更容易接受他人的批评，反思自身的不足。而固定型思维者在面对批评时，常常表现出更强的攻击性和防御态度。

（五）对他人成功的态度

成长型思维者善于学习他人的成功之处，更多的是表现出随性、共赢的态度。而固定型思维者会对外在持警戒态度，拒绝建设性的反馈，并受到他人成功的威胁。

三、成长型思维理论的发展：从归因理论到内隐理论

成长型思维理论最初是关于儿童学习的理论，之后不断拓展深化，最终成为一个涉及心理健康、学习与教育、工作组织与管理、社会人际关系与哲学等众多领域的丰富理论体系。我们认为，成长型思维理论的发展史，就是众多心理学家不断解决"人是否具有成长性、有多少成长性"问题答案的历史，对此进行回顾是极富意义的。

（一）儿童面对挫折时的差异表现：认知—情感—行为模型

在20世纪六七十年代，心理学家关于儿童面对挫折的解释主要有两大流派：塞利格曼的习得性无助理论与韦纳的归因理论。习得性无助理论认为，个体的无助和回避行为是反复经历的负性事件导致的，是长期学习的结果。归因理论则强调，个体对挫折事件的不同种类的归因导致了无助和回避行为。德韦克等人在归因理论的基础上进一步发现，儿童在面对困难时，存在着两种截然相反的归因倾向与行为表现。他们依据差异对这两类（无助型和掌握型）儿童进行了定义。

1.无助型儿童

这样的孩子在面对困难时更容易气馁，他们更容易低估自己成功解决问题的能力，也更倾向于将失败归结为自身能力的不足。

2.掌握型儿童

这样的孩子在面对挫折时更倾向于寻找复杂而多样的策略来解决问题，他们不容易放弃，表现出更多的勇敢与无惧行为。令人惊讶的是，掌握型儿童很少做出归因，而是更多地进行自我监督和自我指导。

由于这两类儿童在归因方式、情绪感受和行为表现上均有较大的差异，因而研究者将其命名为"认知—情绪—行为"差异，其中的"认知"一词指向的是个体的归因方式。研究发现，无助型儿童与掌握型儿童在初始的智力与技能上并不存在显著的差异。这说明，儿童在面对挫折时的表现并不是由其智力水平与技巧熟练度决定的。事实上，一些聪明、有能力的孩子同样也会表现出适应不良和无助的状态。

（二）目标成就理论

儿童在面对挫折时的归因与行为状态为什么会存在差异呢？目标成就理论可以用来解释这种归因差异产生的原因。目标成就理论认为，个体所追求的目标创造了其解释与反应事件的认知结构，是个体成就水平的决定性因素。个体在智力成就方面的目标同样可以分为两类，即成绩目标和学习目标。

1.成绩目标

成绩目标是想要获得他人对自身能力的有利评价，并避免消极评价。具备成绩目标的个体更关注事件的结果。

2.学习目标

学习目标是想要获得自身能力的提高。因此，其目标导向是注重过程。

德韦克与安德鲁·艾略特（Andrew Elliott）、伊莱恩·莱格特（Elaine Leggett）等人的众多研究表明，个体的不同目标导致了无助型和掌握型这两种行为反应模式的产生。在学习目标中，个体专注于寻求自身能力的提高，因而面对挑战与挫折时的动机更强，也能引发更高的导向行为发生；在成绩目标中，个体寻求获得对其能力的有利判断，避免消极判断。当个体能力水平较低时，就会产生无助和回避行为，且即便在能力水平较高时，成绩目标仍然会促进某种形式的风险回避。

（三）智力内隐理论

由于目标的成因与影响因素是不明确的，因此，目标成就理论并不能完美地解释个体行为的差异。后续有研究者提出了经典的智力内隐理论。智力内隐理论认为，个体对智力存在着一种本质性的信念，而这种信念是影响个体目标导向和行为类型的决定性因素。个体对于智力的信念同样有两种类型：实体性智力信念，又称实体理论，认为智力是固定不变的特质，是个人无法掌控和提升的；增长性智力信念，又称增量理论，认为智力是一种可以改变、塑造和发展的特质。

这两种智力观与成就目标理论和面对挫折的行为差异相结合，揭示出了个体面对挫折时的心理过程和行为表现成因：学习者对智力本质的信念是影响其智力发展的重要因素。持实体性智力信念的学习者认为，智力是固定且无法改变的，这一观念决定了他们的目标导向，证明自己的智力是足够完成任务的（同时躲避让自己感到智力的非胜任感）。因而，他们在面对挫折时，会倾向于表现出无助和回避行为。持增长性智力信念的学习者则与之相反，由于他们认为智力是可以发展的，因而更容易将目标专注于自身智力和能力的提升。

（四）内隐理论的扩展

除了能够系统性地解释个体对智力的信念如何影响其认知角度、情绪水平和行为方式外，内隐理论还被推广到社会心理学中，如人际关系、人性观、种族和文化心理学领域。自此，成长型思维理论打破了内隐理论仅作为学习理论的局面，真正成了一个成熟而包罗万象的科学理论体系。

四、成长型思维的神经科学研究

神经科学方法为研究成长型思维提供了一个全新的视角。首先，成长型思维模式的神经学依据之一是大脑的可塑性。大脑拥有极强的可塑性。脑神经元突触会随着对外在刺激的学习而不断变化，当我们获取新的信息时，新的突触和神经回路便会产生，而不断地学习和练习则能巩固这一神经回路，使其连接更加紧密。大脑的可塑性是终生且持续的。这就意味着，我们的才智、人格、思维品质永远是可以塑造和改变的，而固定型思维模式则往往是一种假象和误解。

研究者试图用多功能磁共振成像等技术手段来测量不同思维模式下个体的脑电波水平。美国心理学家杰森·莫泽（Jason Moser）等人的研究表明，成长型思维者表现出更高的错误正波反应，这使得他们对错误有更高的觉察和关注度，并且更容易接受纠正性反馈。此外，对前扣带皮层（anterior cingulate cortex，ACC，额中线皮质中与学习和控制相关的区域）的研究表明，成长型思维模式与ACC的腹侧和背侧纹状体之间的连接有关，说明成长型思维者面对负面反馈和挫折时的情感反应更加积极。

研究还发现，成长型思维和内在动机之间有着独特的神经科学相互作用。成长型思维和内在动机往往是相互交织的，它们共同影响个体的行为。通过对思维模式的内化，个体会在工作或学习中产生内在激励的行为。多项研究表明，成长型思维主要与大脑背侧区域有关，而内在动机则与中脑区域有关。

总之，神经科学的研究指出，成长型思维使得学习者在错误觉察和纠正方面表现更佳，也能促进个体的内在动机和终身学习。

第二节　成长型思维模式在各领域的应用及发展

如今，成长型思维已经成了一个包罗万象的理论，对各领域都有积极的影响。本节我们将回顾近年来思维模式理论的众多研究，探寻思维模式理论带来的影响及其发展前景。

一、思维模式与学习成就

思维模式理论最早是用来解释个体遇到挫折时的学习状态差异的。研究者认为，在成长型心态中，2个重要的表现特征是毅力和自我控制，而这与个体的学业成就密切相关。伯内特等人的研究表明，成长型思维者在绩效、目标策略、自我监控方面的表现都显著优于固定型思维者。相关研究还表明，具有成长型思维模式的学生比具有固定型思维模式的学生表现更好，尤其是在数学和读写能力方面更加明显。但以上的结论并不说明"优等生"都具备成熟的成长型思维。相关研究指出，天赋超群的学生在内在动机水平上显著高于普通学生，但在思维模式上与常人无异；事实上，优等生中的思维模式差异极大，往往存在极端的成长型思维者与固定型思维者。因此，对部分优等生进行干预是十分必要的。

成长型思维的影响对教育者（如老师、父母）同样有着重要的参考意义。美国心理科学家凯拉·海默维兹（Kyla Haimovitz）与德韦克的研究发现，父母对失败的态度与孩子对自己智力的想法有关联，家长的信念诸如"失败使人衰落"可以转化为孩子明显能感受到的担忧和行为，进而影响孩子自身的信念。在美国的一项研究中，98%的教师认为，使学生了解成长型思维有助于其学业提升。仅仅在教学过程中使用一些成长型的语言表达，也会对学生的动机和成绩有所助益（例如，将"考试不合格"转变为"尚未通过"；将对天赋的夸奖转变为对努力、集中精力和坚持不懈精神的夸奖等）。

成长型思维模式不仅对知识的学习有影响，还在技能方面的学习，如体育、艺术、音乐等也有众多成果。一项对于新加坡106名教师（从事行业包括音乐、视觉艺术和体育教育）的研究结果显示，思维模式理论可以在体育、艺术、音乐等方面得到推广，在这些领域中，成长型思维者的整体表现高于固定型思维者，积极情绪体验也更多。

精彩分享

美国画家杰克逊·波洛克的故事

设想一下，如果杰克逊·波洛克（Jackson Pollock）因为所谓的缺乏天赋而放弃了成为一位画家的梦想，那将是多么遗憾的一件事。虽然有专家指出波洛克在艺术上的天赋并不显著——这一点从他的早期作品中便可知晓，但他同样被认为是20世纪美国最杰出的画家之一，对现代艺术产生了深远影响。究竟是什么让他能够从起点走向顶峰？

美国编舞家和舞蹈家泰拉·萨普（Twyla Tharp）在她的著作《创造性的习惯》中提到，创造性不仅仅是灵光一现的神秘过程，而是更多地源自持续的努力和全身心的投入，即便是莫扎特也不例外。电影《莫扎特传》描绘了莫扎特能轻而易举地创作出众多杰作，而他的竞争对手萨里埃利则嫉妒到疯狂。然而，萨普在观影后认为，这种描绘是荒谬的，他强调"天生的天才是不存在的"。

波洛克之所以能从起点走向顶峰，也在于他对成为艺术家的执着追求。他不断地进行创作，正是这种热情促使他掌握了所有必要的技能，并开始创作出令人震惊的作品。他用滴画技法画的每一幅作品都是独一无二的。在创作过程中，他的无意识绘画表现出了极其丰富的情感。

任何人想做什么都能做吗？我并不确定，但我认为，人们能做的事比你曾经以为的要多得多。

资料来源：德韦克.终身成长[M].楚祎楠，译.南昌：江西人民出版社，2017：81-82.

二、思维模式与人格

思维模式对人格的影响同样是研究者关注的重要领域之一。对此领域的研究集中在

亲社会性、外向性和道德感上。2012年，德韦克的实验和大猩猩的实验均证实，经过成长型思维干预后的青少年的亲社会性有所提高，表现出更多的合作行为。人格心理学家认为，外向性与积极情绪感知和社交性相关联，有成长型思维模式的被试对象在面对学术或生活上的挑战时，他们的外向性倾向增强，而有固定型思维模式的则不会产生明显变化，这从侧面反映了成长型思维者的积极心理状态。有研究表明，道德成长心态对参与服务活动的动机有正向影响，通过积极的隐性道德教育可以提高个体的道德水平。

三、思维模式与人际关系

心理学家发现，思维模式对于人际关系的影响之大，这可能与成长型思维模式对亲社会性的提升有关。许多研究表明，仅仅了解"人格是可以改变的"这一现象，个体就会减少攻击行为；反之，若是强化"人格是固定的、无法改变的"这一现象，个体就会表现出更多的攻击行为。组织心理学家同样发现，在企业中进行成长型思维干预，可以提高群体间的和睦程度，促进工作效率。令人惊讶的是，这种现象还体现在不同种族与文化群体间。在一项研究中，有学者分别选取了以色列与巴勒斯坦两个国家的被试对象，进行"群体的属性和人格是可以改变的"这一成长型思维干预，结果发现，这两个国家的被试对象在干预后均表现出了更理解对方的态度，他们的敌意也随之减少。这意味着，成长型思维模式或许是一把"隐藏着的，开启和平的钥匙"。

四、思维模式与身心健康

思维模式同样可以用于改善个体的身体健康，产生心灵上的美好体验。一项思维模式对青少年健康影响的研究发现：拥有固定心态（认为健康状态是固定的、不容易发生改变的）的健康青少年反而更有可能认为自己"不健康，不太可能康复，更容易患上其他疾病"。有研究发现，相对于拥有固定心态的青少年，持成长心态的青少年的糖化血红蛋白（HbA1c）水平较低，这一结论或许能说明，思维模式的差异甚至能反映在部分血液指标中。

思维模式的干预同样可运用在减轻体重上。热尼（Jeni）与德韦克的研究表明：当减肥者了解到"减肥挫折（无论是减肥无效、中途放弃还是体重反弹）只是一种暂时的现象，而非永久的失败"时，他们的心理负担便会得到一定程度的缓解。

第三节　生活中的成长型思维

成长型思维并不是一种束之高阁的学术理论，而是可以在生活中进行使用的。本节我们将阐述培养成长型思维模式的简单方法。

一、了解成长型思维与大脑可塑性知识

认知行为疗法认为，个体的心理状态和行为受其认知模式影响巨大，因此，需要改变认知模式。大量研究证明，即使是学习和理解有关于成长型思维的知识（特别是关于

大脑可塑性的知识），也会对个体的心态和行为产生影响。

二、养成成长型思维的四步法

德韦克提出了适合大众在生活中养成成长型思维的四步法，即接受、观察、命名和教育，这种方法具有简便、生动和实用等特性。

（一）接受

承认、接受并拥抱自身的固定型思维模式。固定型思维模式在每个人身上或多或少都会存在。因此，接受它并不是一件羞耻的事，正视现实正是改变的开始。值得一提的是，接受固定型思维模式并不代表停止改变、放任自我，而是以更温柔和坚定的方式去选择成长型思维。

（二）观察

在生活中，时刻观察自己的固定型思维模式：它产生的原因？出现的时间？具体内容以及随之产生怎样的感受？在此过程中，不必急于进行评价，只要观察即可。

精彩分享

观察固定型思维

德韦克提出的观察自身固定型思维的方法，其中一步便是识别触发你固定型思维模式的具体情境。比如，我们可以问问自己，在哪些情况下，固定型思维会出现？可能是在面对一个巨大的挑战时，或者是当你在努力争取某件事情但感觉陷入僵局时。在这些时候，固定型思维模式可能会悄悄地对你说："也许你没那么能干，早晚有人会注意到。"或者"还是放弃吧，这太让人沮丧了，不如去做些更简单的事情。"

那么，当你经历重大失败时该怎么办？比如失去了工作，结束了一段重要的关系，或者彻底搞砸了某件事情。在这种极端的情况下，固定型思维模式几乎总会发作，并对我们说："你不是你以为的那种人——你永远无法成为那样的人。"

当你在自己引以为傲的领域遇到一个能力远超自己的人时，你的固定型思维模式又会怎么说？它是否会告诉你，你永远不可能像那个人一样优秀？是否会让你产生嫉妒之心？

我们如何用固定型思维模式来看待他人呢？如果我们是教育工作者，在一场关键的考试后，我们的反应如何？是不是倾向于判断哪些学生聪明，哪些学生不够聪明？如果我们是企业的管理者，在关键项目进行或结束时，我们又会怎么做呢？是不是倾向于评价员工的个人能力？如果我们是父母，是否会给孩子施加压力，要求他们证明自己比别的孩子聪明，通过考试成绩和等级来评价他们呢？

反思一下，最近一次触发你固定型思维模式的事情是什么？当这种思维模式出现时，它对你说了什么，你又有什么感受？

认识到固定型思维模式的存在，并明确了激发它的原因后，不要急于自我批评，而是先进行观察。

资料来源：德韦克.终身成长[M].楚祎楠，译.南昌：江西人民出版社，2017：81-82.

（三）命名

给自己的"固定型思维人格"起一个名字，想象一下它的样子、性格，以及对我们的影响：它是如何让我们思考、感受和采取行动的？它又会给身边的人带来什么影响？尽可能细致地去想象和描述它。

精彩分享

所有能激发自我怀疑的因素也同样能触发我的固定型思维模式，这进一步加深了我的自我怀疑程度。为了能对抗这种模式，我给它起了个名字叫"戴尔·丹顿"，灵感来源于赛斯·罗根（Seth Rogen）在喜剧电影《菠萝快车》中所扮演的角色。将我的固定型思维模式形象变为一个懒散、无能的小怪兽，潜伏在我脑海的某个角落，帮助我更好地面对和对抗它。戴尔经常提出让人质疑自己的挑衅言论。例如，在我取得一次成功后，他会悄悄地问："如果你无法再次取得这样的成功怎么办？"或者当我的努力偏离了预定的轨道时，戴尔又会出现，促使我进一步怀疑自己。

（四）教育

给固定型思维人格命名后，我们就可以开始教育它，并和它一起走向成长型思维模式。

积极实践

深入掌握引发固定型思维的诱因，能让我们在遇到这种思维挑战时更加警醒。当准备走出自己的舒适区，面对固定型思维模式的干扰时，我们应以积极的态度迎接挑战。思考它可能会抛出的问题，并坚定地告诉自己为什么要迈出这一步，同时邀请它加入我们的探索之旅，用一种包容的心态去说："我知道这可能会失败，但我想给它一个机会。你能给我多一点的耐心吗？"

当面对挑战和挫折时，正是固定型思维模式跳出来作祟的好时机。这时候，不要试图去压制它，而是让它自由表达，无论是通过跳舞还是唱歌，等它平息下来后，再向它展示我们计划如何从挫折中吸取教训并继续前进的方案："没错，我现在可能还不够好，但我知道自己接下来应该怎么做，让我试一试吧。"

记住，固定型思维模式本是为了保护你、让你感到安全，尽管它并不总是能以最有效的方式做到这一点。通过采用成长型思维模式的方法，我们可以引导它变成一个支持我们的伙伴：鼓励自己勇敢面对挑战，不轻言放弃，在遇到困难后重新站起来，并帮助支持他人成长。理解固定型思维模式者的立场，同时逐渐教导他人以新的方式思考问题，一同踏上向成长型思维转变的旅程。

 拓展阅读

1.德韦克.终身成长[M].楚祎楠，译.南昌：江西人民出版社，2017.

此书综合了德韦克近 30 年来的研究成果，深入浅出地阐述了思维模式理论及其对生活中各方面的影响。德韦克引用了大量生活中的趣事与身边人的经历，增强了此书的可读性。此外，高实操性也是此书的一大亮点。此书连续十年进入美国亚马逊心理学畅销书排行榜。

2.德韦克.努力的意义：积极的自我理论[M].王芳，左世江，等译.北京：中国人民大学出版社，2021.

此书介绍了社会、人格与发展心理学最核心、最基本的问题。阅读此书的过程也是领略德韦克迷人的研究设计的过程。作者的研究结果不断挑战人们习以为常的观念。生动活泼的语言、引人入胜的内容、脉络清晰的结构、经典丰富的案例、令人信服的研究结果，让人耳目一新。

每章一测

1.什么是成长型思维模式？什么又是固定型思维模式？

2.个体的思维模式有哪些特点？

3.简述思维模式理论的发展历史。

4.谈谈你在生活中如何转变自己的固定型思维模式。

第十二章

亲密关系
爱情本来的样子

彼此相爱，却不要让爱成了束缚，不如让爱成为涌动的大海，在你们的灵魂之间流动。互斟满杯，却不要同饮一杯；互赠面包，却不要同食一个；站在一起却不要过于亲近。

——卡里·纪伯伦

通过本章学习，你能够：

1. 掌握依恋的内涵，理解早年情感经历对成年亲密关系的影响。

2. 理解恋爱的基本规律，领悟爱和分离的关系。

3. 形成自我认同的信念，养成理性思考的习惯，自信自爱，提升爱的能力。

健全人格

- 自信自爱，自我认同，是爱的基础
- 适时表达，无条件付出，是爱的真谛
- 理性思考，尊重选择是爱的艺术

大学生性心理

性的概念

大学生性心理的特点
- 性感知的朦胧性
- 性需求的文饰性
- 性情感的波动性

性有关的困扰及应对方法
- 性自卑
- 与性体像有关的困扰
- 与性行为有关的困扰

亲密关系发展

依恋的概念

依恋理论
- 安全型依恋模式
- 回避型依恋模式
- 焦虑型依恋模式
- 混乱型依恋模式

亲密关系发展过程

从共生到分离

从母亲怀抱到恋人怀抱

边界感
- 完美爱情的成分
- 恋爱的阶段
- 家人之间的边界不清
- 恋人之间的边界不清

爱情本来的样子

亲密关系

12

20 世纪 50 年代末，美国比较心理学家哈利·哈洛（Harry Harlow）及其同事进行了一系列的恒河猴实验，其中以"代理母亲"实验最为典型。研究人员将刚出生的小猴放入孤立的笼子，并用两只假猴代替母猴。这两个代理母猴一个由铁丝制成，另一个由绒布制成。在"铁丝母猴"的胸前装着一个奶瓶，供小猴吸乳用，而"绒布母猴"则没有奶瓶。然后，研究人员观察了小猴与这两只"代理母猴"在一起的时间。结果发现，小猴只有在饥饿时才会去"铁丝母猴"那里吸乳，而在其余时间，它们更愿意与"绒布母猴"待在一起，甚至在遇到威胁时，它们也会紧紧抱住"绒布母猴"以获得安全感，而不是抱着"铁丝母猴"。

根据这个实验，哈洛提出了一个著名的论断——爱源于接触，而非食物。接触所带来的安全感是母爱最重要的元素。

那么，在亲密关系维系过程中，可能会出现哪些问题，以及如何应对这些问题呢？本章我们将系统学习亲密关系理论，探究人与人之间是如何从相互独立的个体逐渐建立起亲密关系的。

第一节　亲密关系理论

婴儿对成人的依恋增强了人与人之间的联系。如第五章所述，人类的祖先并不是最厉害的捕食者，但是通过合作获得了足够的食物和力量，使得人类可以生存和繁衍。婴儿出生不久就会出现社会性的反应——恐惧、喜爱，在母亲怀里，会报之以微笑；当被迫与母亲分离时，会哭闹。依恋理论认为，儿童早年和母亲（主要的抚养者）之间的互动经历会影响成年后的亲密关系，即生命早期的情感连接模式将决定儿童是否能形成安全的依恋关系。

一、依恋的概念

依恋是人与人之间建立的一种关系，涵盖了互相分享亲密情感以及给予温暖和支持。依恋始于婴儿时期，主要体现在婴儿与母亲之间，通过一系列行为，如吮吸、拥抱、抚摸、眼神交流和微笑等逐渐建立起亲密关系。

如果母亲对婴儿的需求敏感并能积极回应，那么婴儿就会认为母亲是一个安全的依托点，可以依靠她来大胆地探索外部世界。相反，如果母亲对婴儿的需求不敏感，甚至会不能积极回应，那么婴儿可能会认为母亲是不可靠的，甚至感受到不安全。

测评依恋行为模式的方式是多种多样的。美国心理学家玛丽·安斯沃思（Mary Ainsworth）通过陌生情境实验来测量幼儿与母亲之间的依恋关系。英国精神分析师约翰·鲍尔比（John Bowlby）提出，亲子关系从根本上可以视作依恋关系。

二、依恋理论

心理学家总结出了儿童的四种截然不同的依恋模式，即安全型依恋模式、回避型依恋模式、焦虑型依恋模式、混乱型依恋模式。儿童和成人的四种依恋风格，如图 12-1

所示。

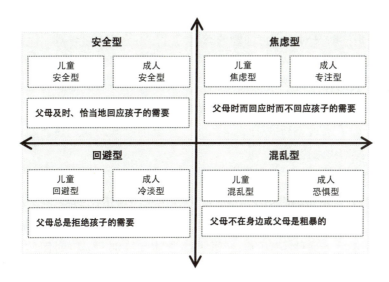

图 12-1　儿童和成人的四种依恋风格

（一）安全型依恋模式

绝大多数人属于安全型依恋模式。当安全型依恋的儿童置身于陌生环境时，若母亲在场，那么他们会感到愉快；若母亲不在场，那么他们就会感到紧张和焦虑；当母亲回来后，他们会前去寻求安慰，然后又继续愉快地玩耍。安全型依恋的儿童将父母视为安全的避风港。这种类型的人成年后通常容易建立亲密关系，既不会因对他人过于依赖而感到痛苦，也不害怕被抛弃。安全型依恋的伴侣能相互信任、支持、履行承诺，处理冲突时也能原谅和包容，容易产生共情，这种伴侣是安全的，与这样的人建立亲密关系能够最大限度地感受到幸福。

（二）回避型依恋模式

当回避型依恋的儿童与母亲分离或重逢时，虽然内部会出现生理反应，但表面很少表现出悲伤的情绪。这种类型的人成年后会回避亲密关系，他们往往会对亲密关系表现出较小的兴趣。回避型的人即使恋爱或结婚，其内心深处仍然感觉自己是一个人。家人之间边界分明、互不干涉。回避型的人和恋人在一起，总会保持一定的心理距离，随时准备从感情中撤退。回避型依恋的人为了保证他的独立而有意无意地会以微妙的方式使用一些压抑策略，提示恋人不要影响他的独立空间，在关系中常常表现出冷淡的特征。

（三）焦虑型依恋模式

焦虑型依恋的儿童与母亲分离后会急切寻找母亲，甚至大哭大闹；但找到母亲后也不能得到安慰，他们会黏着父母哭闹、发脾气。这种类型的恋人，往往过分亲密但还是得不到满足，他们是黏人的、占有欲强的人。他们希望寻求更多的亲密和安慰，而这常常超出人们所愿意提供的范围。他们常常处于一种对爱怀疑，拿不起又放不下的情感冲突中，导致一种不稳定、矛盾的心理状态。家人之间边界模糊、相互纠缠。他们总是觉

得自己被误解、不受关注和赏识，认为自己的恋人和朋友都不可靠，不愿意与自己建立持久的关系，他们担心恋人不是真正爱自己、会离开自己。因此，他们一方面希望能与恋人极为亲近，但同时又对恋人持怀疑的态度。

电影《河东狮吼》里有一段经典台词："从现在开始，你只许疼我一个人，要宠我，不能骗我，答应我的每一件事情都要做到，对我讲的每一句话都要真心，不许欺负我，要相信我。别人欺负我，你要在第一时间出来帮我。我开心，你要陪着我开心；我不开心，你要哄我开心。永远觉得我是最漂亮的，梦里也要见到我，在你的心里只有我！"女主人公就是典型的焦虑型依恋。

（四）混乱型依恋模式

与父母分离后，混乱型依恋的儿童既会表现出焦虑型依恋的特点，又会表现出回避型依恋的特点，既黏人又回避。早年遭受的虐待、忽视，以及缺乏父母陪伴往往会导致混乱型依恋。成年后，这种类型的人亲近—回避冲突特别明显，时而黏腻，时而生气，令人难以理解，使伴侣无所适从。

第二节　恋爱的基本规律

爱情究竟是怎样在我们的生命中发展起来的呢？心理学家认为，爱情首先是个体对爱自己的超越。弗洛伊德提出了"自恋"这个概念，这一概念来源于古希腊神话中的美男子纳西索斯（Narcissus）的故事。纳西索斯是希腊最俊美的男子，无数少女对他一见倾心，但他拒绝了所有人。直到有一天，他在清澈明净的湖水中发现了一个比他以前见过的任何人都更加俊秀的少年。他疯狂地爱上了这个异常俊美的少年，无数次将手伸入水中，想要拥抱自己的爱人，可每一次的水波荡漾都让他不得所愿。从此，他守在湖边，与心爱的少年相对，沉浸其中，却不知道那个俊美的少年其实是自己的影子。

一、从共生到分离

匈牙利病理心理学家和精神分析师玛格丽特·玛勒（Margaret Mahler）从临床角度出发阐述了人类心理的分离—个体化过程，她认为，婴儿是在与母亲的心理融合中开始并通过逐渐分离、独立的心理过程而完成人格塑造，并达到情感客体的恒定性的。玛勒重点观察了0~3岁孩子所发生的事情对其人格发展和客体关系的影响。客体关系发展的三个阶段是：

第一阶段，正常自闭期（出生~2个月）。这个阶段的婴儿大多数时间都在睡觉，好像被包在一层"自闭的壳"内，所有的情感能量都固着在自己身上，他们没有能力和周围的环境互动，似乎想刻意通过睡觉来隔离出生后过多的外界刺激。

第二阶段，共生期（2~6个月）。这个阶段的婴儿与母亲形成了共生状态。共生是借用了生物学的概念，但不同于生物学的共生，它不是真正意义上两种不同物种的独立个体之间的互惠关系，而是表示一种与母亲的未分离的融合。婴儿饿了、渴了、尿了、热了、冷了，母亲都会立刻来到他身边。婴儿区分不出自己和别人，他不知道是母亲在照料自己，以为是自己在满足自己，于是感到自己无所不能，仿佛自己就能掌控这个世界。自恋的萌芽在这个阶段发生，共生体验给他带来安全感，使他拥有共情能力。这个阶段的婴儿与母亲没有边界，后期才开始出现分离的信号。到了4~5个月的时候，婴儿拉开与母亲的距离为了更好地看清楚母亲，他们会拉母亲的头发，摸母亲的鼻子、耳朵等，这些都表示开始与母亲分离了。

第三个阶段，分离期和个体化期（6~24个月）。其中，6~10个月是孵化期，幼儿意识到母亲是个不同于他的人。11~16个月是实践期，这个阶段的幼儿会爬、会翻身，慢慢地学会了站立、走路等动作，会用新的角度看这个世界。能够行走和说话，让他感觉自己更有能力，这时的自恋程度达到了顶峰，但这个阶段的母亲仍然是幼儿的"家庭基地"，他可以随时返回获得食物和安抚。17~24个月是整合期，幼儿不再把母亲看作家庭基地，而是看作可以分享他发现的一个对象，他可以不断地向母亲展示他所发现的东西。通过这样的锻炼，幼儿逐渐意识到母亲的意愿并不总是和自己保持一致的，慢慢地就会将情感从自身扩展到外部世界，摆脱了对母亲的依赖，结束了自恋状态，将自我扩展到周围的世界。

在生命的第三年（24~36个月）时，幼儿的认知能力越来越强，语言沟通代替了其他的交流方式，表现出对成人要求的抵制和对自主性的需要，稳定的个体化得以实现。他对于真实世界的观察越来越细化，产生了一定的时间观念，可以忍受延迟满足和分离。这时候与母亲的分离过程仍在继续，他经历着母亲的来与去，逐渐形成了客体永恒性的观念。意识到无论母亲在不在身边，其都是一个稳定的形象。

二、从母亲怀抱到恋人怀抱

在步入大学之前，亲密关系从亲情到师生情再到友情，并伴随着友情的不断丰富，直到爱情成为生命中的另一个主题，如图12-2所示。爱情是在性生理和性心理成熟的基础上，男女双方因相互仰慕而渴望对方成为自己伴侣的积极情感。

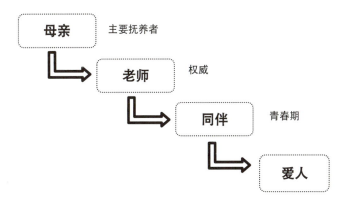

图 12-2　从母亲怀抱到恋人怀抱

（一）完美爱情的成分

美国社会心理学家罗伯特·斯滕伯格（Robert Sternberg）提出，真正的爱情包含三个成分：激情、亲密和承诺。激情是指恋爱双方处于短暂的、爆发式的情绪状态，具有与对方融合的强烈愿望，促使双方产生强大的吸引力，是爱情的动机成分。亲密是指彼此有依赖、亲近的倾向，双方具有相同的价值观、信念、兴趣爱好等，这些都是爱情的情感成分。承诺是指向对方表露长期维持关系的意愿，生儿育女繁衍子代，是爱情的认知成分。

如图 12-3 所示，如果亲密关系中只有激情、亲密和承诺中的一种或两种成分，都不是完美的爱情。光有亲密，恋爱双方有理解、认可、支持和分享的情感，但缺乏强烈的性爱，充其量只能称之为喜欢，是喜欢式的爱情；光有激情，彼此享受男女性爱之欢愉，却做不到情感互通，也不谈忠诚专一，充其量只能称之为迷恋式的爱情；光有承诺，虽然能一心一意维持长久的责任，但无情爱支持，也无情感共鸣，缺乏沟通和认可，只能称之为空洞的爱情。只有激情和亲密，没有承诺和担当，是浪漫之爱；只有激情和承诺，没有亲密的爱，是愚昧之爱；只有亲密和承诺，没有激情，是伴侣之爱，虽能携手相伴，但缺少情爱，也很难说是完美的爱情。

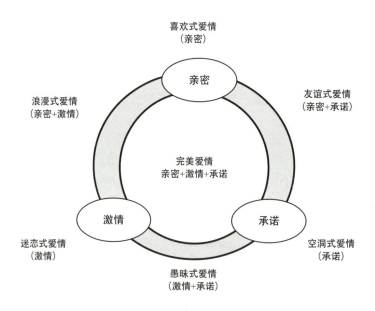

图 12-3　斯滕伯格的爱情三元素

（二）恋爱的阶段

在青春期的前期，如第五章所述，在人际吸引的几大法则中，外表、才能、爱好、地域等因素都有助于吸引别人。青春期的少男少女情窦初开，相互爱慕，非常在意自己的外表，希望在喜欢的人面前留下最好的印象，更希望彼此之间有肢体接触，因为有了倾心之人，所以产生积极的情绪体验。一般来说，亲密关系的发展历经三个阶段：确定期、磨合期和稳定期。

第一个阶段是确定期。主动追求的一方在对对方的好感剧增后，会采取各种方法向对方表白，促使双方关系从友情变为恋情。例如，主动邀约单独相处表白，运用肢体姿势语言直接表白，利用别人（共同的朋友）传递信息间接表白，在大庭广众之下浪漫表白等。如果表白成功，恋爱关系就确立了。

第二个阶段是磨合期。正式确立恋爱关系后，情侣就开始仪式性的互动。通过牵手、拥抱、亲吻等行为来明确双方的关系。在这个阶段，双方会有意无意地调整自己的习惯来"迎合"恋人的行为方式，以进入"二人世界"。这个时期也会发生因两人的价值观、生活习性、对关系的期待不同等而导致的矛盾冲突。初始阶段的甜蜜有时也会被伤害替代，特别是遇到爱和被爱的能力不够，互相不是对方的意中人时，妨碍了双方体验爱情带来的幸福。

第三个阶段是稳定期。经过磨合，大学生情侣通过共同参加活动、共同计划未来等方式形成了指向婚姻的伴侣关系。自 2005 年 9 月 1 日起，教育部颁布的《普通高等学校学生管理规定》，删除了"在校期间擅自结婚而未办理退学手续的学生，做退学处理"的规定。这意味着普通高校学生只要符合国家相关法律规定即可登记结婚。

虽然法律上允许大学生恋爱、结婚，但作为经济尚未独立的大学生，还是要慎重对待恋爱、结婚等问题，尤其要慎重对待婚前性行为。

三、边界感

恋爱是一件愉悦的事情，即与另一个人建立情感连接，来满足自己的心理需求。但双方的边界感对于维持长久的、健康的情感关系十分重要。所谓的"边界感"指的是分得清自己这个主体与他人之间的清楚界限。尽管恋人之间感情深厚，但也是不同的两个人，是两个不同的主体，"你就是你，我就是我""你的事情你做主，我的事情我来做决定"等。现实生活中，恋人之间因分不清边界而导致情感受挫甚至出现情感破裂的例子屡见不鲜。当一个人欠缺边界感，常常会把自己的事托付给他人，邀请他人跨入自己的界限；也常常会把自己的意愿强加于人，强行跨入他人的边界。即便两个人再相爱，也不能没有边界。只有具备合适的边界，在爱情中才能更好地保持自我。

成年人的情感发展可以追溯到早年生活经历中的依恋，同样地，边界感也可以从追溯分离开始。依恋的爱让我们可以安全地探究外界，分离却能让我们成为独立的自己。回顾从出生开始的生命历程，分离其实一直伴随着我们，每次的分离都有独特的生命意义，时刻提醒着我们，自己是一个独立的个体。表 12-1 列出了生命中有分离的重要的时段或事件。

表 12-1　生命中的分离及意义

重要的时段或事件	分离	意义
出生	身体与母亲分离	剪断脐带、自主呼吸，脱离子宫的保护，成为独立的人
断奶	与母乳分离	摆脱对母乳的依赖，添加辅食，直至自主摄食

续表

重要的时段或事件	分离	意义
上幼儿园	走出家庭环境，逐渐与家庭分离，融入社会	开始学习社会规则，从家庭向社会拓展，与外人建立连接
青春期	心理断乳，自我意识发展，逐渐与父母的意识分离	精神上主动要求与父母分离，自己的事情自己做主
恋爱结婚	生活上、情感上与原生家庭分离	成年人经济独立、人格独立
青年期、中年期	养育下一代，与子代分离	繁衍下一代，完成孕育使命
老年期	离开工作岗位，与原来的同事、战友等分离	回归家庭，安度晚年

每个人首先要对自己有清晰的认识，才有能力去发展关系。生理上、精神上的分离，让我们能明晰自己和他人之间的界限。中国当代作家毕淑敏曾经说过："教养和财富一样，是需要证据的。"教养最好的证据莫过于有清晰的边界。以下是因边界不清而影响爱情的两种不同的表现。

（一）家人之间的边界不清

边界感是基于所有权的清晰认知。我们需要明白哪些属于自己，哪些属于他人，我在我的领域内行动，他在他的领域内行动。要跨越这个界限，必须得到他人的同意。在影响恋人感情的因素中，有一个尤为重要，那就是恋爱关系之外的他人干涉了这段感情。例如，一方的父母与孩子之间的边界模糊会对感情发展造成影响。如果恋爱的一方与母亲未作情感上的分离，认为母亲的一切观点都是对的，遇到问题时首先想到的是找母亲解决，母亲的意见就是她（他）的意见。那么，恋爱双方对两性关系的处理就会变得复杂。生活中，家人之间没有适时分离的关系表现形式不一，但起到了相同的作用。

大学生在进入恋爱阶段，首先要确认自己已经与原生家庭中的其他成员在情感上进行了合理的分离，只有人格成熟后，才能承担起两性关系中的角色。总之，情感是很私密的事，要警惕家人打着"我是为你好""我是关心你才问你"等的旗号，干涉你的情感生活。

有边界感的感情才是健康的感情。边界感淡薄，是很多情感成为伤人利器的原因。热情过度，侵犯他人的边界，绝不是一种善良，而是缺乏分离的体现。

（二）恋人之间的边界不清

恋爱中的双方应尽可能准确地理解对方的基础边界。和恋人在一起时，双方会保持一个心理安全的距离，如果其中一方想要走近一点，越过边界，就需要征得对方同意。这样的亲密关系才是健康的。

边界尺度因人而异。例如，外向型的人通常边界感较弱，而内向型的人则边界感较强。另外，焦虑型依恋的人通常缺乏安全感，他们可能会时刻关注对方的行踪，过度追问，不允许对方离开自己的视线。这会让对方感到窒息，也是缺乏边界感的表现。总之，有边界感、尊重他人，是维系亲密关系的法宝。

性是什么？恋爱到什么程度可以接受性？大学生在性生理和性心理方面存在着哪些困扰？解决的途径有哪些？听到"性"这个词，你会联想到什么？

【课堂调查】一说到"性"，你能联想到什么？

快乐　例行公事　释放　害羞　妙不可言

尴尬　舒服　享受　满足　下一代

流产　自信　强大　禁忌　趴下　和谐

征服　内疚　压抑　愉悦　羞耻　恶心

贞洁　原罪　乏味　交易　生育　自卑

……

一、性的概念

性是生命的自然功能，是帮助人类完成种族繁衍的一种本能。性贯穿于人类历史发展的全过程。作为个体来讲，性作为生理上欢愉的一种形式，维系着亲密关系，满足着男女双方生理和心理上的需求。由此可见，性往往与美好相联系，所反映出的特性应该是与积极、幸福相关的。但为什么大家一听到"性"这个词，也会产生消极的联想呢？

事实上，并不是所有人对性的认知都是充分的。青少年在性意识发展的成熟阶段，如果得不到正确的引导，成年后可能会产生性心理障碍。这不仅会破坏关系，伤害自己和他人，影响幸福，还会伤害社会，给生存环境带来负面影响。

性有生物学、社会学和心理学三方面的属性。所谓性的生物属性，是指男女在生物学上的差别。男性的性染色体为XY，女性的性染色体为XX；男性体内雄性激素多，女性体内雌性激素多；男性性腺是睾丸，女性性腺是卵巢。男性和女性在生殖系统和第二性征上存在明显差别。所谓性的社会属性是人类文明发展进步的产物。性别就是社会对于两性的期望不同而形成的。男女在家庭和社会生活中扮演什么角色、承担什么责任，主要由社会规范、伦理道德及风俗习惯等文化因素决定。所谓性的心理属性指的是人对性及性活动的认知、体验、观念和情感等心理活动。人的性心理是不断发生变化的，它受到性角色内化的影响，也与受教育程度有关。健康的性心理通过外显行为表现出来，性心理健康了，人格才能完满，亲密关系才能通过性行为达到生理、心理和社会各方面的协调。

二、大学生性心理的特点

（一）性感知的朦胧性

进入大学以后，大学生在生理上的成熟使得其对异性的身体、心理特征产生了浓厚的兴趣，对异性的爱慕具有生理的本能性和朦胧性的特点。由于性意识的觉醒，大学生十分注重自我形象，关注自己在异性眼中的印象，渴望与异性建立亲密关系，行为上表

现出想与异性接近的举动，希望收获幸福。这些感知处在确定和未确定之间是非常美好的，具有朦胧之美。

（二）性需求的文饰性

大学生对性需求的关注程度明显高于中学生，心理上存在对恋爱的渴望，但在行为上却表现出羞涩和冷漠，具有明显的文饰性。有的大学生因缺乏科学的性知识，对性困惑无从排解，又缺少和异性交往的经验，从而影响了情绪。在这一点上还存在着明显的性别差异，相对男生来说，女生更含蓄、更敏感，更喜欢用暗示的方式表达需求。

（三）性情感的波动性

大学生充满青春活力。随着认知水平的提高，对两性的差异和关系逐渐清晰，对异性的态度也可能由好感、思慕上升到爱情。但大学生控制和调节情绪的能力尚不成熟，容易产生较大的波动。例如，在告白被拒时无法坦然接受、尊重对方的意愿；单相思太久会陷入情感的矛盾和冲突之中无法自拔；失恋后情绪崩溃无法理智面对，不能收拾心情重新出发建立新秩序等。大学生情侣还不是通常意义上的亲密伴侣，容易导致情感上的压抑，甚至还可能通过扭曲的方式表现出来。

三、与性有关的困扰及应对方法

对大学生群体来说，一方面，传统保守的性观念和浪漫开放的性观念并存，这在一定程度上存在思想观念上的不协调；另一方面，生理上的成熟或接近成熟与心理上尚未走向成熟的状况并存，存在自身生理和心理发展水平的不协调。因此，大学生在性方面产生一些困扰或障碍，也就不足为奇了。

（一）性自卑

男性和女性在生理上和心理上各有特点，都有自己的性别魅力。美国精神病学家爱利克·埃里克森（Erik Erikson）提出的人格的社会心理发展理论，将心理的发展划分为八个阶段，其中，青春期（12~18岁）主要解决的冲突是自我同一性危机。在这一阶段中，男女生应在生理、心理和文化等方面进行合乎社会要求的全面角色认同，例如，性别认同就是非常重要的。

国内学者吴增强的研究显示，女性对自己的性别认同不如男性。当问及"如果你可以选择自己的性别的话，选什么性别"时，69.1%的男生仍选择男性，而女生选择女性的为33.1%。20.9%的女生不再选择女性，而男生不选择男性的比例为2.3%。可见，女生性别认同不及男生，更多的女生不认同自己的性别。

如果青少年对自己的性别不认同，一方面可能会使自己的自信心不足、自尊感降低，导致自卑沮丧，丧失进取心；另一方面还会影响社会角色的责任担当，导致社会适应不良。

（二）与性体像有关的困扰

大部分学生都很在意与自己性别相关的体征，对自身的外在"缺陷"和"弱点"十分敏感。青春期是自我意识发展的第二个飞跃期，他们对自我的关注首先表现在关注自己的外在形象上。男女生在身高、体态、相貌等身体的结构和功能方面出现了第二性征，他们渴望了解自己的体貌，更注重别人对自己体貌的评价。如男生会希望自己体格强健、面部有胡须、声音有磁性等。女生会希望自己皮肤细嫩、身材苗条、声音柔美等。当别人对自己的体貌给予赞赏和肯定时，内心深处会产生不同程度的满足感；当受到批评或调侃时，也会感受到不同程度的焦虑和不适。大学生还喜欢拿自己与别人比较，发现自己比别人胖、个子比别人矮、眼睛比别人小时，也可能引发忧郁、烦躁情绪。

体像烦恼是一种因个体自我审美或审美能力的偏差而引起的心理烦恼。体像烦恼不属于心理疾病，是介于正常的身体认知和身体认知障碍之间的心理现象。研究者对青少年学生的体像烦恼进行了深入研究后得出，体像烦恼包括容貌烦恼、形体烦恼、性器官烦恼和性别烦恼四种类型。研究者通过对3121名青少年学生的抽样调查表明（被调查的学生可以选一项或几项烦恼），有22.3%的学生存在体像烦恼，7.6%的学生存在形体烦恼，8.9%的学生存在性别烦恼，5.2%的学生存在性器官烦恼，5.1%的学生存在容貌烦恼。并且，随着年龄的增长，体像烦恼的发生率呈上升趋势，对身体自我的满意度呈下降趋势。

研究已证实，体像烦恼对自尊、社会交往、情绪及学习积极性均有消极影响。青少年学生的体像烦恼与自尊呈显著负相关，尤其是大学生的性别烦恼和容貌烦恼与自尊的负相关性显著。有体像烦恼的学生因对自己体像的自卑而导致其不能主动地、从容地与他人交往，甚至回避与他人交往，容易造成社会适应不良现象。体像烦恼会带来很多的负性情绪，如茶饭不思、郁郁寡欢等。

（三）与性行为有关的困扰

与性行为有关的困扰包括性自慰、性骚扰及婚前性行为等。

性自慰俗称手淫。性自慰引起的心理困惑主要有三个方面：一是虽然从性教育课程中知道这是一种自慰行为，但内心深处总认为它是有害的；二是这种性自慰行为间接引起大学生关于自己的消极评价，如无能、猥琐、恶心等，影响了与异性的正常交往；三是由于性自慰行为不需要依赖别人，有的人产生了强迫性的自慰，一有冲动就用自慰方式解决，使得精神上相当疲惫。应该指出的是，性自慰无罪、无害，并不等于性自慰是必需的，更不意味着性自慰可无度。频繁的性自慰可能造成男性尿道感染和女性月经失调、盆腔炎等疾病，所以不宜提倡。另外，过度的性自慰会让人在心理上依赖于自己满足性需求，客观上减弱对异性关注度，不利于正常亲密关系的建立。因此，性自慰有利有弊，大学生应学会理性、平和地看待。

恋爱到什么程度可以发生性行为呢？请把握好以下三个原则。

一是自愿原则。性是美好的行为，没有到水到渠成的时刻，任何一方都不能强迫对方付出或接受。在未得到对方允许的情况下，任何人都不能提出无礼性的要求。恋爱中也要防止性骚扰，如故意碰撞身体的敏感部位、强行要求发生性关系等。

二是无伤原则。恋爱双方的性行为应该不能伤害到其他人。如为了追求片刻的欢愉，充当"第三者"破坏别人家庭是极不负责任的行为。大学生要有基本的性常识，特别是

避孕常识，如女性的生理期、安全期、避孕的方法、事后补救方法等。

三是爱的原则。性不能作为交易手段。人类和动物的性本质区别就在于，人类的性并不仅仅是性，还有爱。性行为是情感升华时的自然行为，而不能是因为与爱无关的其他目的。

当然，"婚前试爱"也有一定的风险，尤其是意外受孕对女性造成的伤害更大。人工流产对女性造成的伤害是生理和心理双重的。所以，对于性行为，无论男性还是女性，无论婚前还是婚后，一定要考虑上文所说的三大原则。要充分考虑自己是否已经做好了生理、心理、经济、安全等各方面的准备，避免因准备不足而使得美好的性体验变成双方关系的创伤，甚至伤害到身体，造成不可挽回的后果。

第四节　提升爱的能力

与恋人建立亲密关系，相互支持、对抗孤独、享受甜蜜是每个人对亲密关系的憧憬。那么，人在追求幸福的过程中，亲密关系能发挥多大的作用？一项由哈佛大学四代心理学家历经 75 年的纵向研究——"幸福是什么？"或许能给我们一些启示。1938—2014 年，哈佛大学进行了有史以来最为悠久的成人生活轨迹研究。他们跟踪记录了 724 位男性，从少年到老年，持续地询问和记载他们的工作、生活和健康状况等。这 724 位被访问对象来自两个组，第一组是哈佛大学的大二学生，他们在二战期间毕业，大部分人都参军了；第二组是来自波士顿贫民区的小男孩们，他们之所以被选中，是因为他们来自 20 世纪 30 年代波士顿最贫困的家庭。每隔两年，研究团队会对这些研究对象进行脑部扫描、血液取样，分析他们的身体健康状况，电话访问或拜访这些人，询问他们的生活状况，记录他们对于生活的满意度情况。该研究项目的第四任主管罗伯特·沃尔丁格（Robert Waldinger）在 2016 年 TED Talk 中向全世界分享了过去 75 年的研究成果，长达几万页的数据及分析得出一个结论：良好的人际关系让我们更快乐、更健康。

精彩分享

良好的人际关系是幸福的实质，主要体现在以下三个方面：

第一，良好的关系对于生存是有益的，而孤独寂寞是有害健康的。那些跟家庭成员更亲近的人，更爱沟通。拥有良好人际关系的人更健康、更快乐、更长寿。

第二，无论是伴侣还是朋友，真正对幸福有影响的是关系的质量，而不是数量。

第三，亲密的婚姻关系，会保护身体以及大脑的功能，缓解由衰老和疾病带来的痛苦。

哈佛大学的研究还在继续，对幸福的探讨也在不断深入。不可否认的是，仍然有很多人在恋爱中受伤。如前所述，与人交往时，不仅要觉察对方早年生活经历中被养成的依恋模式对现实行为模式的影响，也要主动调整认知、改进行为，及时从不合适的情感中抽离，以免造成深度的创伤。只有真诚付出，让爱成为双方人格成长的动力，才能提升幸福感。

德裔美籍心理学家艾瑞克·弗洛姆（Erich Fromm）在他的《爱的艺术》（*The Art of Loving*）一书中指出，爱是一种可以习得的能力，是一个人人格的整体展现。若要发展爱的能力，就要努力发展自己的人格，并朝着自我实现的方向做出不懈努力。所以，要提升爱的能力，就要从自主培养健全的人格开始。

一、自信自爱，自我认同，是爱的基础

一个人要想从亲密关系中获得幸福感的提升，首先要学会做一个快乐的单身。"你若盛开，蝴蝶自来。"大学生首先要有高质量的自我认同，这也是社会性的一种体现。无论男生还是女生，都应当接纳自己的不完美。要知道，吸引人的往往不是外表，才能、人品、勇气、坚毅等内在品质更能展示一个人的独特魅力。

大学生要增加自己的人格美、气质美、才华美。只有自信乐观，才有令人喜爱的基础。正如英国长篇小说《简·爱》的女主人公简·爱在面对罗切斯特先生时说的一段话："你以为，因为我穷，低微、不美、矮小，我就没有灵魂、没有心吗？你想错了！我的灵魂跟你的一样，我的心也跟你的完全一样！要是上帝赐予我财富和美貌，我一定要让你难以离开我，就像我现在难以离开你。我现在与你说话，是我的精神与你的精神说话，是平等的，因为我们是平等的。"这是体现女主人公人格独立并追求完美爱情关系的经典台词。简·爱既不富有，也不够美貌，但在亲密关系中追求平等相待的标准没有下降。她为什么可以要求男主人公平等相待？因为简·爱人格独立！简·爱的这段话在向罗切斯特先生表明：现在我告白了，如果我们琴瑟和鸣、互通爱意，那么我们可以在一起；如果被拒绝也无妨，我也能坦然接受无法得到平等回应时的分道扬镳。正因为简·爱自尊自爱、自我认同，最终收获了爱情。

二、适时表达，无条件付出，是爱的真谛

爱情是美好的体验，心海泛起涟漪时，笑容会不自觉地荡漾在脸上。恋爱的过程是有规律可循的，它始于告白，经过磨合期才能收获稳定的亲密关系。当喜欢上一个人的时候，你能否用恰当的语言向对方表达出来呢？表达爱是需要勇气、信心和智慧的。较好的相处氛围、表达心意时的诚挚态度、得体且充满感情的肢体接触等都有助于告白成功。当期待的爱情或意外的告白来到你面前，你能否接受、如何接受，甚至怎么拒绝也是爱的能力的体现。

> 积极实践

学会表达和赞美

在小组中任意寻找一个伙伴，搭成临时二人组。一个人先说几句赞美的话让他

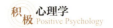

（她）开心，以他（她）嘴角上扬为准；然后交换角色，愉快地交谈 5 分钟以上。

注意，赞美的话要真心诚意，要有理有据，自然地赞美。如：

（1）今天你看上去气色特别好，是发生了什么好事吗？

（2）我听李老师说你帮 XX 同学做了一件好事，你真了不起！

（3）你最近在跑步吗？怪不得精神状态好多了！

……

有爱的能力的人不仅仅表现在心仪的告白对象来到面前时，你能欣然接受并自然回报，还表现在不是自己喜欢的人来到面前时，你可以礼貌拒绝。拒绝爱的能力首先表现为对示爱者的尊重，要感谢对方对自己的欣赏和认可；其次，拒绝的态度要明确，告知对方"我们只能维持朋友关系，不可能再进一步"。不要优柔寡断、拖泥带水，给对方留下幻想的空间。表达阶段最忌讳用暧昧的语言、模棱两可的态度，让对方造成误解，为后续的关系带来隐患。

在亲密关系的巩固期，真正的爱情是只讲付出不求回报的。爱的真谛在于无求。爱一个人并不是要从对方那里得到什么物质回报，而是心甘情愿地付出。它使我们感觉从爱中得到的满足远远大过想要的利益。如果你在爱情中乐大于苦，使你上进的力量大于堕落的力量，那么是真爱无疑了。当遇到某个既适合自己又相爱的对象时，就要努力把感情维护好。所以，爱的能力更包含经营、维系感情的能力。

三、理性思考，尊重选择，是爱的艺术

一定要明白，判断一段关系的质量如何，彼此是否适合是最重要的指标。大学生对自己未来的伴侣多少有过期待，尽管"一见钟情"时情感来势汹汹，但在磨合期双方难免会出现碰撞、冲突。最适合自己的人不是想遇见就能遇见的，双方在恋爱中相互影响、相互完善，彼此成就对方，让双方在精神上逐渐靠拢。别人的经验和行为模式只能作为借鉴，无法在自己的生活中重演。每一个人都有自己的成长故事、有独特的成长境遇，每个成年人都带着过去经验的烙印。大学生需要面对自己的恋人，摸索出适合自己的情感模式，找到那个意中人。

积极实践

失恋的五大好处

结合本章内容，谈一谈如何理解失恋？分析失恋的原因有哪些？和组内同学交流一下，失恋有哪些好处？

因为失恋了，所以我

（1）_____

（2）_____

（3）_____

（4）_____

（5）_____

尊重对方是恋爱的基本要求。即使付出没被对方看到、不被认可，或者关系持续了一段时间后，发现彼此之间的矛盾无法调和，也要坦然接受亲密关系的丧失。失恋是考验一个人的爱与被爱的能力，也是对大学生情感能力的考验。分手也是展示爱的能力的时刻，拥有爱的能力是愿意向对方展现自己的愿望和需求，期待得到同等的回应，把选择的主动权交予对方，设身处地地为对方着想，并尊重对方的任何决定。同样地，被爱也是一种能力。恋爱是一个双向的过程，被追求、被宠爱、被重视固然能满足自己的精神需求，但也要理性分析这种精神需求是不是虚荣心、嫉妒心在作祟，是否能和对方达到情感上的共鸣，爱情三大要素是否齐全。另外，分手后，仍然要感激对方给予自己的欣赏和付出，感恩得到对方的肯定和帮助；分手后仍然要发展自己，让自己从这段感情中成熟起来，成为更好的自己。

🔲 拓展阅读

1.弗洛姆.爱的艺术[M].刘福堂，译.上海：上海译文出版社，2018.

爱是什么？爱是一种能力吗？怎样才能找到自己的 Mr.或 Ms.Right？这是无数人问过的问题。从古至今，各个学科都试图来回答这些问题。弗洛姆以精神分析的方法切入爱的话题，跨越心理、哲学、社会、伦理等多个领域，提出爱是一种需要培养的能力，是一门艺术。想要掌握这门艺术，不但要有这方面的知识，还要为之付出努力。

全书从四个方面层层递进地阐述了"爱的艺术"。第一，爱的本质是什么？第二，我们怎么辨别真正的爱？第三，这样的爱存在吗？第四，如何去实践爱？在弗洛姆看来，爱是一个人人格的整体展现。成熟的爱并不是让人失去独立和自我，而是在保持自身独立的基础上实现人与人的结合。一个人要学会去爱，就是要学会关心他人，承担责任，彼此尊重，并认识自己和他人。这要求他全面发展自己的人格，形成一种创造倾向。爱情和其他艺术一样，需要纪律、专注、耐心和兴趣，但它又是特殊的，要获得爱的能力，就要克服自恋，用客观和理智来看待世界，并相信人类可以通过爱情，实现新的和谐与统一。

2.克里斯多福.亲密关系：通往灵魂的桥梁[M].张德芬，余蕙玲，译.长沙：湖南文艺出版社，2019.

几乎每个人都希望拥有良好的亲密关系，许多人终此一生花费大量精力在寻觅亲密关系。但凡是人，就不可能没有亲密关系的烦恼。克里斯多福的这本著作把亲密关系的过程分成几个阶段来讲述：绚丽、幻灭、内省和启示。全书用平实的语言解释了为什么当初在绚丽期爱得死去活来的两个人，在幻灭期可以形同陌路？怎么样用内省的方法来看待亲密关系中的问题？最终又如何走向积极的亲密关系？克里斯多福的基本观点是：你的亲密关系伴侣，是来帮助你更好地认识自己，进而疗愈你的创伤，最终找回真正的自己。因此，亲密关系是通往我们灵魂的桥梁。

 每章一测

1.儿童的依恋模式有哪几种？

2.完美爱情的成分有哪些？你是如何理解的？

3.亲密关系的发展历经哪三个阶段？

4.大学生性心理的特点分别有哪些？

5.如何提升爱的能力？

第十三章

积极心理干预

人所拥有的任何东西，都可以被剥夺，唯独人性最后的自由，也就是在任何境遇中选择自己态度和生活方式的自由，不能被剥夺。

——维克多·弗兰克尔

通过本章学习，你能够：

1. 运用积极心理干预技术提升心理韧性和幸福指数。

2. 运用积极心理干预技术重塑大脑积极回路。

3. 运用积极心理干预技术进行积极实践。

积极心理干预

⊙13

积极心理干预的原理：案例解读

大脑的天生负性偏好
积极实践
疏通情绪
- 情绪刮痧的原理
- 自我关怀
  - 干预流程
  - 自我关怀的意义
- 发现自己的品格优势
  - 干预流程
  - 发现品格优势

积极干预的意义：案例解读
积极实践
做更好的自己
- 确定"更好的自己"
- 享受生活
  - 干预流程
  - 幸福的价值观
- 人生意义和利他行为
  - 干预流程
  - 人生意义和利他行为概述

传统的心理治疗有三大理论体系，即精神分析疗法、认知行为疗法和人本主义疗法。这些疗法通常以问题为中心，通过和个体探讨潜意识中的创伤，协助校正不合理信念，从而修复心理失调。这些方法在很大程度上是有效的，但通常需要经过较长时间的干预。

由于人的潜意识都有"趋乐避苦"的本能，所以单纯用传统的"纠正错误"疗法，会让当事人产生强烈的不良情绪。在处理核心心理创伤时，一些人可能会对心理干预产生抵抗，从而影响疗程的进展。近20年来，积极心理学以一种引人入胜的方式为人们提供了一个认识事物的全新视角。它不仅关注心理问题的成因和疗愈，更专注于提升个体的积极品质、心理韧性和幸福感。这与传统中医理论中的"扶正祛邪"理念一脉相承，强调正向能量的提升与负面因素的清除。因此，积极心理干预技术有助于减轻个体的痛苦，使他们在应对问题时能够充分发挥出个人潜力。

此外，积极心理干预也可以作为普通人的"幸福维生素"，通过日常的积极实践，提升个人积极心理品质，从幸福到更幸福，让生命变得更加丰盈。

案例分享

小甲是一名初三的学生，因经常出现低热、上呼吸道感染、腹部阵痛等不适，所以休学了一年。曾经去过各大综合性医院检查，因未发现器质性问题，临床医生建议她去做心理治疗。据她父母介绍，这一年以来，找过不同的精神科医生，接受过几次心理治疗，但都没有坚持下去，躯体上的症状也反反复复。

小甲在父母的陪同下，走进心理咨询室。在经过一个疗程的积极心理干预，结合系统式家庭治疗后，那些困扰她的躯体上的症状，得到了改善。在多方面的鼓励下，小甲重新回到了学校。问及她，是什么原因让她愿意接受此次干预的？小甲说，这次心理干预和以前的体验不同，没有一直让她回忆原生家庭对她的影响，也没有一直追问不喜欢学校的理由，而是被咨询师积极关注，让她回忆起积极的一面，比如曾经有过的成功体验、自我优势等，让她感觉舒服，也愿意尝试改变，人也变得自信了。

上述案例体现了积极心理干预的宗旨，通过"资源取向"补充"问题取向"。当然，积极心理干预并不能完全解决心理问题，但它可以扩大心理干预的范围，提升心理干预的有效性。

第一节 激活阶段：积极提醒

一、大脑的天生负性偏好

有这样一则故事，有位教授在白纸上画了一个黑点，他询问大家看到了什么？几乎所有人都回答了黑点。教授语重心长地说："黑点这么小，白纸那么大，你们为何没有看到白纸呢？"

在日常生活中，我们是否也无意识地只关注"黑点"？比如，某件事情没有做好，就忘记了曾经做得成功的事情，认为自己很失败。或者对身上某个缺点耿耿于怀，对诸多优点熟视无睹。在人际关系中，相处很久的好朋友因为一次矛盾而全盘否认了曾经拥有过的美好等。

美国心理学家罗伊·鲍迈斯特（Roy Baumeister）等人在一篇名为《坏比好强大》的论文中阐释了以下观点：我们的大脑天生更倾向于关注负面事物。心理学研究和神经科学表明，这种负面偏好是人类进化中的一种"生存工具"。在古代，危险无处不在，人们不仅要面对猛兽的威胁，还要应对部落之间的敌意和传染病的威胁。为了生存和繁衍，我们的祖先需要敏锐地察觉并回应不利事件，以减少潜在的伤害。因此，大脑优先考虑的是我们的生存，而不是我们的幸福。负性偏好这个忠诚的"哨兵"，有时候就会过度防御。为了提升幸福感，我们需要通过觉察来区分现实威胁和自动化的想法，有意识地培养大脑积极的思维模式。

案例分享

　　H女士，50岁左右，有两个孩子长期不在身边，和丈夫共同经营着一家公司，家境富裕。这几年，公司步入正轨，丈夫觉得人到中年，应该享享清福了，就建议H回归家庭，并请来一位保姆照顾日常。H觉着"若无闲事挂心头，便是人间好时节"，就欣然接受了丈夫的建议。刚开始一个月，她过得很自在。可时间一长，H的内心七上八下，情绪也变得低落，经常夜不能眠，白天无精打采，对家人也是百般挑剔。家人觉着H可能是更年期到了，也可能是一个人无聊，就养了一只狗陪伴H，可H的情绪仍然无法被调动起来。

　　后来在他人的建议下，她决定接受心理干预。在建立信任关系后，H向心理咨询师诉说了自己的经历。她清楚地记得，读小学一年级时，父亲因为赌博欠了外债，经常有人上门要钱，而父母之间也因为钱的问题争吵不断。她当时非常害怕，觉得自己是个无用的人，如果自己有能力赚钱，就能解决问题了。

　　结婚后，她和丈夫白手起家，其间的辛苦不言而喻，生意也波澜起伏，但因为有着"赚钱"这个动机，一直坚持下来，才有了现在的成果。现在当她闲下来后，内心忽然觉得空落落的。童年的经历，让她如惊弓之鸟，若不努力赚钱，自己就是一个无用的人，让她非常没有安全感。所以才有了目前的情绪表现。

　　从H的经历中可以发现，父亲赌博欠债这个负性事件，一直成为她心中对过往的遗憾。她潜意识里只有对"钱的恐惧"，而无法去享受"钱的好处"。

毕淑敏在《幸福的七种颜色》一书中写道，她曾经和她的战友做过一个实验：把中药黄连碾碎，加入糖，看看要加多少糖才能中和黄连的苦。

实验结果显示，无论加多少糖，都无法中和黄连的苦。正如毕淑敏所言："我们可能不得已会遇到生活中的苦难，当把这个苦难碾碎，敝帚自珍地长久回味，会损伤对美好生活的感知，因为苦的力量比甜的力量更强大。"

那么，我们该怎样恰当地对待曾经的创伤经历，才可以有能量积极面对当下和未来呢？让我们一起来试试以下的干预方法吧。

二、积极实践

（一）疏通情绪

1.情绪刮痧的原理

中医里有个刮痧疗法，就是用刮痧板（有不同材质）在人体表皮经络穴位处刮拭，有助于排出体内毒素，从而达到治疗乃至治愈疾病的目的。

生理上的毒素能通过这种方法排出体外，那么心理上的结，是否也情同于此呢？当一个人遭遇过负性事件，尤其是发生在早年的负性事件，虽然事件已过去，但曾经带来的创伤却被深深地埋在潜意识里，成为"心理上的毒素"。每当外界有类似的刺激，它就会自动触碰这个心结，导致一个人出现过度和扭曲反应，而我们在意识层面可能并不知晓。就像案例中的H女士，按理说，现在的她生活优越，可以好好享受生活了，但恰恰因为现在的赋闲，触碰了早年的心结"我是个无用的人"，而让她品尝到了最不愿意品尝的苦味。

正如中医里描述的："通则不痛，痛则不通。"让我们拿起"心理刮痧板"，给内在的心结刮刮痧吧，等情绪如同河流般流淌起来的时候，我们的内心就清澈了。

2.干预流程

（1）找一个安全、不被打扰的环境，准备一包纸巾，一张A4纸和一支铅笔。然后缓缓闭上眼睛，把注意力集中在呼吸上，缓慢地做几次深呼吸，让大脑处于放松状态。

（2）进入放松状态后，你的潜意识会引领你打开尘封的记忆，顺着时间逆流而上。此刻，那些因岁月的流逝而被你压抑着的情绪，都会一一呈现出来。没关系，情绪没有好坏对错之分，任它在，随它去，由它来，不做任何评判。你要做的只是去看看都有些什么样的"结"？发生了什么事？哪些事让你回想起来很痛苦，哪些事让你回想起来很甜蜜？

（3）当你完成第二步后，你可能泪眼婆娑，也可能若有所思。此时，请睁开眼睛，在纸上画出你的生命树，把你刚刚回忆起的事用一个个圆圈描绘出来，如果感觉事情对你来说影响比较大，圆圈就画得大一些，反之，就画得小一些。在树的左边画上负向事件，在树的右边画上正向事件，并简单标注一下发生在哪个时间点，大致是什么事件。

（4）请你花一点时间来看看你画的生命树，那些大大小小的圆圈都是你生命中的经历。接下来，请你把最大的代表好事的圆圈和最大的代表坏事的圆圈都挑选出来。

（5）静静感受一下你挑选出来的最大的代表坏事的圆圈，这是什么事情，发生在什么时间，当时你的情绪状态如何？现在回想起来情绪状态又如何？然后通过绘画、唱歌，或者用叙事的方法表达出来，你也可以结合舞动方式来表达。

做完以上步骤，你可能会长吁一口气，有种如释重负的感觉。虽然事情已经发生了，它无法抹去，但我们可以改变对这件事情的看法和态度。心理学研究发现，表达出来就是一种很好的疗愈。如果给这个痛苦赋予意义，那么我们就会从中得到成长，痛苦自然也会得以减轻。

（6）最后，请你再感受一下对你来说影响比较大的代表正向事件的圆圈，你可以花一点时间看看这个"硕果"，它一定会让你很开心、很激动。想想看，从这件事情当中你发现了什么？你运用了哪些人格优势？请把这些人格优势、积极品质放大，你会发现，原来自己是如此优秀。

案例分享

来访者小邓，他的父母在其幼年时因一场意外而双双离去，剩下他和弟弟相依为命。可不幸的是，弟弟也在上个月因一场意外丧命，他十分痛苦和自责，用了很多方法，都无法让自己从悲伤中走出来。

后来，他去寻求了心理干预，心理咨询师（以下用"我"表示）让小邓画下属于自己的生命树。画好后，他首先挑出了弟弟离世这件事，一想到弟弟，便泣不成声。等他情绪稍微平复一些后，我试着问他："弟弟的离去对你打击很大，让你非常痛苦，对吗？"他说："是的。"我又问："你能说出痛苦的理由吗？"他想了想说："因为弟弟的离去，我现在一个亲人都没有了，活着很受罪，所以我才那么痛苦。"我看着他说："因为弟弟先你而去，你留下来，觉得痛苦。那假如你比弟弟先离去，弟弟是不是也会像你这般痛苦？"他说："那是肯定的。""所以说换个角度，你代替了弟弟受苦，你认为呢？"我看着他说。小邓使劲点点头，若有所思的样子。

后来，小邓决定用绘画的方式来表达自己内心对弟弟的情感，他把这幅画命名为《爱》，而后脚步轻盈地离开了心理咨询室。我知道这次咨询不可能完全让小邓走出来，他需要时间慢慢来洗涤创伤。但面对创伤，我们多了一个选择，可以选择沉浸在悲伤中，一心一意地让自己痛苦，也可以选择在伤口上种下玫瑰，继续向阳而生。

（二）自我关怀

1.自我关怀的意义

万物皆有裂痕，那是光照进来的地方。就像人生不可能一路繁花，难免会遇到一些不如意事件一样。如果幸运的话，我们可以从父母、伴侣、朋友那里获得关爱，但无论如何，外界都无法随时随刻地给我们支持，对此，自我关怀就显得十分重要。它不是让我们停留在困难的地方，而是让我们可以站在自己的角度共情自己，提升自我价值，提高自我复原力。

2.干预流程

首先，请你选择一个安全、安心、不被打扰的空间。然后，回忆你曾经关怀和支持过某个人的时刻，你同情他们的遭遇，心生共情和怜悯。最后，请你感受目前的心境以及内心的想法。

当这种关怀的感觉越来越强时，试着把它引到自己身上来，就像一个慈祥的老奶奶一样，关怀自己。然后，把手放在胸口，告诉自己："这么多年来，你一直默默承载着痛苦和压力，你辛苦了！以前你还小，很多事情是无法处理的，这不是你的错，现在你已经长大了，人生经历也越来越丰富了，你可以有自己的人生，能够照顾好自己。"如此反复几次，一边和内心对话，一边轻轻拍拍自己，直到自己恢复平静。

做完这些，你可能会感觉到一股暖流进入心田，你的身心慢慢变得温暖起来。此刻，你可以缓缓地睁开眼睛，环顾四周，然后给自己送上祝福语。

除了以上通过正念冥想的方式进行自我关怀外，还可以给自己创建一张自我关怀清单，寻找生活中的"小确幸"，以此来滋养心灵。

案例分享

阿英是一位全职妈妈，有两个孩子，大宝今年刚读小学，二宝 3 周岁多。阿英在生二宝前，是一家公司的中层干部，怀上二宝后，也一直坚持工作直到产前几天。本来打算等产假结束后，让婆婆过来帮忙带孩子，自己继续回单位上班。可婆婆年龄大了，照顾俩孩子力不从心。阿英和老公商量后，决定辞职和婆婆一起照顾孩子。这三年来，阿英把全部精力都放在孩子身上，加上有婆婆的帮忙，两个孩子被照顾得非常好。

今年，大宝上小学了，老公觉得阿英不用工作，就照顾二宝，一个人绰绰有余，就让婆婆回老家了。

阿英开始也觉得自己完全可以胜任，殊不知当一位小学生的妈妈，还要照顾年幼的二宝，着实不容易。每天除了接送，还要辅导作业，常常顾得了大宝，顾不上二宝，她觉着自己像个陀螺，每天都过得很辛苦。不仅如此，大宝和二宝还经常生病，这更是让她心力交瘁。刚开始，阿英向老公抱怨的时候，老公还会安慰几句，但抱怨多了，老公也不耐烦了，彼此之间的争吵越来越多。屋漏偏逢连夜雨，阿英自己的身体好像也亮起了红灯，经常头痛，月经不调。夜深人静时，她常常对着天花板发呆，觉得生活一地鸡毛，活着挺费劲。

阿英第一次走进心理咨询室的时候，灰头土脸，垂头丧气。在心理咨询师的支持和共情下，她号啕大哭，好像想用泪水把这段时间的委屈洗净。

好不容易让自己平静下来，她问心理咨询师，自己是不是能力不够？如果自己能力足够，就可以轻松地照顾好孩子。

心理咨询师没有直接回答她的问题，而是问她："你有多久没有化过妆了？"

她一愣，苦笑着说："我哪有时间化妆，自从有了二宝，我连照镜子的时间都少了，柜子里职业装被我束之高阁，每天都是随意穿搭。"随后，她低下了头。

心理咨询师告诉她："你和孩子一样重要，你也需要被关怀。"

她又哭了，说很久没有人对她说过类似的话了，她忘了自己也是重要的。

随即，心理咨询师向她解释了什么是自我关怀。自我关怀就是一个人与自身的关系，是关心和支持自己。这个世界没有谁能一直关心和支持我们，我们只能自己重视自己。

她嘴角微微扬起，仿佛有了一点笑意。她告诉心理咨询师，自己在单位时，也是一位比较体面的人。她总是化着精致的妆容，穿着得体的衣服，对生活充满热情。闲来无事时，喜欢画画，偶尔约上三五好友去喝喝茶、聊聊天，那时候老公看她的眼神是欢喜的。

心理咨询师说："那么，我们就从自我关怀开始吧，请你花点时间想想，在现有的资源里，做些什么事情能让自己感到快乐或者轻松呢？"想好后，列一张关于自我关怀的清单，记录能够取悦自己的事情。

以下是阿英的自我关怀清单：

①和老公商量，周末安排半天时间让老公照顾孩子，这半天时间完全属于自己，我可以和朋友约会，或者去商场逛逛。

②现在经济条件还不错，决定每个月花1000元用在自己的装扮上。

③重拾兴趣爱好，大宝在学校的时间，安顿好二宝后，自己可以画画或者运动。

④自己情绪不好的时候，可以洗个热水澡，给自己买一束花或者吃点喜欢的甜品。

经过几次咨询后，阿英脸上的笑容越来越多了。是的，自己内心顺了，外在也栩栩如生了。现在，两个孩子也极少生病，老公看她的眼神也恢复如初，而且还会主动帮忙照顾孩子。

无论你遇到任何困难，都不要忘了去爱自己。找个时间，给自己列一张自我关怀清单吧！这是属于你的独一无二的清单，最好是详细并切实可行的。比如，清晨，你可以打开窗户闻闻花香，拥抱一下自己，开启新的一天。睡前，你可以听听音乐，放松自己。孤独难过时，你可以做一些精致的美食鼓励自己。

（三）发现自己的品格优势

1.发现品格优势

每个人身上都存在多种品格优势（详见本书第八章），这些优势是自然而然表现出来的，适度发挥时对自己和他人都有利，会让人充满力量和积极情绪。但有时候，我们会忽略自己身上的这些优势，尤其是一个人能量较低时，会自我贬低，看不到自己身上的优势，这就需要多多提醒自己，唤醒自我优势。

2.干预流程

（1）请你回想过去的经历中，有过的成功体验；在遇到困难时，通过积极的方式让事情获得好的结果的经验。这件事可大可小，只要能唤起你最好的一面即可。

（2）通过这件积极的事，找出自己身上的优点、家庭成员观察到的优点、朋友和同事观察到的优点，将这些优点进行整合。

（3）请你闭上眼睛，细细品味你的优势，再次品尝那些成功的体验，并丰富这种感觉，让它们植入你的潜意识里。

（4）探讨如何通过自我优势来处理当下的问题。

案例分享

　　小A，女，23岁，今年刚刚大学毕业。经过家庭商议，她准备参加今年的事业编制考试。自从做了这个决定后，小A接连失眠了好几晚。她想起高考时，因没有发挥好，所以只能进一所普通的二本学校，这次的事业编制考试，如果和高考一样，不就努力白费了吗？对着镜子，小A觉着自己长相也很普通，面试时一定通不过。而且，她觉得自己沟通交流能力不行，即便进了单位，和领导、同事也处理不好人际关系。一连串的想法让她焦头烂额。

　　小A走进心理咨询室时，一脸倦容，从表情中就能读到她内心的纠结和挣扎。她向心理咨询师大吐苦水，所谈的都是自己身上的不足之处，以及曾经有过的失败体验。

　　心理咨询师耐心听完后，问小A："从你上学开始到现在，经历了不少的考试，就像高考那次一样，你可能也经历了不少的挫败体验。现在，咱们换一个自我介绍试试看，请你回想一下，你发挥最好的那次考试，你心情是怎么样的？"

　　小A忽然一惊，想了想笑着说："其实除了高考那次没有发挥好，我以前考得都还可以，在大学期间，也有拿到过奖学金。记得大一时参加英语大赛，我还得了一等奖呢！"此刻，小A脸上闪着光芒。

　　"那么，你得一等奖那次，是哪些自身优势帮助了你？"心理咨询师问。

　　小A这次没有多想，回答道："我觉着是自己的努力、自信、专注度帮助了我。我好像有点明白了，其实我自身也有不少优势，不能把能量消耗在担忧中，而是要将精力集中在当下。"

前文提到过，大脑喜欢负性偏好，当我们深陷紧张焦虑的状态时，喜欢给自己找证据来证明"我是不会成功的"，案例中的小A就是这样的。此时，如果我们能够提醒自己，积极关注自身的优势，就能从固定型思维过渡到成长型思维，跳出负性偏好的陷阱。

第二节　强化阶段：积极干预

一、积极干预的意义

通过积极提醒，我们的大脑建立了新的思维模式，这是一个美好的开端。但我们都知道，打破旧有的习惯，建立新的模式，不是一件容易的事情，仅仅靠自律还远远不够。此阶段需要我们积极干预，让积极情绪成为一种常态。

二、积极实践

（一）做更好的自己

1.确定"更好的自己"

"更好的自己"给我们提供了一个未来的目标，让我们有的放矢。实现"更好的自己"这个主观愿望，能够促进优势和能力得到最大化的展现。当我们每天进步一点点，并深耕自己的优势，一定能够让生命绽放光彩。

更好的自己，大致符合以下几点：

（1）"更好的自己"会让你更快乐、更满足。

（2）"更好的自己"对你有益处。

（3）"更好的自己"会拓宽你的舒适区。

（4）"更好的自己"是你希望成为的样子。

2.干预流程

（1）请你闭上眼睛，做深呼吸，让自己放松。想象一下，你想成为一个怎样的人？尽量想得清晰一些。

（2）请你缓缓睁开眼睛，在纸上画出"希望的自己"自画像，或者树木画。

（3）接下来，请你思考，在你现有的资源中，有哪些显著优势可以帮助你实现"更好的自己"？

（4）除了目前的优势，你还可以增加什么技能，或者是获取哪些心理资本呢？

（5）请给未来的自己编制一份计划书，计划书的内容包括：目标（"更好的自己"的样子）、起止时间、自我品格优势的应用计划、目标监督者和支持者、达成目标后可以获得的奖励。

案例分享

W是一位30岁的单身男性，自由职业者，体重超标并患有痛风。这些情况他都知道，但依然无法控制自己，还是会经常和朋友一起去喝酒、吃夜宵。后来，他决定接受心理干预来改变自己。以下是他编制"更好的自己"的计划书。

更好的自我：我将开启一个生活方式改变的计划，从下周一开始，通过三个月的自律训练，希望每周体重减轻 1 公斤，三个月后痛风不会发作。

我的计划：戒酒，睡前 2 小时禁食，睡前 1 小时不接触电子产品，保证充足的睡眠，每天坚持运动 30~60 分钟。

发挥我的品格优势：高中的时候，自己是校篮球队队员，在课余时间，一直坚持打篮球。我发现自己有着良好的意志品质以及运动能力。从此刻开始，我将继续发扬高中时期的精神，帮助我完成计划。

监督和支持我的人：我家附近就是体育馆，我可以参加那里的篮球队，让队员们监督和支持我。

完成后的奖励：第一个月坚持下来，我给自己买一双球鞋作为奖励。三个月坚持下来，并大致达成目标，奖励自己一场旅行。

（二）享受生活

1.幸福的价值观

网络中流行着这样一句话："快乐对于孩子来说是本能，对于成年人来说那就是本事了。"相比于孩子，成年人拥有更多的人生经验和知识技能，也拥有更多的自主权，尤其是那些取得大成就的人，在外人看来，他们应有尽有，可是他们并没有感到很快乐，这是为何呢？

本–沙哈尔在《幸福的方法》一书中，把幸福划分为四象限，代表了人们不同的人生态度和行为模式。我们基于这四象限来探讨，怎样的价值观才能符合幸福的真正含义？

（1）第一种价值观："现在幸福，未来不幸"的及时行乐型。

这种类型的人，大部分是"今朝有酒今朝醉"，只享受当下快乐的体验，不考虑后果。但快乐过后，又会觉得空虚无聊，甚至带来不幸的后果。

（2）第二种价值观："我现在很不幸，未来可能也没有办法得到幸福"的虚无主义。

这种类型的人会认为，人生本苦，现在无法幸福，将来不管如何努力，也不可能获得幸福，这是一种无助状态。他们陷入自我设限的牢笼里无法自拔，也不愿意出来。

（3）第三种价值观："我现在很不幸，但是我未来会获得幸福"的忍辱负重型。

这种类型的人会经常牺牲自己当下的幸福，把希望寄托在未来，让幸福永远在山的那边。比如，等我退休后，我要去某地旅游；等我有时间了，我再去孝敬父母，陪伴孩子等。

（4）第四种价值观："我现在很幸福，未来也会幸福"的感悟幸福型。

这种类型的人，是真正具有幸福力的人。他们会在当下创造美好生活，让自己即时感受到幸福，也会为未来做打算。

2.干预流程

（1）请你找一个安静的环境，思考一下，你希望的最美好的一天是怎样的？哪些事情可以给你带来快乐？

（2）思考一下，你享受生活的方式和技巧有哪些?

（3）具体实施：①按照你希望的"最美好的一天"的样子去计划享受吧，把一天当中让你感觉舒服和有意义的事情保留下来，把让你感觉难受的体验剔除，如此，你就能获得越来越多的快乐了。②每天睡前，复盘今天让你感恩的三件好事。③唤醒感官上的享受，比如积极运动、欣赏自然风景、听歌、跳舞、绘画等。

案例分享

笑笑是公司新入职的员工，目前单身，以下是她享受生活的清单。

最美好的一天：

6：20-7：00 起床，运动 25 分钟、冥想 15 分钟；

7：00-8：00 洗漱，吃美味的早晨；

8：00-8：30 骑电瓶车上班（单位离家较近，电瓶车方便出行）；

8：30-12：00 安排工作，每工作 1 小时，做拉伸动作 5 分钟，中间吃点水果；

12：00-12：30 享受公司提供的工作午餐；

12：30-14：00 享受午休时光；

14：00-17：00 全身心投入下午的工作，每隔 1 小时，运动 5 分钟，并为自己加油。

17：00 下班后的时间完全属于自己，有时候会约小伙伴或者与家人共享美味的晚餐，有时候享受一个人的时光。另外，每周安排 2 次专业知识的学习，给自己充电。

22：30 准时上床睡觉，睡前复盘一下今天值得感恩的三件好事。

这是笑笑工作日的安排，周末，她会选择去郊游，也会和朋友去逛街、打羽毛球等。

通过列清单可以让我们明确工作和生活的重点，减少焦虑；并能享受当下，从生活当中欣赏美好。

（三）人生意义和利他行为

1.人生意义和利他行为概述

人生的意义是什么？自古以来，东西方文化中的哲学家、学者和思想家都曾阐述过各自对生命意义的理解。例如：

罗素曾言："对爱情的渴望，对知识的追求，对人类苦难不可遏止的同情，是支配我一生的单纯而强烈的三种感情。"

林语堂说，人生幸福，无非四件事："一是能在自己的床上安心入睡；二是品尝到父母烹制的美味佳肴；三是聆听爱人的情话；四是与孩子一同玩耍。"

实现人生意义的方法有很多，爱自己、令自己快乐是人生的起点，而利他是生命意义中的重点和终点。比如，我们捡到 100 元钱，那是短暂的快乐，而且有可能是建立在别人的痛苦之上的。如果用捡到的 100 元钱帮助他人，我们就会享受到别样的快乐。就如稻盛和夫说："以利他心度人生，能增强人的成就感和幸福感，最终回报到自己身上，对自己同样有利。"

案例分享

> 一个盲人在走夜路的时候，手里总会提着一盏明亮的灯笼，路人对此十分好奇，问道："你自己又看不见，为什么还要提着灯笼走路呢？"盲人回答："我提着灯笼，既为别人照亮了道路，别人也容易看到我，不会撞到我。这样，在帮助了别人的同时也保护了自己。"

利他行为是亲社会行为，是指一个人出于自愿，不期望获得任何物质或精神上的回报而帮助他人或社会的无偿行为。利他行为的人充满热情，真诚地服务他人和社会，以实现自我价值。我们也可以从细小的事情做起，为身边的人做力所能及的事，在利他行为中萌生利他心，由此，向着最高尚、最美好的行为进一步扩展。

2.干预流程

（1）观看一部利他行为的影视作品，探讨利他行为的人生意义。

（2）送"积极礼物"。利他者，是发自内心的共情和慈悲，是不计任何回报，不带其他目的。在日常生活中，我们可以通过一些小事，对身边的人表达善意。例如：

①对人保持微笑、热情和真诚，用积极的语言与人交流。

②对他人表达关怀，赞美和鼓励他人。

③对帮助你的人，表达感恩之情。

④过节时，为家人和朋友精心准备礼物。

我国著名学者王国维认为，古今成大事业、大学问者必经三种境界：

"昨夜西风凋碧树，独上高楼，望尽天涯路"，此第一境。

"衣带渐宽终不悔，为伊消得人憔悴"，此第二境。

"众里寻他千百度，蓦然回首，那人却在，灯火阑珊处"，此第三境。

无论我们的人生旅途中遇到什么，只要朝着积极幸福的方向努力并持之以恒，终将迎来豁达和有意义的人生。

拓展阅读

1.拉希德，塞利格曼.积极心理学治疗手册[M]，邓之君，译.北京：中信出版社，2020.

此书为我们提供了一套基于积极心理学理论的实践方法。前半部分描述了积极心理学的理论框架，阐述了品格优势在积极心理治疗中的作用和应用，介绍了积极心理学的实践方法、过程及变革。后半部分介绍了15种积极心理学的实践方法。这些方法能够有效地提升人们的幸福感，让人们能够增强专注力，快乐地工作与生活，并找到人生的意义。

2.本－沙哈尔.幸福的方法[M].汪冰，刘骏杰，倪子君，译.北京：中信出版社，2022.

此书运用积极心理学的最新研究成果和传统智慧精华，教给我们提升幸福指数的方法。本－沙哈尔告诉我们：幸福是可以通过学习和练习获得的，若能按照书中的方法坚持练习，将会获得持久的快乐和幸福。

每章一测

1.积极心理干预和传统心理干预的区别是什么？

2."更好的自己"符合哪些特点？

3.本－沙哈尔提出的四种幸福价值观中，真正幸福的价值观是怎样的？

参考文献

[1]　Andersen S C, Nielsen H S. Reading intervention with a growth mindset approach improves children's skills[J]. Proceedings of the National Academy of Sciences of the United States of America, 2016, 113(43):12111–12113.

[2]　Asakawa K. Flow experience and autotelic personality in Japanese college students: How do they experience challenges in daily life [J].Journal of Happiness Studies, 2004, 5(2):123–154.

[3]　Bandura A. Self–efficacy: toward a unifying theory of behavioral change[J]. Psychological Review, 1977, 84(2):191–215.

[4]　Betsy N. The neuroscience of growth mindset and intrinsic motivation[J]. Brain Sciences, 2018, 8(2):20.

[5]　Biddle S J, Wang C K, Chatzisarantis N L, et al. Motivation for physical activity in young people: Entity and incremental beliefs about athletic ability[J]. Journal of Sports Sciences, 2003, 21(12):973–989.

[6]　Boehm J K, Kubzansky L D. The heart's content: The association between positive psychological well–being and cardiovascular health[J].Psychological Bulletin, 2012, 138(4): 655–691.

[7]　Bryant F B, Cvengros J A. Distinguishing hope and optimism: Two sides of a coin, or two separate coins[J]. Journal of Social and Clinical Psychology, 2004, 23(2):273–302.

[8]　Burnette J L, Finkel E J. Buffering against weight gain following dieting setbacks: An implicit theory intervention[J]. Journal of experimental social psychology, 2012, 48(3):721–725.

[9]　Burnette J L, O'Boyle E H, VanEpps E M, et al. Mind–sets matter: A meta–analytic review of implicit theories and self–regulation[J]. Psychological bulletin, 2013, 139(3):655–701.

[10]　Burnette J L, Russell M V, Hoyt C L, et al. An online growth mindset intervention in a sample of rural adolescent girls[J].The British Journal of Educational Psychology, 2017, 88(3): 428–445.

[11]　Carver C S, Scheier M F.Dispositional optimism[J].Trends in Cognitive Sciences, 2014, 18(6):293–299.

[12]　Clucas C. Understanding self–respect and its relationship to self–esteem[J]. Personality and Social Psychology Bulletin, 2020, 46(6):839–855.

[13] Connor K M, Davidson J R T.Development of a new resilience scale:The Connor–Davidson Resilience Scale (CD–RISC) [J].Depression and Anxiety, 2003, 18(2):76–82.

[14] Csikszentmihalyi, Mihaly.Flow: The psychology of optimal experience[J]. Journal of Leisure Research, 1990, 24(1):93–94.

[15] Daniel B, Floris R. Continuous–flow chemistry in chemical education[J]. Journal of Flow Chemistry, 2017, 7(3):157–158.

[16] De Vries J H, Spengler M, Frintrup A, et al. Personality development in emerging adulthood–how the perception of life events and mindset affect personality trait change[J]. Frontiers in Psychology, 2021, 12: 671421.

[17] Deci E L, Ryan R M. Intrinsic motivation and self–determination in human behavior[M]. New York:Springer,1985.

[18] Deci E L, Ryan R M. Motivation, personality, and development within embedded social contexts: An overview of self–determination theory[J].The Oxford Handbook of Human Motivation, 2012（16）:85–107.

[19] Derr S, Morrow M T. Effects of a growth mindset of personality on emerging adults' defender self–efficacy, moral disengagement, and perceived peer defending[J]. Journal of Interpersonal Violence, 2020, 35(3–4):542–570.

[20] Di domenico S I, Ryan R M. The emerging neuroscience of intrinsic motivation: A new frontier in self–determination research[J]. Frontiers in Human Neuroscience, 2017, 11:145.

[21] Diener C I, Dweck C S. An analysis of learned helplessness: Continuous changes in performance, strategy, and achievement cognitions following failure[J]. Journal of Personality and Social Psychology, 1978, 36（5）:451–462.

[22] Digutsch J, Diestel S. How achievement motive enactment shapes daily flow experience and work engagement: The interplay of personality systems[J]. Motivation and Emotion, 2021, 45(5):557–573.

[23] Dona Matthews. Book Review: Mindset: The New Psychology of Success, by Dweck, C. S. (2006)[J]. Gifted Children, 2007, 1(2):11–12.

[24] Dweck C S, Leggett E L. A social–cognitive approach to motivation and personality[J]. Psychological Review, 1988, 95(2):256–273.

[25] Dweck C S. Mindset: The new psychology of success[M]. New York:Random Houset, 2006.

[26] Dweck C S. Mindsets and human nature: Promoting change in the middle east, the schoolyard, the racial divide, and willpower[J]. American Psychologist, 2012, 67(8):614–622.

[27] Dweck C S. The development of ability conceptions[M]. New York:Academic Press, 2002.

[28] Dweck.Self–theories:Their role in motivation,personality, and development[M].New York: Psychology Press, 1999.

[29] Eisenberger R, Armeli S. Can salient reward increase creative performance without

reducing intrinsic creative interest [J]. Journal of Personality and Social Psychology，1997，72(3):652–663.

[30]　Elliott E S，Dweck C S. Goals: An approach to motivation and achievement[J]. Journal of Personality and Social Psychology，1988，54(1):5–12.

[31]　Emerson H. Flow and occupation: A review of the literature[J]. Canadian Journal of Occupational Therapy，1998，65(1):37–44.

[32]　Finneran C M，Zhang Ping. A person–artefact–task (PAT) model of flow antecedents in computer–mediated environments[J]. International Journal of Human–Computer Studies，2003，59(4):475–496.

[33]　Haimovitz K，Dweck C S. Corrigendum: What predicts children's fixed and growth intelligence mind–sets? Not their parents' views of intelligence but their parents' views of failure[J]. Psychological Science，2017，28(4):551.

[34]　Han H，Choi Y J，Dawson K J，et al. Moral growth mindset is associated with change in voluntary service engagement[J]. PLoS ONE，2018，13(8):e0202327.

[35]　Han S J，Stieha V，Poitevin E，et al. Growth mindset in adult learning: Systematic literature review[C]. Adult Education Research Conference，2018.

[36]　Heslin P A，VandeWalle D. Managers' implicit assumptions about personnel[J]. Current Directions in Psychological Science，2008，17(3)，219–223.

[37]　Heslin P A，VandeWalle D. Performance appraisal procedural justice: The role of a manager's implicit person theory[J]. Journal of Management，2011，37(6):1694–1718.

[38]　Hu Huahua，Zhang Guohua，Yang Xue，et al. Online gaming addiction and depressive symptoms among game players of the Glory of the King in China: The mediating role of affect balance and the moderating role of flow experience[J]. International Journal of Mental Health and Addiction，2022，20(5):3191–3204.

[39]　Marty–Dugas J，Smilek D. The relations between smartphone use，mood，and flow experience[J]. Personality and Individual Differences，2020，164:109966.

[40]　Jacobs G M. Review of Mindset[J]. International Journal of Pedagogy and Teacher Education，2019，3(1):31–40.

[41]　John–Henderson N A，Wright R C，Manke K J，et al. The influence of health mindset on perceptions of illness and behaviors among adolescents[J]. International Journal of Behavioral Medicine，2021，28(6):727–736.

[42]　Judge T A，Thoresen C J，Bono J E，et al. The job satisfaction–job performance relationship: A qualitative and quantitative review[J]. Psychological Bulletin，2001，127(3):376–407.

[43]　Korzaan M L. Going with the flow: Predicting online purchase intentions[J]. Journal of Computer Information Systems，2003，43(4):25–31.

[44] Kray L J，Haselhuhn M P. Implicit negotiation beliefs and performance: Experimental and longitudinal evidence[J]. Journal of Personality and Social Psychology，2007，93(1):49–64.

[45] Luthans F，Avolio B J，Walumbwa F O，et al. The psychological capital of Chinese workers: Exploring the relationship with performance[J]. Management and Organization Review，2005，1(2): 249–271.

[46] Luthans F，Youssef C M. Human，social，and now positive psychological capital management: Investing in people for competitive advantage[J].Organizational Dynamics，2004，33(2):143–160.

[47] Luthans F，Norman S，Hughes L. Authentic leadership: A new approach for a new time[M]. New York: Routledge，2006.

[48] MacPhee D，Lunkenheimer E，Riggs N. Resilience as regulation of developmental and family processes[J]. Family Relations，2015，64(1):153–175.

[49] Mahadevan N，Gregg A P，Sedikides C. Self–esteem as a hierometer: Sociometric status is a more potent and proximate predictor of self–esteem than socioeconomic status[J]. Journal of Experimental Psychology–General，2021，150(12):2613–2635.

[50] Martela F，Ryan R M，Steger M F. Meaningfulness as satisfaction of autonomy，competence，relatedness，and beneficence: Comparing the four satisfactions and positive affect as predictors of meaning in life[J]. Journal of Happiness Studies，2018，19:1261–1282.

[51] Masten A S，Best K M，Garmezy N. Resilience and development: Contributions from the study of children who overcome adversity[J]. Development and Psychopathology，1990:2(4):425–444.

[52] Matthews D. Book review: Mindset: The new psychology of success，by Dweck，C. S. (2006) [J]. Gifted Children，2007，1(2):7.

[53] Mesurado B，Richaud M C，Mateo N J. Engagement，flow，self–efficacy，and eustress of university students: A cross–national comparison between the Philippines and Argentina[J]. Journal of Psychology，2016，150(3):281–299.

[54] Ng B. The neuroscience of growth mindset and intrinsic motivation[J]. Brain Sciences，2018，8(2):20.

[55] Obadă D R. Flow theory and online marketing outcomes: A critical literature review[J]. Procedia Economics and Finance，2013，6:550–561.

[56] Orth U，Robins R W. Is high self–esteem beneficial? Revisiting a classic question[J] . American Psychologist，2022，77(1):5–17.

[57] Ozsaker M，Yardimci F，Gerceker G Ö，et al. The association between perceived social support and self–efficacy of Turkish elementary school children [J].Croatian Journal of Education，2015，17(3):865–890.

[58] Park H W，Rosenberg–Kima R，Rosenberg M，et al. Growing growth mindset with a social

robot peer[J]. Proc ACM SIGCHI，2017:137–145.

[59] Peifer C，Syrek C，Ostwald V，et al. Thieves of flow: How unfinished tasks at work are related to flow experience and wellbeing[J]. Journal of Happiness Studies: An Interdisciplinary Forum on Subjective Well–Being，2020，21(5):1641–1660.

[60] Rasmussen H N，Scheier M F，Greenhouse J B. Optimism and physical health: A meta–analytic review[J]. Annals of Behavioral Medicine，2009，37(3):239–256.

[61] Ratchford J L，Williams E G，Bishara L，et al. Mindset as characteristic adaptations: Using response surface analysis to assess mindset in the personality system[J]. Frontiers in Psychology，2021，12:701510.

[62] Reis H T，Sheldon K M，Gable S L，et al. Daily well–being: The role of autonomy，competence，and relatedness[J]. Personality and Social Psychology Bulletin，2000，26(4):419–435.

[63] Richard H，Shelby W，Ren é W. Network neuroscience reveals distinct neuromarkers of flow during media use[J]. Journal of Communication，2018，68(5):872–895.

[64] Robins R W，Beer J S. Positive illusions about the self: Short–term benefits and long–term costs[J]. Journal of Personality and Social Psychology，2001，80(2):340–352.

[65] Robson P J. Self–esteem——a psychiatric view[J].British Journal of Psychiatry，1988，153:6–15.

[66] Rosenthal R，Jacobson L. Pygmalion in the classroom: Teacher expectation and pupils' intellectual development[M]. New York: Holt，Rinehart & Winston，1968.

[67] Ryan R M，Bernstein J H，Warren Brown K. Weekends，work，and well–being: Psychological need satisfactions and day of the week effects on mood，vitality，and physical symptoms[J].Journal of Social and Clinical Psychology，2010，29(1):95–122.

[68] Ryan R M. Psychological needs and the facilitation of integrative processes[J]. Journal of Personality，1995，63(3):397–427.

[69] Salles A. Self–efficacy as a measure of confidence[J]. Jama Surgery，2017，152(5):506–507.

[70] Satchell L，Hoskins S，Corr P，et al. Ruminating on the nature of intelligence: Personality predicts implicit theories and educational persistence[J]. Personality and Individual Differences，2017，113:109–114.

[71] Scheier M F，Carver C S，Bridges M W. Distinguishing optimism from neuroticism (and trait anxiety，self–mastery，and self–esteem): A reevaluation of the Life Orientation Test[J]. Journal of Personality and Social Psychology，1994，67(6):1063–1078.

[72] Schroder H S，Yalch M M，Dawood S，et al. Growth mindset of anxiety buffers the link between stressful life events and psychological distress and coping strategies[J]. Personality and Individual Differences，2017，110:23–26.

[73] Schwarzer, Ralf. Self-efficacy: Thought control of action[M]. Washington: Hemisphere pub. Corp., 1992.

[74] Sekhar C, Patwardhan M, Singh R K. A literature review on motivation[J]. Global Business Perspectives, 2013, 1:471–487.

[75] Seligman. Learned optimism: How to change your mind and your life[M]. London: Vintage, 2006.

[76] Smith T E. Book review: Flow: The psychology of optimal experience[J]. Journal of Experiential Education, 1991, 14(2):51–52.

[77] Snyder, Irving, Anderson. Hope and health: Measuring the will and the ways[M]. Oxford:Pergamon Press, 1991.

[78] Snyder, Lopez. Positive psychology: The scientific and practical explorations of human strengths[M]. Thousand Oaks:Sage Publications, Inc, 2018.

[79] Snyder. The psychology of hope: You can get there from here[M]. New York: Free Press, 1994.

[80] Stamatelopoulou F, Pezirkianidis C, Karakasidou E, et al. "Being in the zone": A systematic review on the relationship of psychological correlates and the occurrence of flow experiences in sports' performance[J]. Psychology, 2018, 9（8）: 2011–2030.

[81] Steger M F, Kashdan T B, Sullivan B A, et al. Understanding the search for meaning in life: Personality, cognitive style, and the dynamic between seeking and experiencing meaning[J]. Journal of Personality, 2008, 76(2):199–228.

[82] Swann C, Keegan R J, Piggott D, et al. A systematic review of the experience, occurrence, and controllability of flow states in elite sport[J]. Psychology of Sport and Exercise, 2012, 13(6):807–819.

[83] Trenshaw K F, Revelo R R, Earl K A, et al. Using self determination theory principles to promote engineering students' intrinsic motivation to learn[J]. International Journal of Engineering Education, 2016, 32(3):1194–1207.

[84] Uluduz H, Gunbayi I. Growth mindset in the classroom[J]. European Journal of Education Studies, 2018, 4(9):173–186.

[85] Wang C K J, Tan L, Dairianathan E I. Achievement goals, implicit theories, and intrinsic motivation: A test of domain specificity across music, visual art, and sports[J]. Journal of Research in Music Education, 2018, 66(3):320–337.

[86] Wang Shu, Wang Ting, Chen Ning, et al. The preconditions and event-related potentials correlates of flow experience in an educational context[J]. Learning and Motivation, 2020, 72（3）:101678.

[87] Warburton V E, Spray C M, Bishop K C M, et al. Motivation and self-enhancement as antecedents of implicit theories in youth sport[J]. Personality and Individual Differences, 2021,

181:111026.

[88] Weiner I B, Craighead W E. The Corsini Encyclopedia of Psychology[M].New York: John Wiley & Sons inc, 2010.

[89] Woodworth. Dynamic Psychology[M].Worcester: Clark University Press, 1926.

[90] Wu Renshuang, Scott E H, Zhou Jianhua, et al. Relations among positivity, positive affect in school, and learning flow in elementary school students: A longitudinal mediation model[J]. British Journal of Educational Psychology, 2021, 91(4): 1310–1332.

[91] Yeager D S, Trzesniewski K H, Dweck C S. An implicit theories of personality intervention reduces adolescent aggression in response to victimization and exclusion[J]. Child Development, 2013, 84(3): 970–988.

[92] Youssef C M, Luthans F. Resiliency development of organizations, leaders and employees:Multi–level theory building for sustained performance[M]. Oxford:Elsevier, 2005.

[93] Zhang Junfeng, Kuusisto E, Tirri K. How teachers' and students' mindsets in learning have been studied: Research findings on mindset and academic achievement[J]. Psychology, 2017, 8（9）:1363–1377.

[94] Zhang Junfeng, Kuusisto E, Tirri K. How do students' mindsets in learning reflect their cultural values and predict academic achievement[J]. International Journal of Learning, Teaching and Educational Research, 2019, 18(5):111–126.

[95] Alan Carr.积极心理学:有关幸福和人类优势的科学（第二版）[M].丁丹，等译.北京:中国轻工业出版社，2013.

[96] 艾利克森，普尔.刻意练习，如何从新手到大师[M].王正林，译.北京:机械工业出版社，2021.

[97] 班杜拉.自我效能:控制的实施（上下册）[M].缪小春，李凌，井世洁，等译.上海:华东师范大学出版社，2003.

[98] 包金金.关于儿童挫折心理及应对方式的访谈研究[J].心理月刊，2021，16(4):212–213.

[99] 鲍迈斯特，蒂尔尼.意志力:关于自控、专注和效率的心理学[M].丁丹，译.北京:中信出版社.2017.

[100] 彼得森.打开积极心理学之门[M].侯玉波，王非，译.北京:机械工业出版社，2016.

[101] 毕淑敏.毕淑敏心理咨询手记[M].长沙:湖南文艺出版社，2021.

[102] 曹文飞，张乾元.大学生自我效能感、学习动机与学业成就关系的研究[J].新乡学院学报(社会科学版)，2013(4):131–134.

[103] 陈会昌，梁兰芝.亲子依恋研究的进展[J].心理学动态，2000(1):29–34.

[104] 陈梅，黄时华，吴绮琳.学业自我效能感与大学生网络游戏成瘾的关系:主观幸福感的中介作用[J].中国健康心理学杂志，2022，30(5):718–723.

[105] 陈善平，李咸生，容建中.大学生体育锻炼的内部动机和外部动机[J].中国体育科

技，2008，(4):135–138，143.

[106] 陈志霞，吴豪.内在动机及其前因变量[J].心理科学进展，2008(1):98–105.

[107] 德韦克.努力的意义:积极的自我理论[M].王芳，左世江，等译.北京:中国人民大学出版社，2021.

[108] 樊富珉，费俊峰.大学生心理健康十六讲[M].2版.北京:高等教育出版社，2020.

[109] 冯曦，元国豪，田雨，等.归因风格对主观幸福感的影响及气质性乐观的中介作用[J].职业与健康，2014，30(20):2922–2925.

[110] 弗兰克尔.活出生命的意义[M].吕娜，译.北京:华夏出版社，2018.

[111] 弗雷德里克森.积极情绪的力量[M].王珺，译.北京:中国纺织出版社，2021.

[112] 高亚兵，骆伯巍.论青少年学生的体像烦恼[J].浙江教育学院学报，2007(6):28–32.

[113] 胡月琴，甘怡群.青少年心理韧性量表的编制和效度验证[J].心理学报，2008 (8):902–912.

[114] 姜婷婷，陈佩龙，许艳闰.国外心流理论应用研究进展[J].信息资源管理学报，2021，11(5):4–16.

[115] 姜永志，白晓丽，张璐，等.青少年线上积极自我呈现与幸福感的关系:线上积极反馈与自尊的作用[J].心理发展与教育，2022，38(1):45–53.

[116] 蒋旭玲，吕厚超.男性气质:理论基础、研究取向和相关研究领域[J].心理科学进展，2012，20(7):1040–1051.

[117] 久世浩司.抗压力:逆境重生法则[M].贾耀平，译.北京:北京联合出版公司，2016.

[118] 柯江林，孙健敏，李永瑞.心理资本:本土量表的开发及中西比较[J].心理学报，2009，41(9):875–888.

[119] 科特勒.跨越不可能[M].李心怡，译.北京:中信出版社，2021.

[120] 克里斯多福·孟.亲密关系[M].张德芬，余蕙玲，译.长沙:湖南文艺出版社，2015.

[121] 拉希德，塞利格曼.积极心理学治疗手册[M].邓之君，译.北京:中信出版社，2020.

[122] 莱茵贝格.动机心理学[M].王晚蕾，译.上海:上海社会科学院出版社，2012.

[123] 雷鸣，王琛.幸福心理学[M].武汉:华中科技大学出版社，2020.

[124] 李会文.福流研究综述[J].黑龙江生态工程职业学院学报，2021，34(2):129–132.

[125] 李洁，宋尚桂.大学生学业自我效能感、学业情绪与学习适应性[J].中国健康心理学杂志，2013，21(9):1429–1431.

[126] 李抗，杨文登.从归因疗法到内隐理念:德韦克的心理学理论体系及影响[J].心理科学进展，2015，23(4):621–631.

[127] 李笑来.把时间当朋友[M].北京:电子工业出版社，2023.

[128] 李秀红，静进，杨德胜，等.75例婴幼儿对母亲的依恋性质及影响因素[J].中国心理卫生杂志，2004(5):291–293.

[129] 李占江，邱炳武，王极盛.青少年归因风格及其与心理健康水平关系的研究[J].中国心理卫生杂志，2001(1):6–8.

[130] 里克·汉森，福里斯特·汉森.复原力[M].王毅，译.北京:中信出版社，2020.

[131] 廉串德，陈人语.跨文化心理学:希望理论与自我效能理论的适用性对比[M].北京:社会科学文献出版社，2011.

[132] 梁鹏.沟通助你成功[M].广州:中山大学出版社，2006.

[133] 林崇德.心理学大辞典(上下)[M].上海:上海教育出版社，2003.

[134] 刘邦惠，彭凯平.跨文化的实证法学研究:文化心理学的挑战与贡献[J].心理学报，2012，44(3):413-426.

[135] 刘芳.积极心理学视野下我国大学生心理健康教育研究[D].郑州:郑州大学，2014.

[136] 刘红云，孟庆茂，张雷.教师集体效能和自我效能对工作压力影响作用的调节:多水平分析研究[J].心理科学，2004(5):1073-1076.

[137] 刘继为，裴燏，许根良.大学生创新创业自我效能感培养路径探析[J].高教论坛，2021(11):91-94.

[138] 刘丽虹，张积家.动机的自我决定理论及其应用[J].华南师范大学学报(社会科学版)，2010(4):53-59.

[139] 刘孟超，黄希庭.希望:心理学的研究述评[J].心理科学进展，2013，21(3):548-560.

[140] 刘翔平.积极心理学[M].2版.北京:中国人民大学出版社，2018.

[141] 刘永芳.归因理论及其应用(修订版)[M].上海:上海教育出版社，2010.

[142] 龙欢.从"孵化"到"培育":社会组织支持模式的本土重构[J].求索，2020(6):177-185.

[143] 卢森堡.非暴力沟通(修订版)[M].刘轶，译.北京:华夏出版社，2021.

[144] 路桑斯.心理资本:打造人的竞争优势[M].李超平，译.北京:中国轻工业出版社，2008.

[145] 马存燕.大学生主观幸福感与其归因风格的关系研究[J].山东教育学院学报，2008(3):62-64，68.

[146] 迈尔斯.社会心理学(第11版)[M].侯玉波，乐国安，张智勇，等译.北京:人民邮电出版社，2016.

[147] 麦格尼格尔.自控力:斯坦福高效实用的25堂心理学课(实操篇)[M].金磊，译.北京:北京联合出版公司，2018.

[148] 曼加·德·尼夫.告别低自尊，重建自信[M].董黛，译.北京:机械工业出版社，2021.

[149] 米勒.亲密关系(第六版)[M].王伟平，译.北京:人民邮电出版社，2015.

[150] 彭聃龄.普通心理学[M].4版.北京:北京师范大学出版社，2012.

[151] 契克森米哈赖.心流:最优体验心理学[M].张定绮，译.北京:中信出版社，2017.

[152] 冉俐雯，刘翔平.流畅体验理论模型探索[J].求索，2013(6):112-114.

[153] 舒娅.心理学入门:简单有趣的99个心理常识[M].北京:中国纺织出版社，2018.

[154] 斯奈德，洛佩斯.积极心理学:探索人类优势的科学与实践[M].王彦，席居哲，王艳梅，译.北京:人民邮电出版社，2013.

[155] 斯滕伯格.爱情是一个故事:斯滕伯格爱情新论[M].石孟磊,译.北京:世界图书出版公司,2017.

[156] 宋君卿,王鉴忠,武姣.内在动机:演进逻辑,结构维度与未来趋势[J].辽宁大学学报(哲学社会科学版),2015,43(4):122-127.

[157] 苏菁.大学生情绪自我管理能力的现状及提升途径研究:以中南民族大学为例[D].武汉:中南民族大学,2014.

[158] 塔勒布.反脆弱:从不确定性中获益[M].雨柯,译.北京:中信出版社,2020.

[159] 王凤姿.大学生积极心理健康教育[M].北京:人民交通出版社,2019.

[160] 韦志中.幸福干预[M].北京:清华大学出版社,2013.

[161] 翁雪.基于Dweck的成长性思维干预可以有效克服逆境[J].现代交际,2021(15):160-162.

[162] 沃特斯.优势教养[M].闫丛丛,译.北京:中信出版社,2018.

[163] 吴增强.论儿童青少年性别教育[J].教育参考,2017(2):17-21.

[164] 严标宾,郑雪.大学生社会支持、自尊和主观幸福感的关系研究[J].心理发展与教育,2006(3):60-64.

[165] 杨红明,廖建桥.企业员工内在工作动机研究述评[J].外国经济与管理,2007(3):33-39.

[166] 衣新发,敖选鹏,鲍文慧.奇克岑特米哈伊的创造力系统模型及心流体验研究[J].贵州民族大学学报(哲学社会科学版),2021(1):126-164.

[167] 扎斯特罗,柯斯特-阿什曼.人类行为与社会环境(第六版)[M].师海玲,孙岳,译.北京:中国人民大学出版社,2006.

[168] 张剑,张微,宋亚辉.自我决定理论的发展及研究进展评述[J].北京科技大学学报(社会科学版),2011,27(4):131-137.

[169] 赵裕鲲.无行动,不幸福[M].沈阳:万卷出版公司,2022.

[170] 钟建军,张英.心理资本管理企业资本管理的新方向[J].前沿,2011(3):110-112,117.

[171] 仲理峰.心理资本对员工的工作绩效、组织承诺及组织公民行为的影响[J].心理学报,2007(2):328-334.

[172] 周茹.发挥品格优势让幸福滋养师德[J].辽宁教育,2017(2):42-46.

[173] 周文霞,郭桂萍.自我效能感:概念、理论和应用[J].中国人民大学学报,2006(1):91-97.